코지마 히데오의 게임론

<메탈기어>부터 <데스 스트랜딩>까지,
게임의 혁신성으로
세계를 열광시킨 크리에이터

브라이언 히카리 하츠하임 지음 | 문성호 옮김

일러두기

1. 일본 인명과 지명은 국립국어원 외래어 표기법에 따랐다.

2. 원주는 미주로, 역주는 본문에 (주석 내용-역주)로 표기하였다.

3. 단행본, 만화 등 서적은 『　』, 잡지 등 간행물은 「　」, 영화 등 영상 매체는 《　》, 게임은 〈　〉
   로 표기하였다.

CONTENTS

시작하며
비디오 게임은 산업이자 문화가 되었다

2016년, 기예르모 델 토로Guillermo del Toro와 코지마 히데오는 DICE 서밋에서 기조 강연을 실시했다. 《판의 미로Pan's Labyrinth》(2006), 《셰이프 오브 워터: 사랑의 모양The Shape of Water》(2017), 《피노키오Guillermo Del Toro's Pinocchio》(2022) 등으로 이름을 알린 델 토로 감독은 친구인 코지마를 '창의성의 샘'이라 부르며, 시련과 고난에 직면함으로써 더욱 연마되는 예술가라고 극찬했다.

비디오 게임 디자이너로서 코지마 히데오만큼 자각적인 작가(오퇴르Auteur)의 페르소나 구축을 시도했고, 또한 성공시킨 인물은 거의 없다.

게임 스튜디오에 소속된 게임 디자이너의 역할에 대해 이 시리즈(이 책은 게임 연구에서 높은 평가를 받는 Bloomsbury Academic의 Game Studies 시리즈 중 한 권으로 간행되었다)는 영화감독, 작가, 비주얼 아티스트를 대하는 것과 동등한 주의를 기울여 고찰하는 것이 중요하다고 말해왔다. 그렇게 함으로써 창작물인 게임을 낳는 고통을 이해하고, 복잡한 언어와 이론을 키우며, 인간 활동으로서의 디자인을 논할 수 있게 되기 때문이다.

이 책에서 논하는 코지마 히데오는 그러한 아이덴티티를 쌓는 것의 중요성을 커리어 초기부터 꿰뚫어 보았던 게임 디자이너이다. 저자는 코지마가 이끄는 팀 또한 코지마의 디자인 프로세스와 비전에 창조적이며 중요한 역할을 했다고 신중하게 거론하지만, 일상적인 화제에서는 팀의 존재는 사라지고, 코지마는 대문자 A로 시작하는 '아티스트Artist', 대문자 D로 시작하는 '디자이너Designer', 혹은 '작가'라는 극찬을 받는다.

이러한 페르소나 만들기에는 코지마가 영화에 대해 품고 있는 강한 애착이 큰 역할을 했다고 봐도 좋을 것이다. 코지마는 어린 시절부터 영화에 큰 영향을 받았다고 항상 스스로 말하기도 했고, 영화적 기법을 게임 제작을 위해 필수적인 방법론으로 생각한다. 그의 패션도 게임 디자이너라기보다는 영화 애호가를 연상케 한다. 복장은 세련되고 미적 센스로 가득하며, 헤어스타일은 단정하고 스타일리시하다. 코지마가 학생의 설계도면을 보며 지도하는 모습이나, 선댄스 등 명예로운 영화제에 녹아들어 있는 모습을 쉽게 상상할 수 있다. 미디어에 등장할 때의 패션, 외모 연출, 언동을 보면 코지마가 아티스트이자 디자이너로서 자신의 브랜드에 세심한 주의를 기울인다는 것은 명백한 사실이다.

서문에 굳이 이런 내용을 적은 이유는, 게임 디자이너가 창조라는 복잡한 집합점에서 수행하는 중요한 역할에도 불구하고 대다수 게임 디자이너들은 예술가로서가 아닌 프로그래머/기술자로서의 페르소나라는 틀에 자신을 끼워 맞추기 일쑤이기 때문이다.

싸구려 T셔츠, 후드, 낡아빠진 청바지 같은 게임 개발자 패션(스타일리시라는 개념에 일부러 반발하는 것 같은 뻔한 패션)은 농담 소재로 쓰이는 경우도 많고, 비디오 게임 업계 프로의 미의식은 다른 상업 예술 분야 프로의 미의식과는 상당히 다르다.

이 책의 내용은 크게 구분하면 두 가지이다. 하나는 디자인의 비전과 철학에 대해 꼼꼼히 고찰하고 그런 비전과 철학이 어떻게 게임에 반영되는지 살펴보는 것이다.

다른 하나는 디자이너로서의 지위를 확립하고, 오래 지나지 않아 다른 미디어의 아티스트들에게서도 인정받게 된 예술적인 비전을 지닌 한 인간에 대한 분석이다.

코지마의 평판과 프로로서의 창조적인 궤적은 한정된 영역의 취미에 불과했던 게임이 문화로서도 산업으로서도 일대 세력으로 성장했다는 것을 확실히 나타낸다.

그는 창조적인 비전을 지녔고, 예술성과 대중성을 모두 갖춘 게임을 여러 개 탄생시켰다. 그뿐 아니라 게임을 사진이나 영화 같은 시각 예술, 미디어 예술의 위치에 올려놓는 데 공헌했으며, 게임이 인간을 표현하는 하나의 형식으로 얼마나 진지하게 받아들여질 수 있고 받아들여져야만 하는지 제시해왔다. 그가 손댄 게임이 실패로 끝났다 해도 큰 문제는 아니다. 그것은 한 사람의 예술가가 자신을 믿고 승부를 걸었다는 큰 이야기의 일부일 뿐이다.

너무 진지한 이야기 같은가? 실제로 코지마가 하는 것들은 진지하기 그지없는 것들뿐이다. 저자가 강조한 것처럼, 코지마는 사려 깊고 내성적인 접근으로 테크놀로지, 사회, 미래에 대해 중대한 의

문을 제기하며, 현대 문제에 맞선다.

　하지만 그것만이 아니다. 코지마는 때로는 너무 심한 것 아닌가 싶을 정도로 장난스러운 모습을 보이기도 한다. 골판지 상자 이야기를 해보자. 골판지 상자는 〈메탈기어〉 시리즈 전반에 걸쳐 등장하는 비주얼로서도 툴로서도 두드러지는 존재로, 플레이어는 이 상자를 다양한 방법으로 이용할 수 있다. 뒤집어써서 몸을 숨기는 것은 물론이고 비장의 무기 같은 사용법도 있기에, 단순한 골판지 상자가 이 시리즈의 진정한 상징이나 다름없는 존재가 되었다. 예를 들어 〈메탈기어 솔리드METAL GEAR SOLID〉(Konami, 1998)에서는 늑대개가 소변을 본 골판지 상자를 뒤집어쓰면 다른 늑대개로부터 공격받지 않게 된다. 사용처는 실용적인 것부터 아주 이상한 것, 효과가 높은 것부터 어이없는 것까지 풍부한 베리에이션이 준비되어 있다. 〈메탈기어 솔리드: 피스워커METAL GEAR SOLID: PEACE WALKER〉(Konami, 2010)에서는 카즈히라 밀러라는 남성 캐릭터와 해변으로 가서 골판지 상자 안에서 행복한 시간을 보내는 것도 가능하다. 데이트로서는 기묘할지도 모르지만, 세상에는 훨씬 더 눈물겨운 데이트 이야기도 있을 것이다. 게임 안에서와 마찬가지로 골판지 상자는 실생활에서도 가능성으로 가득한 인공물로, 도구로 쓰이는가 하면 건축 재료, 예술 작품의 소재, 장난감이 되기도 한다. 미국 해병대가 반 장난으로 골판지 상자를 뒤집어쓰고 고성능 AI 로봇을 속였다는 사실도 있다(Scharre, 2023).

　코지마의 손에 걸리면 비디오 게임은 골판지 상자이며, 창조성에 따라 잠재 능력을 이끌어낼 수 있는 것이 된다. 그것은 때로는 진지

하게 때로는 바보같이 플레이어의 마음을 사로잡고는 놓아주지 않
는다.

서문
코지마 히데오 같은 크리에이터는 지금까지 존재하지 않았다

철이 들 무렵부터 계속 코지마 히데오의 게임을 플레이해왔다.

MSX2와 패미컴으로 발매된 초대 〈메탈기어METAL GEAR〉(Konami, 1987)부터 최신작인 〈데스 스트랜딩DEATH STRANDING〉(코지마 프로덕션, 2019)에 이르기까지, 그는 선구적인 스토리로 철학과 사회에 관련된 복잡한 주제를 탐구했으며, 항상 게임의 경계를 넓혀왔다.

게임 업계에서 그의 영향력은 가히 절대적인데, 그의 영향을 받은 게임은 셀 수 없을 정도이고, 미디어나 문화 등 넓은 세계에까지 영향을 미치고 있다. 기예르모 델 토로는 그의 팬임을 공언했으며, 조지 밀러George Miller 감독도 〈데스 스트랜딩〉을 극찬하면서 "위대한 영상 작가에게서 볼 수 있는 스킬을 코지마 씨의 작품에서도 볼 수 있다."라고 말했다. J.J 에이브람스J.J Abrams는 그를 '게임이라는 형식의 달인'이라고 부른다. 그에 대한 이러한 찬사는 셀 수 없을 정도로 많다.

스탠리 큐브릭Stanley Kubrick의 영화처럼, 코지마 감독은 장르라는 것을 도구로, 혹은 발사 지점으로 사용해 굉장히 독창적인 그림을 그린다. 그가 섞어서 만들어내는 실존적인 그림물감에는 게임의

정의 그 자체를 넓히는 듯한, 실로 독특한 비틂이 더해져 있다. 예를 들어 〈메탈기어 솔리드〉(Konami, 1998)에서는 사이코 맨티스라는 초능력자에게 자신의 생각이 읽히지 않도록 플레이스테이션의 2번 단자에 컨트롤러를 연결해야 하기도 하며, 〈우리들의 태양ボクらの太陽〉(Konami, 2003)에서는 태양총 건 델 솔을 충전하기 위해 실제 태양광을 이용해야만 한다. 〈존 오브 디 엔더스Zone of the Enders〉(Konami, 2001)에서는 최고의 로봇 조종을 체험할 수 있다.

코지마 감독은 철학적인 의미로도 게임 내적인 의미로도, 플레이어를 컴포트 존Comfort Zone(쾌적하게 느끼는 영역) 밖으로 인도한다.

소설가이자 내러티브 디렉터(게임의 서사 요소 전반의 감독)도 맡고 있는 내가 보아도, 코지마 감독이 하는 것은 정말로 어려운 일이다. 그것을 일관적으로, 심지어 그의 작품처럼 장대한 스케일로 성공시키는 것은 정말 손에 꼽을 수 있을 정도의 인간만이 가능한 위업이라 해도 과언이 아니다.

거대한 프로젝트에 착수할 때, 나는 항상 영감을 찾아 그의 작품을 다시 플레이한다. 그럴 때 〈메탈기어 솔리드〉 시리즈나 〈스내처SNATCHER〉(Konami, 1998)는 빼놓을 수 없으며, 여기에 새로이 〈데스 스트랜딩〉도 추가되었다.

무전으로 조언을 해주는 다양한 전문가부터 독특한 악역까지, 코지마 작품의 캐릭터는 하나하나가 잊기 힘든 인상을 남긴다. 대사도 매력적이다. 몇 번이나 플레이했기에 어떤 반전이 기다리고 있는지 다 알지만, 그럼에도 조마조마해서 화면에서 눈을 뗄 수 없게 된다.

코지마는 작품에 정치, 경제, 과학, 문화 사조를 포함시키고 그것들을 하나로 만들어 독자적인 이야기를 자아내며, 이것이 캐릭터에 깊은 인상과 긴장을 준다. 그들은 죽음과 맞닿아 있는 아슬아슬한 생을 보내며 이데올로기적인 신념을 극한까지 추구하려 한다. 설령 그들의 의견에 동의하지 못한다 하더라도 공감하지 않을 수가 없게 되며, 최악의 적에게도 감정을 이입하고 만다. 메뉴 등의 설명문부터 〈스내처〉에 등장하는 백과사전 같은 컴퓨터 '가우디'에 격납된 각 장비품의 기술 정보 같은 방대한 데이터에 이르기까지, 감독의 고집은 세계 구축의 모든 면에 걸쳐 있다.

코지마의 작품은 모두 클리어한 후 어떤 기분을 느꼈었는지 똑똑히 기억한다.

특히 인상에 남아있는 것이 〈메탈기어 솔리드2 선즈 오브 리버티 METAL GEAR SOLID 2: SONS OF LIBERTY〉(Konami, 2001)인데, 이 게임이 발매됐을 때 나는 루카스 아츠Lucas arts에서 일하고 있었다. 당시 이 게임을 플레이하기 위해 상사에게 부탁해 며칠의 휴가를 얻었다. 게임을 끝낸 나는 주제의 노예가 되어 의자에서 일어날 수 없을 정도로 충격을 받았다.

〈메탈기어 솔리드2〉가 제기한 문제 중에는 아직 스스로 답을 내지 못한 것도 있으며, ChatGPT의 등장, AI의 딥 러닝, SNS와 인류의 미래 등의 문제에 대해서 생각할 때마다 다시금 이 작품을 떠올리게 된다.

<데스 스트랜딩>을 플레이한 것은 딸이 태어난 직후의 일이었다. 주인공인 샘이 아기와 함께 종말 후의 세계를 여행하는 내용으로, 체험하면서 깊은 감동을 받았다. 부모란 어떤 것인지, 아기를 건강하게 키우기 위해서는 어떻게 해야 하는지 등 생각할 것들이 산더미 같던 내게, 딸이 이 세상에 태어난 최초의 해를 상징하는 작품이 되었다. 예전에는 활기로 가득했던 거리가 팬데믹으로 인해 텅 비자 이 게임은 더욱 큰 의미를 갖게 되었으며, 아기띠 안의 딸과 함께 긴 산책을 하며 미래가 대체 어떻게 흘러갈지 생각했다.

지난 수 년 동안 코지마 감독과 몇 번인가 만나는 행운을 얻기도 했다. 특히 감명을 받았던 것은 그의 관대함, 창조성, 재기(才氣)다. 내가 집필하다 막혀 있던 작품에 대해 조언을 요청했던 적도 있다. 감독의 사고의 움직임은 실로 독창적인데, 생각나는 대로 입에 올린 조언이었는데도 뒤얽혀 있던 스토리의 퍼즐을 풀어주었다. 대체 왜 이런 걸로 고민했던 것인지 어처구니없게 느껴질 정도였다. '창작하는 유전자'를 눈앞에서 본 것은 실로 특별한 경험이 되었다.

코지마 히데오의 작품이 어째서 이 정도의 임팩트와 힘으로 가득한지 이해하는 데 이 책이 도움이 될 것이다. 조사와 통찰의 수준이 대단히 높아, 나 자신이 감독의 큰 팬임에도 이 책을 통해 알게 된 것들이 많다. 코지마 히데오 같은 크리에이터는 지금까지 존재하지 않았다. 그 이유를 브라이언 하츠하임에게 배워보도록 하자.

피터 트라이어스(작가)

1장

'작가'로서
코지마 히데오의 특징

—게임 연구 시점에서

비디오 게임을 잘 아는 사람이 아니더라도 코지마 히데오라는 이름은 들어본 적 있을 것이다. 모르는 사람을 위해 설명하자면, 코지마는 코나미의 〈메탈기어 솔리드〉 시리즈의 크리에이터, 디자이너, 그리고 시리즈 작품 대부분의 감독을 맡은 인물로, '스텔스(잠입)'라는 게임 장르의 기초를 닦은 영화적 액션 게임의 선구자이다.

MSXMachines with Software eXchangeability 2라는 가정용 컴퓨터용으로 발매된 초기 두 작품을 포함해 〈메탈기어〉 시리즈에는 22개 이상의 정식과 리메이크 작품이 존재한다. 그 중 9작품에 코지마 자신이 디자인, 디렉션, 프로듀스, 공동 각본으로 참가했다. 시리즈는 비평가들의 평가도 높고 다수의 게임 어워드도 수상했으며, 몇 작품은 '사상 최고의 비디오 게임' 리스트(EGM Staff-2003, Campbell-2006, Wilson-2012, IGN Staff-2022 등)에 정기적으로 이름을 올리고 있다.

또, 비디오 게임 사상 유수의 상업적 성공을 거둔 시리즈이기도 하며, 코지마가 감독한 시리즈 작품은 거의 전부가 밀리언셀러를 달성했고, 스핀오프 작품도 포함하면 전 세계에서 합계 5000만 장 이상이 팔렸다.

코지마가 게임 업계로 들어왔던 1980년대의 전쟁(컴뱃) 게임은 진행을 위해서는 플레이어가 적을 쓰러트려야만 했다.

〈메탈기어〉(Konami, 1987)는 그런 액션 게임에 새로운 접근법을 도입하여, 적을 섬멸하는 것이 아니라 전투를 **피해서** 미션을 달성할 수 있도록 했다. 플레이어는 나무 상자 그늘에 숨거나 입구에 몸을 숨기는 등의 행동으로 적 전투원을 피하고, 스테이지를 어떻게 진행할 것인지 간파해야만 한다.

코지마는 〈메탈기어〉 시리즈로 적의 움직임과 환경 레이아웃에 대한 주의력, 인내, 계획성이 보답 받는 스타일을 액션 게임 장르에 도입한 것이다. 이런 게임성은 '스텔스'라는 독자적인 장르를 구축하기에 이르며, 나아가 〈스플린터셀Tom Clancy's Splinter Cell〉, 〈어쌔신 크리드Assassin's Creed〉, 〈히트맨HITMAN〉 등 다른 회사의 시리즈에도 영향을 끼쳤다. 지금은 스텔스 요소를 도입한 게임성이 널리 보급되어 스파이나 용병과는 관련이 없는 시리즈나 작품에서도 볼 수 있게 되었다. 예를 들어 액션 어드벤처인 〈젤다의 전설 ゼルダの伝説〉 시리즈에도 은밀 행동이 필요한 장면이 있으며, 오픈 월드 게임인 〈레드 데드 리뎀션RED DEAD REDEMPTION〉 시리즈에도 들키지 않고 야영지의 적을 소탕하는 장면이 있다. 또, 2019년에 히트한 인디 게임 〈제목 없는 거위 게임Untitled Goose Game〉은 거위를 조작해 몰래 장난을 치는 내용이다. 코지마가 무로부터 창조한 것은 아니라 해도 스텔스가 〈메탈기어〉 시리즈 덕분에 다듬어지고 보급되어 오늘날의 다양한 게임에서 자주 볼 수 있는 요소가 되었음은 의심할 여지가 없다.

하지만 〈메탈기어〉의 혁신은 게임 시스템만이 아니다. 동시대의 지정학, 정치적 음모를 다룬 플롯에 스파이 영화와 SF 애니메이션에서 영향을 받은 설정과 캐릭터를 조합하는, 장르를 초월한 스토리텔링 또한 커다란 발명이다.

또, 〈메탈기어 솔리드〉 시리즈는 당시로서는 드물게 당당한 비주얼을 갖추었고, 존 우 John Woo(오우삼이라는 이름으로 잘 알려진 홍콩

느와르의 대표적인 감독. 작품으로 영웅본색, 미션 임파서블 2 등이 있다-역주)
를 연상케 하는 액션 시퀀스나 핵미사일 폭발 기록 영상 같은 것까
지 들어 있었다. 게임성과 스타일만이 아니라 전달하고자 하는 중
요한 메시지를 가지고 있었다는 의미에서도 신천지를 개척한 시리
즈였던 것이다. 그 후 수많은 게임이 영화 같은 연출을 목표로 하는
것에서도 〈메탈기어 솔리드〉 시리즈의 영향을 엿볼 수 있다.

30년 이상에 걸쳐 속편과 스핀오프가 발매되고 규모와 인지도가
높아지면서 시리즈의 중심인물인 코지마는 코나미 공식 광고탑이
되어갔다. 한 사람의 크리에이터가 이 정도로 오랜 기간에 걸쳐 상
업 게임 시리즈 작품을 일관적으로 담당한 것은 게임 업계, 특히 일
본에서는 드문 일이었다.

일본에서 게임은 기업의 브랜드로서 긴밀하게 통제되며, 디자이
너는 관리직으로 승진하거나 퇴직해서 스스로 회사를 차리는 경우
가 많다. 하지만 코나미의 AAA(초대작) 타이틀에 일관되게 참가해
온 덕분에 코지마는 플레이어에게 사랑받는 존재가 되었고 코지마
와 〈메탈기어〉 시리즈는 다른 크리에이터나 게임 작품과는 차원이
다른 존재가 되었다. 〈메탈기어〉는 예나 지금이나 코나미의 브랜
드지만, 코지마만의 디자인 센스가 반영되어 있기에 그의 '창작물'
로 알려져 있다.

이 책에서 다루는 것은 그러한 디자인 센스와 프로세스이며, 〈메
탈기어〉를 비롯한 작품들에 대한 코지마의 디자인 기법을 고찰해
볼 것이다. 게임 디자이너로서 코지마는 상업 게임에 복잡한 주제

와 메시지를 도입했는데, 동시에 그러한 메시지를 보강하기 위해 게임 시스템과 표현 형식에도 혁신을 가져왔다. 그리고 그의 작품은 '비디오 게임'이라는 틀을 벗어나 사회 전체에 관여하는 듯한 플레이를 촉구하기에 이르렀다.

이러한 이유들로 인해 코지마는 게임 업계의 유명 인사가 되었다. 〈메탈기어 솔리드〉(Konami, 1998)의 성공 이후 시리즈의 속편을 발매할 때마다 그것은 커다란 이벤트가 되었고, 코지마 자신도 시리즈를 대표하는 유명인이 되었다. 코나미가 국제적인 게임 컨벤션이나 이벤트에서 〈메탈기어〉 신작을 발표하면 코지마도 그 자리에 참석했으며, 그의 이름과 얼굴은 영화감독이나 영화배우 같은 형태로 게임과 연결되었다. 몇천 명에 달하는 팬들이 코지마의 이름을 외쳤고, 그를 신격화했다. 팬들은 인터넷 게시판이나 SNS에서 감독의 발언을 열심히 퍼트렸고, 그의 작품을 연구했다. 이러한 전통은 코지마가 독립해서 자신의 스튜디오인 코지마 프로덕션Kojima Productions(이하 코지프로코지プ로)을 설립하고 데뷔작으로 〈데스 스트랜딩〉(Kojima Productions, 2019)을 발표했을 때도 이어졌다. 도쿄 게임쇼에서 있었던 토크쇼에서는 그의 한 마디 한 마디를 놓치지 않기 위해 마른 침을 삼키는 분위기 속에 코지마의 프레젠테이션이 진행되었다. 자신이 참여한 게임이 발매되면 코지마는 제작 프로세스의 비화들을 해설해주는 다큐멘터리나 특전 DVD를 발매하고 서적이나 가이드북 인터뷰에 응하는 등 제작 프로세스를 투명하게 밝히려 했다. 이러한 파라텍스Paratext(작품의 부수적인 다양한 요소. 이 책에서는 작품을 보완하는 자료와 관련 정보를 가리킨다)에

는 비디오 게임이라는 미디어를, 그리고 크리에이터로서의 자신의 지위를 진지하게 받아들여줬으면 하는 코지마의 바람이 드러나 있다. 코지마는 자신의 작품에 암호 같은 메시지와 수수께끼를 이래도 되나 싶을 정도로 채워 넣기에, 발매가 아직 멀었을 때부터 발매 후에 이르기까지 팬들의 화제가 끊이지 않는다. 인터넷에는 무수한 게시판, 팬 페이지가 있으며, 나아가서는 코지마 단 한 명을 주제로 다루는 책까지 출판되었다(Golden Joystick-2015, Chami-2016, Wolfe-2018 참조). 이런 게임 디자이너는 손에 꼽을 정도밖에 존재하지 않는다.

지금까지 말한 것들은 모두가 코지마가 〈메탈기어〉에 계속 관여해왔기에 생겨난 2차적인 결과의 사례이다. 코지마와 코나미는 게임 디자이너의 역할을 더욱 널리 인지시키려 해왔다. 초창기 게임 업계에서 회사는 자신들의 지적 재산을 지키기 위해, 그리고 사원들에게 큰 교섭력을 주지 않기 위해 관행적으로 디자이너를 크레딧에 게재하지 않았다. 하지만 그런 관행과는 반대로 코지마는 〈메탈기어〉의 제작만이 아니라 프로모션에도 참여해왔다. 그는 플레이스테이션 어워드를 시작으로 일본의 게임 업계에서 수많은 상을 받았고, 작품은 「패미통ファミ通」같은 잡지의 게임 리뷰에서도 하이스코어 단골 고객이 되어 있었으며, MTV, Game Developers Conference, DICE 어워드에서 생애공로상을 받는 등 전 세계의 게임 업계에서도 높은 평가를 받았다. LA의 더 게임 어워즈에서 인터스트리 아이콘 상을 받았을 때는 기립 박수를 받았으며, 전 세계의

업계 관계자와 팬들의 존경을 받는다. 이러한 평가는 게임 미디어에 국한되지 않고, 2001년에는 「뉴스위크Newsweek」 지가 매년 발표하는 '미래를 개척하는 10인' 중 한 명으로 특집 기사가 실렸다(Itoi, 2001). 코지마는 아트와 엔터테인먼트와 상업적 성공을 훌륭하게 조화시킬 수 있는 재능으로 '게임 업계의 제임스 카메론James Cameron, 스티븐 스필버그Steven Spielberg, 피터 잭슨Peter Jackson'으로 불리기도 한다(Kohler-2016, Gates-2018). 또, 게임 개발자로서는 특이하게도, 영화감독, 뮤지션, 그래픽 노블 작가 등 게임 업계 밖의 예술가들도 그의 영향을 받았다고 말한다.

팬이나 리뷰어는 무엇이 코지마의 작품을 코지마답게 하는가에 대해 지적하는 것에서 기쁨을 느끼는데, 코지마다움에 대해 명확한 정의가 있는 것은 아니므로 모순도 산더미처럼 있는 것 같다.

〈메탈기어〉 시리즈는 적과의 무력 충돌을 피해 은밀 행동으로 임무를 달성하는 것을 추구하고, 전쟁 병기의 위험성과 평화주의를 주제로 한 서사를 구축하고 있으나, 어느 작품이든 고도의 무기 물리연산이 사용되어 폭력과 전쟁은 더더욱 사실적으로 묘사되었다.

이 시리즈는 할리우드 액션 영화의 영향을 받은 고강도의 시네마틱 연출 기법을 도입한 것으로 잘 알려져 있으며, 드라마의 긴장감을 높이기 위해 공들여 만든 컷 신이 자주 삽입되는데, 이러한 컷 신으로 인해 플레이어의 상호작용이 희생된다는 비판도 있다.

또, 새로운 세대의 게임기와 새로운 게임 엔진의 등장으로 인해, 시리즈는 새로운 작품이 나올 때마다 기술적으로 개량되어 현실 세계의 날씨, 시간대에 따른 변화, 세련된 적과 서포트 캐릭터의 AI, 커스터마이즈 가능한 장비 등의 요소로 플레이어의 몰입감을 높여왔다. 하지만 모든 작품에는 또한 이러한 몰입감을 파괴하고 플레이어에게 '이건 게임이구나'라고 상기시키는 듯한, 게임이라는 미디어의 장치를 강조하는 요소도 잔뜩 들어 있는 것처럼 느껴진다. 이러한 메타 요소는 게임의 배후에 인간 크리에이터가 있다는 것을 의식하게 만들기에, 일관성이 없어 플레이에 방해가 된다며 화를 내는 사람도 있을 테지만, 이 모든 것이 전부 '코지마 작품'을 플레이하는 체험일지도 모른다.

한 가지 분명히 말할 수 있는 것은, 코지마를 '모든 것을 감독하는 책임자'로 세상 사람들이 생각하고 있다는 점이다. 코지마의 디자인의 핵심이 되는 것은 그의 디렉션이며, 초기 작품에 대해 말하자면 기획, 각본, 맵 디자인, 영상 편집뿐 아니라 캐릭터 디자인과 그림 콘티 작성 등 폭넓은 역할을 혼자 맡았다.

그러한 창작 활동은 게임 디자인에만 국한되지 않는다. 에세이나 영화 비평을 쓰고, 라디오 방송과 팟캐스트 호스트를 맡고, 프로듀서이자 이사 겸 부사장으로서 코나미의 경영에도 관여했다. 유명한 영화감독, 애니메이션 성우, 개그맨, 저자로 폭넓게 활동 중인 기타노 다케시北野武나 오시이 마모루押井守 등 영화 업계의 다재다능한 감독들처럼, 코지마 또한 다재다능한 인간인 것이다(Ruh-2013, Gerow-2007).

하지만 이러한 무수한 직책에 프로그래머, 일러스트레이터는 포함되어 있지 않다. 여기서 알 수 있는 것은 스토리텔링 능력, 자신의 아이디어를 타인에게 전달하는 능력, 복수의 미디어 형식에 대한 적응 능력이 지극히 높다는 점이며, 이것은 일본 엔터테인먼트 업계에 종사하는 다재다능한 인물들에게서 자주 볼 수 있는 특징이다. 스토리텔링의 다양한 측면을 통제하고 통합하려 하는 경향은 코지마식 게임 디자인의 열쇠이다.

감독의 주도권

코나미에서 커리어를 시작하고 얼마 지나지 않아 코지마는 게임 디렉션을 담당하게 되었다. 이것은 디지털 툴을 다루는 프로그래머와 엔지니어에 대해 주도권을 잡는 것이 창조적인 표현을 위해 필요했기 때문이다.

주도권을 중시하는 이런 자세는 코지마가 '게임 업계 최초의 작가'라고 불리는 까닭이기도 하다(Screenrobot, 2019).

'작가주의 이론'이란 최종적인 작품에 개성이 반영되어 있는 영화 감독을 특정하기 위해 1960년대에 제기된 이론(Hartzheim-2016 참조)이지만, 이 이론은 감독의 주체성을 과도하게 중시하며 제작의 특정 문맥과 창작 프로세스에 관여하는 다른 수많은 사람들을 경시한다는 비판을 받아왔다.

이러한 비판은 게임 개발에 있어서도 유효하다. 영화와 마찬가지로 상업 게임은 대규모 스튜디오의 다양한 팀들이 협력해 제작하는 경우가 많다. 그렇기에 게임 개발에서 일개 개인이 할 수 있는 엄밀한 역할은 본질적으로 한정되어 있으며, 그것을 외부의 시점에서 파악하는 것은 어렵다. 코지마는 '감독'으로서 자신의 작품에 영화 용어를 사용하지만, 게임은 플레이어의 조작, 다양한 인터페이스와 메커닉스(게임을 성립시키는 시스템), 플레이어에게 반응하는 AI 알고리즘 등이 있어야 비로소 성립하는 것이며, 작품의 의미나 효과에 대해서 말할 때 영화적인 것에만 의존할 수는 없다.

그렇다고는 해도 영화나 게임에서 감독에게 초점이 맞춰지는 것은 이점도 있다. 1950년대부터 60년대에 걸쳐 프랑스의 영화비평지 「카이에 뒤 시네마Cahiers du Cinéma」의 비평가들은 '상업영화의 특이성, 반체제성에 가장 공헌하는 것은 누구인가'에 대해 의논하면서 감독을 가장 먼저 거론했다. 이것은 할리우드의 시스템에 의한 대량 생산과 그에 수반되는 영화 제작자의 익명화로 인해 시작된 의논(Hartzheim, 2016)이지만, 비디오 게임 업계에도 작품의 크리에이터를 공표하지 않는다는 관습이 있으며, 워렌 로비넷Warren Robinett같은 디자이너가 〈Adventure〉(Atrari, 1980)에서 비밀의 방에 '이스터 에그(개발자가 플레이어들이 발견하도록 게임 안에 숨겨둔 비밀 메시지나 조크)'로 자신의 이름을 몰래 숨겨두는 것에도 연결되었다. 코지마가 코나미 사내에서 자신의 창조적인 아이덴티티를 확립할 수 있었던 것은 기업이라는 기계 속에서 개인이 자신의 목소리를 발견하는 것과 비슷하다. 설령 그 목소리를 '팔리는 게임을 만든다'는 기업의 지상과제를 위해 승화시켜야만 한다 해도, 그의 작품이 업계의 관습을 거역하는 것이라는 것은 의심의 여지가 없다.

또, 감독으로서의 코지마에게 초점을 맞춤으로써 커다란 스튜디오의 개발자들이 작은 부서 아래에서 단결해 하나의 목표를 향해 매진하는 모습을 이해할 수 있게 되기도 한다. 즉, 코지마라는 한 사람의 게임 디자이너의 디자인과 공헌만이 아니라 그의 팀이 어떻게 공헌했는지, 상업 게임 개발에 필요한 대규모 리소스를 사용하며 어떻게 형식을 파괴한 게임을 탄생시켰는지에 대해서도 빛을 비추게 된 것이다.

요약하자면, 코나미에서 코지마와 작업함으로써 그의 팀은 기존의 게임 장르, 모델, 프로그램에 대해서 대담한 실험을 할 수 있었고, 덕분에 그들은 여러 미디어 형식의 특징을 받아들여 사회적, 정치적으로 의미 있는 아이디어에 대해 플레이어가 생각하게 하는 게임적 체험을 탄생시킬 수 있었다.

▎ 게임에서 '프로그레시브'한 텍스트 창조

이 책이 주장하는 것은 게임 제작에 대한 코지마의 접근법이 '프로그레시브한 게임 디자인'이며, 그가 작품의 제작 당시에 확립되어 있던 게임 형식, 서사, 장르를 파괴하고 상업 비디오 게임의 경계선을 넓히려 했다는 점이다. 여기서 사용한 '프로그레시브'라는 말은, 에스퍼 율Jesper Juul(덴마크의 게임 개발자-역주)이 2002년 선형적(리니어Linear)으로 미리 정해져 있던 게임과 비선형적(논 리니어 non-Linear)으로 구조화되어 있지 않은 게임과의 대비로서 제시한 '진행형(프로그레션Progression, 별개의 도전 과제가 연속으로 제시되는 것)

과 '창발(創發 남이 모르거나 하지 아니한 것을 처음으로 또는 새롭게 밝혀내거나 이루는 일-역주)형(이머전스 Emergence, 단순한 룰을 조합해 배리에이션을 만드는 것.)'이라는 개념에서의 '프로그레션'과는 관계가 없다는 점에 주의하기 바란다. 이 책에서 '프로그레시브'라는 말은 얼터너티브 Alternative(대체적)한 아이디어나 기회, 표현 형식의 발견 또는 창조를 추구하는 게임의 정의로 사용된다.

'프로그레시브한 게임'에 주목하는 것은 「카이에 뒤 시네마」의 편집자 장 루이 코몰리Jean-Louis Comolli와 장 나르보니Jean Narboni가 1990년 영화에서 '프로그레시브'한 텍스트의 창조에 주목했던 점과 합치한다. 코몰리와 나르보니는 "모든 영화는 정치적이다" 라고 주장했다. 모든 영화는 사회의 지배적인 이데올로기와 생산 시스템을 재생산하지만, 어떤 종류의 영화는 확립된 가치관과 기술에 의문을 제기함으로써 이러한 지배적 이데올로기에 대항하려 한다는 것이다. 이에 대해 바버라 클링거Barbara Klinger는 2003년 '프로그레시브한 영화 장르'의 특징을 정리했는데, 예를 들면 기존의 사회 제도에 이의를 제기하는 비관적인 관점과 주제, 관객의 감정이입을 추구하지 않는 이야기, 도덕적 이원론이 존재하지 않는 이야기, 알기 쉽게 끝나지 않는 이야기, 과도한 주목을 요구하는 비주얼 스타일 등 할리우드의 관습을 벗어던진 영화에 대해 비평가들이 느끼는 애착에 주목했다. 클링거는 코몰리와 나르보니의 생각에는 비판적이었지만, '프로그레시브한 영화'라는 것이 이데올로기 면에서만이 아니라, 동시대의 영화 형식과 구조 내에 단절을 추구하는 진보적인 비평가들의 말에 의해 형성되어왔다는 점에 주목했다.

게임 연구 분야에서도 연구자들은 급진적Radical인 게임이 사회적, 문화적, 정치적인 저항세력이 되기 쉽다는 것을 설명하고자 해왔다. 알렉산더 갤러웨이Alexander R. Galloway는 2006년 피터 워렌Peter Warren의 '카운터 시네마'에서 따온 '카운터 게이밍'이라는 개념을 제창하며 '아방가르드'한 게임 MOD(개조)는 "게임의 메인스트림에 대항하는 형태로 외부에 존재한다." 라고 했다(Galloway, 2006, 109쪽). 닉 다이어 위더포드Nick Dyer-Witheford와 그리그 드 퓌터Greig De Peuter는 마이클 하트Michael Hardt와 안토니오 네그리Antonio Negri의 논의를 기초로 하여 '다성의(멀티튜드Multitude) 게임'은 '제국의 게임에 저항하는 게임'이며, 제국의 게임은 국제 자본을 상징하며 강화하지만, 멀티튜드의 게임은 새로운 주관성, 운동, 대체물을 제안한다고 주장했다(Galloway, 2006, 187쪽). 또, '메타 게임(게임 안의 게임)'에 관한 포괄적인 연구 속에서, 스테파니 볼룩Stephanie Boluk과 패트릭 르미외Patrick LeMieux는 '코드, 상업, 컴퓨팅'이 아니라 인간 플레이어와 '인간 이외의 것에 의한 오퍼레이션'과의 관계에서 정의되는 또 하나의 플레이의 역사를 발굴하려 한다. 조금 더 최근에는 노아 워드립 프루인Noah Wardrip-Fruin이 2020년 '오퍼레이션 이론'과 '플레이 가능한 모델'이라는 개념을 사용해 '게임 크리에이터가 비디오 게임을 통해 경계선을 넓히고, 새로운 무언가를 전달하고, 새로운 플레이의 기회를 창조하는(Wardrip-Fruin, 2020, 25쪽)' 것을 제시했다. 이러한 연구자들은 동시대의 상업 게임 개발의 확립된 이론과 수법을 따르지 않는 '대체Alternative' 게임에 주목해 혁신적이고 의미 있는 플레이에 대해 논한다.

'프로그레시브한 게임' 디자인에 가장 가까운 것을 메어리 플래너 건Mary Flanagan의 '비판적Critical 플레이'라는 자극적인 아이디어 속에서 발견할 수 있을지도 모른다. 저서에서 그녀는 '특정 게임 디자인에는 체제를 전복하거나, 약체화시키는 등의 반체제적인 성질이 있다(Flanagan, 2009, 10쪽).' 라고 말했다. 플래너건은 특히 파괴 Disruption의 개념을 완전한 전복Subversion(기존의 법, 룰, 제도를 전복 또는 타도하려는 것)과 개입Intervention(정치, 사회 문제에 대한 직접적인 행동과 관여)의 중간에 위치하는 것으로 제시했으며, IT 비즈니스 분야에서의 '파괴적 혁신' 이론을 예로 들면서 파괴란 '특정 논리와 패러다임의 움직임을 변화시키는 창조적인 행위(Flanagan, 2009, 12)' 라고 했다.

델Dell의 컴퓨터부터 스타벅스Starbucks의 커피까지, 다양한 혁신가가 기존의 업계에 디스럽션을 일으켜 완전히 새로운 시장을 창조해왔다. 이 사고방식을 게임 디자인에 적용하면 플레이어에게 "그 플레이가 제아무리 구조화된 것이라 하더라도, 모든 플레이 환경 속에서 무엇이 허용되는지, 무엇이 룰과 기대의 경계선인지를 시험하게 하여 플레이어 자신의 주체성을 탐색하게 한다(Flanagan, 2009, 13페이지)."라는 것이 된다. 기존의 게임 장르와 플레이 형식에서도 창조적인 디스럽션이 포함된 게임이 탄생하는 경우가 있으며, 그러한 게임이 도입하는 혁신과 획기적인 방침이 전혀 새로운 장르와 플레이 스타일 창조와 연결된다.

▌ 크리티컬(비평성이 있는) **게임이란?**

플래너건은 주로 현 상황을 개혁하려는 게임, 예술적인 게임, 그리고 그들이 일으키는 비판적 자아성찰에 대해서만, 즉 상업 게임에 대해 강한 반발과 비판적인 입장을 지닌 게임에만 '크리티컬 플레이' 아이디어를 사용했다(이것은 크리티컬 게임 연구자들에게 공통되는 특징이다). 하지만 이 틀을 상업 게임 그 자체나 상업 게임 업계에서 일하는 게임 디자이너에게 적용한다면 어떻게 될까? 상업 게임이라는 기존의 구조 속에서 작업하면서도, 상업 게임에 대해 비판적일 수 있는 것일까?

이러한 의문에 대답하는 것이 이 책의 목적이나, 결론부터 먼저 말해버리자면 코지마가 자신의 다양한 작품에서 끊임없이 강조해온 디자인이야말로 그러하다. 클링거의 '프로그레시브'한 영화 개념과, 플래너건의 비판적인 '래디컬' 플레이 개념에서 영감을 받아, 이 책에서는 당시의 업계를 석권했던 게임과 유행에 대한 저항과 도전을 통해 코지마의 작품이 가져온 '디스럽션'에 대해 다룬다.

'프로그레시브한 영화'라는 말에서 일반적으로 연상되는 것과는 달리, 코지마의 작품은 사회적, 정치적 관습만이 아니라 놀이나 업계의 관습에도 의문을 드러낸다. 또 '크리티컬 플레이'와도 다르게 코지마의 작품은 역시 상업 게임이며, 확립된 상업 게임이라는 장르와 개발 구조에 기반을 두고 있고 그것에서 벗어날 수 없다는 제약이 있다.

즉, 이데올로기적인 형식과 해석에 무게를 둔 클링거의 영화적인 양식이나 플래너건의 플레이적인 양식과는 전혀 다르기 때문에,

이 책에서는 코지마가 참여한 작품이 얼마나 비판적이고 건설적인가를 나타낼 목적으로 '프로그레시브한 게임 디자인'이라는 용어를 사용할 것이다. 이러한 정의에는 '프로그레시브'라는 말이 지닌 정치적인 의미가 의도적으로 생략되어 있으나, 이것은 코지마의 게임이 정치적이 아니라거나 일관적인 정치적 주장이 없다는 의미가 아니다. 또, '프로그레시브'라는 말을 듣고 독자들은 미디어 산업이 수 십 년에 걸쳐 즐겨 사용해 온 '기술의 진보가 혁명을 일으킨다'는 단순한 이미지를 떠올릴지도 모르지만, 어떤 미디어에서든 그런 경솔한 사용은 비판적으로 의논되어야만 한다.

이 책의 목적을 위해, 또 게임 디자인에 초점을 맞추기 위해, 여기서는 '프로그레시브'라는 용어의 사용을 특정한 의도를 지닌 디자인 분야에 한정할 것이다. 코지마와 그의 팀은 확립된 게임 장르와 그 표현을 사용하지만, 동시에 그것들을 파괴하고 다른 문화적 미디어에 영향을 받은 대체 게임 모델을 구축했다는 것이 필자의 주장이다. 바꿔 말하자면, 게임이라는 미디어의 표현 가능성을 확장하려는 시도 속에서 기존의 게임 장르와 게임 모델의 형태를 채용하면서도, 새로운 게임 장르와 게임 모델을 창조하는 것이 코지마의 '프로그레시브한 게임 디자인'이라는 말이 된다.

이러한 디자인적 접근법 대해 생각해보기 위해 코지마와 개발 팀이 남긴 기록에 의거해 코지마가 감독한 게임의 프로그레시브한 게임 디자인 기법을 작품별로 정리했다.

그러기 위해, 다른 정보 기록을 조합한 다양한 분석 수단을 사용했다. 주된 수단은 문서 기록 조사로, 정기 간행물과 파라텍스트를 소재로 사용하여 게임의 기본적인 디자인과 개발 과정을 정리했다. 또, 문서 기록을 보완하기 위해 1차 미디어 자료를 논증적으로 분석해 각 작품이 어떻게 제작되었는지, 당시의 평가는 어땠는지를 설명했다. 이러한 업계 측의 논설에 대치되는 비판적인 맥락에서 게임 연구와 미디어 분야 관련 2차 자료를 이 책 전체에 포함했다.

또, 코지마가 참여한 복수의 작품의 룰, 메커닉스, 스타일, 서사가 지닌 놀이 요소와 텍스트에 대해 면밀하게 분석해, 프로그레시브한 디자인 기법이 게임 그 자체에 어떻게 수용되었는지(또는 수용되지 않았는지)를 조사했다.

이러한 여러 접근법을 통해, 코지마의 프로그레시브한 디자인의 4가지 측면에 대해 논한다. 이러한 측면은 기존 게임의 관습을 파괴하기 위해 어떤 작품에든 일관적으로 드러나 있다. 이 4가지란 사회와 연결고리가 있는 이야기, 혼합 매체의 미학, 주제에 맞게 룰이 정해진 시스템, 메타적인 공간이다. 이러한 디자인 요소를 개별적으로 분석하는데, 디자인 프로세스에서 이것들은 별개의 것이 아니며, 다른 측면에서 떼어낼 수 있는 것이 아니라 모두가 모여 전체의 일부로서 서로에게 영향을 미치며 변화를 가져오기에, 게임 디자인의 상호 보완적인 접근으로 봐야 할 것이다. [그림 1]

이러한 요소가 하나가 되어 탄생하는 플레이 체험은 코지마의 프로그레시브한 게임 디자인의 두 가지 측면을 상기시킨다.

하나는 사회적인 측면으로, 코지마의 게임은 플레이어가 인류의 **사회적 발전**을 의식하고 관심을 가져야 할 필요성을 설명한다. 핵

그림 1 프로그레시브한 게임 디자인의 매트릭스.

에너지의 보급, 가짜 뉴스의 확산 등 동시대의 대립을 포함한 서사에서도 이러한 주장이 드러난다.

상업 게임의 숙명으로 이러한 문제는 미스터리, SF, 호러 등의 장르 픽션에 의해 우화(寓話)화 되어 있는데, 그럼에도 기존의 제도, 기술, 정치적인 역사, 동맹 등에 대한 비판이 담겨 있다. 이러한 접근은 문학과 영화만이 아니라 애니메이션이나 만화 등 파퓰러 픽션에서 차용한 것이기도 하며, 이것은 일본의 폭넓은 미디어 정세와 공통된다. 이러한 유명한 형식을 사용해 코지마의 작품은 플레이어가 현실의 문제에 대해 자각을 갖게 하고, 그것들을 해결하는 길을 모색하도록 촉구한다.

또 하나는 업계적인 측면으로, 그의 작품은 복수의 미디어 형식을 조합하는 비디오 게임이기에 가능한 힘을 사용해 **업계의 발전**을 낳는다. 코지마의 작품이 플레이의 경계선을 재정의하고, 영화적인 연출의 선구자가 되고, 스텔스 장르라는 새로운 플레이 시스템/메커닉스를 창조했다는 평가를 받는 이유는 바로 이 때문이다. 사회적으로 발전하는 서사와 조합함으로써 이러한 게임 시스템은 미스터리, 액션, 호러 등 기존의 유명한 업계 장르와 구조에 대한 의문을 제기하고, 전쟁 게임과 분쟁 해결을 위해 폭력의 메커닉스를 사용하는 틀에 박힌 형식의 게임(과 아이디어)에 대해 플레이어가 비판적이기를 촉구한다. 그리고 이러한 시스템이 대규모 상업 게임 업계에 흡수되어 모방된다 해도, 코지마와 그의 팀은 새로이 확립된 그 구조 속에서 일관적으로 혁신에 몰두한다. 이렇게 창조된 게임은 텍스트, 컷 신, 애니메이션 같은 선형Linear 미디어 형식에 의존한 탓에 비판을 받기도 하지만, 장르를 넘어 게임성에 혁신을 가져오고, 플레이어를 사회와 연결하는 경험을 제공하는 유일무이한 작품이 되었다.

어떤 의미로는 코지마의 게임은 그가 어렸을 때부터 흡수해온 영화나 책에서 실현하고 싶었던 것들이기도 하다. 하지만 그것들을 재현, 혹은 재연하는 것이 아니라, 디지털 게임이라는 장르에 영화와 책의 관습을 가져와 상호작용이 가능하게 만들었다.

즉, 코지마의 프로그레시브한 디자인은 비디오 게임을 '멀티미디어'로 보는 행위와 밀접한 관계가 있다는 것이다. 소설, 라디오, 영화, TV, SNS 등의 미디어로부터 그는 텍스트적, 시청각적, 커뮤니케이션적인 관습을 자유자재로 거둬들이고 있다.

코지마의 작품은 유명한 영화나 애니메이션 장르를 시뮬레이션하는 체험이며, 장르 엔터테인먼트에 대한 코지마의 취향이 반영되어 있는 경우도 많다. 하지만 현실 세계의 문제가 반영되어 있기 때문에, 게임을 클리어한 후에도 플레이어의 내면에 여운을 남기는 힘을 갖췄다. 동시대의 문제를 주제로 포함하기 때문에 곧 현실 세계의 문제가 게임의 서사에, 혹은 '게임 안'으로 들어와 플레이 공간과 플로우가 파괴된다. 이렇게 확장된 게임 공간이 오히려 플레이어의 몰입감을 **높인다.** 자신이 플레이하고 있었을 터인 가공의 체험이 사실은 현실에서도 비슷하게 언급된다는 것을 깨닫게 되면서, 게임과 현실 세계가 하나가 되어 놀이 공간의 한계가 파괴되기 때문이다. 바꾸어 말하자면, 코지마의 게임 디자인은 항상 업계, 플레이어, 더 크게는 사회가 '상업 게임이 무엇을 할 수 있으며, 어떤 모습이어야 하는지' 생각해왔던 경계선을 시험한다. 상업 게임은 무엇을 말할 수 있으며, 어떠한 모습을 하고, 어떠한 목표를 지녀야 하는가. 그의 게임은 그 경계선을 재정의하고, 우리가 상업 게임에 대해 품은 이미지를 변혁시킨다. 코몰리와 나르보니는 '영화란 무엇인가?'라고 물었지만, 코지마는 '게임이란 무엇인가?'라고 묻는다.

이 책의 구성

코지마의 최신작 〈데스 스트랜딩〉은 당초에 소니의 게임기로만 발매되었으나, 과거의 작품은 수많은 가정용 게임기(대부분이 일본제), PC, 예를 들면 마이크로소프트/아스키가 만든 MSX 규격, NEC의 PC엔진, 3DO, 세가 새턴, 닌텐도의 게임보이, 게임 큐브, 소니의 거치기/휴대용 게임기 등으로 발매되어왔다.

코지마의 작품은 전 세계의 게이밍 컬처 씬으로부터 극찬을 받아왔는데, 그가 코나미에서 제작한 게임을 살펴보면 되면 독자적인 체험형 게임 디자인에 대한 접근법을 이해할 수 있을 뿐만 아니라, 20세기와 21세기의 전환기에 일본의 상업 스튜디오들이 게임 개발에 대해 어떤 접근 방식을 취했는지를 좀 더 잘 이해할 수 있다.

2장에서는 코지마가 어떻게 요람기의 업계에 참가하고 초기의 작품을 제작했는지를 고찰하며, 어린 시절부터 학생 시절에 세계의 영화 및 장르 픽션들에게 받은 영향, 대학 졸업 후에 기획자로 코나미에 채용되었던 커리어 초기의 일, MSX 가정용 컴퓨터용으로 처음으로 디자인했던 게임 등에 대해 서술할 것이다. 이 장에서 강조해두고 싶은 것 2가지가 있는데, 하나는 1980년대 후반이라는 제작 배경과, 코지마가 코나미의 개발 문화 속에서 배우고, 성장하고, 기술적인 제약 하에 게임 컨셉트를 디자인하게 되었다는 점. 또 하나는 코지마가 자신의 문학적, 영화적인 야심을 이 책에서 말하는 '프로그레시브한 게임 디자인의 본질'에 주입하게 되었다는 점이다.

3장에서는 코지마가 참여한 어드벤처 게임 〈스내처〉(Konami, 1988), 〈폴리스너츠POLICENAUTS〉(Konami, 1994)의 개발과 디자인에 대해 고찰할 것이다. 세계적인 액션 영화와 스파이 픽션에서 영향을 받은 〈메탈기어〉 시리즈와 달리, 이 두 작품은 탐정 미스터리, 일본의 SF TV애니메이션에 대한 오랜 애착에서 탄생했다. 또, 코지마의 디자인과 디렉션이 하나가 된 가장 초기의 작품군이기도 하며, 이 게임에서부터 코지마는 스크립트 시스템을 확립함으로써 프로그래머에게서 일정 부분의 권한을 빼앗아 게임의 연출과 상호작용에 정확한 지휘를 내릴 수 있게 되었다. 애니메이션 제작의 플로우가 도입된 점, 다른 하드웨어로 이식될 때마다 스타일에 수정이 가해진 점(특히 〈폴리스너츠〉에서)을 보면 코지마와 그의 팀(이 즈음부터 '코지마 팀'이라 불리게 된다)이 작품을 풍부한 스토리텔링, 세계관, 상호작용 실현을 위한 실험장으로 보고 있었다는 것을 알 수 있다.

4장에서는 소니의 플레이스테이션PlayStation 1, 2, 3용으로 개발된 〈메탈기어 솔리드〉 시리즈 전체를 조망할 것이다. 이런 작품들의 복잡한 플레이 체험, 풍부한 주제를 생각하면 시리즈 전체를 하나의 장에서 다루는 것은 불가능하다. 시리즈가 AAA 규모로 개발되면서, 코지마가 제작의 모든 측면을 엄격하게 통제하는 것은 작품을 거듭할수록 어려워졌다. 그렇기에 이 장에서는 상호 관련되는 두 가지 영역으로 한정해 분석한다. 하나는 '코지마의 프로그레시브한 디자인이 〈메탈기어 솔리드〉 시리즈에 어떻게 계승되었고, 개발 스태프가 어떻게 서포트하였으며, 최종적으로는 그러한 디자인의 실현에 대해 어떻게 각자가 '자신의 일'이라는 주체성을 갖기에 이르렀는가'이고, 또 하나는 '이 시리즈가 비디오 게임 시리즈의 형태에 맞춘 반복이라는 제약에 얽매여 있음에도 불구하고 어떻게 작품별로 크게 다른 절차적 체험을 만들어내 비디오 게임 시리즈의 반복적인 접근방식에 저항했는가'이다. 〈메탈기어 솔리드〉 시리즈는 혁신적인 서사, 스타일, 시스템, 메타성 등의 요소를 MSX판 〈메탈기어〉 시리즈에서 물려받았는데, 프로그레시브한 게임 디자인의 4가지 측면에 대한 코지마의 접근법은 작품별로 크게 변화했다. 〈메탈기어 솔리드4〉가 발매된 후 코지마의 게임 디자인은 근본적인 변화를 보여주었는데, 오픈 월드와 규칙화된 시스템을 지향하는 쪽으로 방향을 틀었다.

5장에서는 게임보이 어드밴스GAMEBOY ADVANCE, 플레이스테이션 포터블PLAYSTATION PORTABLE 등 휴대기기용으로 디자인된 코지마의 게임으로 눈을 돌려, 그것들이 〈메탈기어 솔리드V 더 팬텀 페인METAL GEAR SOLID V : THE PHANTOM PAIN〉 (Konami, 2015)이나, 특히 코나미에서 독립한 후에 처음 제작한 〈데스 스트랜딩〉에 어떠한 영향을 미쳤는지를 알아볼 것이다. 이들 작품군은 비선형적 플레이 시스템이 특징이며, 미국의 외교 정책을 비판하는 반체제적인 주제와 서사가 그것을 보완한다. 이 두 작품은 다른 게임이나 게임 장르를 더욱 자각적으로 참조하는 한 편, 동시에 그러한 게임에 잠재되어 있는 레토릭Rhetoric(수사법. 효과적·미적 표현을 위하여 문장과 언어를 꾸미는 방법.-역주)을 문제시한다.

에필로그가 되는 6장에서는, 코지마의 작품과 코지마 프로덕션의 유산에 대해 서술하고 마무리 지을 것이다. 디자이너/감독의 이름을 내세운 코지마 프로덕션은 그가 코나미에 재적해 있는 동안에 설립, 폐쇄된 후 2016년에 독립 게임 개발 스튜디오 '코지마 프로덕션'으로 재설립되었다. 코지마의 디자인 기법, 특히 현실 세계의 문제를 주제로 한 게임을 만드는 것에 대한 관심은 코지마 프로덕션의 새로운 타이틀에 계승되었으며, 다른 미디어, 특히 영화에 대한 애정과 흥미를 자극함으로써 게임 개발자들에게 영향을 주고 싶다는 코지마의 소망도 변함없이 이어지고 있다.

　다음 장 이후, 코지마와 '코지마 팀'의 개발 스태프, 디자이너의 발언들을 인용할 것인데, 그 대부분은 각 작품을 위해 만들어진 광범위한 파라텍스트에서 유래한 것이다. 참조한 파라텍스트는 잡지의 특집, 인터뷰, 공략본의 코멘터리, TV 방송, 메이킹 영상, 트레일러, 인터랙티브 다큐멘터리, 라디오 방송, 코지마 자신이 적극적으로 활용 중인 트위터(현 X)를 시작으로 하는 폭넓은 SNS 활동이 포함되어 있다. 아카이브 자료의 대부분은 일본어와 영어로 된 게임 잡지, 신문 칼럼에서 입수했다. 일부 자료는 입수가 어려웠기 때문에, 웹 베이스의 인터넷 아카이브와 세타가야의 게임 보존 협회 등 게임 역사 아카이브의 도움을 받았다. 프로젝트 종반쯤에는 유저들에 의한 아카이브, 게임 역사가와 코지마 작품의 팬들이 번역한 자료 숫자도 늘어 큰 도움이 되었다.

　코지마는 일본의 게임 업계에서 유일무이의 존재일 뿐 아니라, 게임 개발 과정을 항상 공표하고 싶다는 욕구를 지녔다는 점에서 비디오 게임 개발 업계 자체에서도 드문 존재다. 업계의 이면을 공개하는 것은 스튜디오의 수법, 셀프 프로모션 수법의 일환으로도 기능한다. 코지마의 이름이 세계에 널리 알려지게 된 것은 어떤 의미로는 그의 작품과 '게임 감독'으로서의 지위를 선전해 온 본인과 코나미의 노력의 산물이며, 다수의 인간에 의해 만들어진 게임 체험을 '자신의 일'이라 주장하고 싶다는 소망을 드러낸 것이기도 하다. 본인도 코나미도 '코지마는 복수의 미디어, 특히 영화 요소를

사용해 감정적, 주제적인 의미가 있는 게임을 감독하는 디자이너'
라는 평가를 확립해왔다. 하지만 아무리 영향력이 강하다 해도 대
부분의 작품을 '팀'이 만들었다는 것을 간과하고 작가 한 명의 공으
로 돌리는 것은 경솔한 생각이다. 코지마라는 디자이너/감독에만
초점을 맞추는 것에 부작용이 있다면 그것은 다른 개발 스태프의
공헌이 역사의 디지털 쓰레기통에 묻혀 아무도 알지 못한 채 잊히
게 된다는 점일 것이다.

다행히 코지마 자신도 이 문제를 인식하고 있으며, 게임의 크레
딧, 프로모션 소재, 자신의 팟캐스트에서도 팀을 언급한다. 코지마
는 프로그래머도 아티스트도 아니기 때문에, 게임 디자인의 어느
부분에 영향을 미쳤는지 콕 집어 특정하기 쉽기는 하다. 게임 디자
이너에 대해 조사하면서 게임 개발 프로세스라는 뒤얽힌 실타래를
풀고 각 스태프의 구체적인 공헌에 빛을 비추는 것은 이 책을 쓴 커
다란 목적이기도 하다. 물론 이 '스태프'에는 코지마 자신도 포함되
어 있다. 그가 게임 업계에서 월등한 존재감을 보이는 것은 아직 영
화 업계의 동년배들만큼은 평가를 받지 못하는 수백 명에 달하는
재능 있는 게임 디자이너들에게는 환영해야 할 흐름이다.

스튜디오가 거대 기업을 형성하고, 스타와 연예인들이 자신의 이
미지와 작품에 대한 제어권을 갖게 된 이 시대, 캐주얼한 인기 모바
일 게임이 게임 디자이너와 개발 스태프를 익명화하는 이 시대에,
슈퍼스타 코지마의 지위는 최대급의 AAA 게임에도 그 배후에 있
는 창작자의 취향, 개성, 디자인 철학이 반영된다는 것을 가르쳐주
기에.

2장

코나미와
MSX에서 배운 것

―제약과 창작

코지마 히데오가 '영화적인 게임 크리에이터'라 불리는 것은 팬들의 평판만이 아니라, 본인의 언급에 의한 부분도 크다.

『창작하는 유전자—내가 사랑한 MEME들—創作する遺傳子—僕が愛したMEMEたち—』(Kojima, 2019)에서, 코지마는 게임 디자이너/감독으로서 자신에게 영향을 미친 책, 음악, 특히 영화에 대해 언급하면서 몇몇 장의 여담으로 특정 캐릭터나 설정이 자신의 커리어 속의 게임 디자인 선택에 영향을 미쳤다고 썼다. 이러한 평론 활동과 프로모션 활동을 작품과 연결해 파고들고 싶어지지만, 그의 디자인은 할리우드 영화만이 아니라 국내외의 무수한 요소에서 영향을 받았다(Kojima, 2008). 실제로 코지마의 프로그레시브한 게임 디자인과 게임 감독으로서의 씨앗은 3가지 커다란 요소가 조합되어 싹텄다고 할 수 있다.

첫 번째 씨앗은 일본의 칸사이 지방에서 자랐다는 어린 시절의 배경, 두 번째는 일본의 TV 방송, 해외 영화, 장르 문학에 의한 비공식 교육, 세 번째이자 아마도 가장 중요한 것은 커리어 초기에 고베의 코나미에서 소규모 팀 디자이너로 일했던 경험이다. 이런 경험을 하며 만났던 사람들과 상황 덕분에 코지마는 게임 제작에 대해 (거대 스튜디오에서는 극히 소수의 디자이너들만 가질 수 있었던)통제 권한을 발휘할 수 있게 되었다.

이 장에서는 칸사이[1]에서의 인격 형성기를 돌아보고, 코지마가 감독하고 훗날 그의 이름을 알리게 되는 MSX2 용 게임 〈메탈기어〉와 〈메탈기어2 솔리드 스네이크〉(Konami, 1990)의 제작 배경과 게임 디자인을 폭넓게 분석한다. 이 장은 닉 몽포르Nick Montfort와 이언 보고스트Ian Bogost의 '플랫폼 연구'의 접근에서 영감을 받아, 개발자가 특정 컴퓨터 시스템의 어포던스Affordance(행동 가능성)에 대해 어떻게 게임 표현을 창조하는가를 그렸다(Montfort and Bogost, 2009).

코지마는 당초에는 아케이드나 닌텐도Nintendo의 패미컴Family Computer(1983년 발매된 닌텐도 최초의 가정용 게임기-역주) 용으로 만들고 싶어했지만, 그 대신 MSX용 게임을 만드는 일이 주어졌다. MSX는 마이크로소프트와 아스키가 공통 규격으로 제창한 8비트 규격의 컴퓨터로, 오늘날에는 일본 이외에는 거의 알려져 있지 않은 시스템이나 열광적인 게이머들이 팬으로서 오랜 세월 지지해오고 있다. 코나미 사내에서는 패미컴보다 우선도가 낮았으나, 그렇기에 개발자는 어느 정도 자유로이 창조성을 발휘할 수 있었고 결과적으로 마니아 취향의 실험적인 게임 콘셉트가 다수 탄생했다. 그다지 엄격하지 않은 개발 구조였기에 MSX 부문의 기획 담당에게는 게임 개발의 모든 측면을 관리하는 역할도 주어져 있었다. 코지마는 이에 대해 "MSX 부서는 패키지도 카피도 디자인도, 매뉴얼 원고도 저희가 다 했습니다. 전부 저희끼리 하거든요(「MSX Magazine」 영구보존판 3, 2005, 154쪽)." 라고 말했다. 신인 코지마에게 있어서 개발 파이프라인을 관리할 수 있었던 것은 요행이었다. 다양한 직책의 담당자들이 게임 개발에서 어떤 역할을 하는지 빠르게 배웠다는 점도 있지만, 개발 프로세스의 대부분의 단계에 관여하고 싶어 하는 코지마의 습관과 욕구가 이 때 스며든 것이다.

"내 몸의 70%는 영화로 이루어져 있다"

코지마 히데오는 1963년, 도쿄 세타가야구에서 태어났다. 양친은 제약 업계에서 일했으며, 코지마는 2형제 중 차남이었다. 도쿄 생활은 짧았다. 부친이 효고현 카와니시 시로 전근을 가게 되어 코지마가 3살 때 온 가족이 칸사이로 이주했기 때문이다. 당시로서는 드물게도 맞벌이였기 때문에, '열쇠 아이'(맞벌이 부부의 자식으로 늘 집의 열쇠를 가지고 다니는 아이를 말함-역주)였던 코지마는 매일 방과 후 아무도 없는 집으로 돌아왔다. "지금도 그 고독을 기억합니다(「Edge」, 2004)."

코지마는 학교에는 흥미가 없었지만 곧 총명하고 이해심 있는 친구를 발견했다. TV였다. 그는 TV에 거의 탐닉하다싶이 했다. 특촬 히어로 방송, 연속 애니메이션 방송, 탐정 미스터리, 그리고 특히 외국 영화를. 제임스 본드의 스파이 영화, 알프레드 히치콕Alfred Hitchcock의 스릴러 영화, 독일의 전쟁 영화, 프랭클린 샤프너Franklin J. Schaffner가 감독한 《혹성탈출Planet of the Apes》(1968) 같은 우주 모험 활극을 더빙판으로 감상하며 영화에 대한 애정을 키웠고, 그것이 훗날 그의 게임의 플롯과 설정에 영향을 미쳤다. 우주와 관련된 스토리를 특히 더 좋아해서 아폴로 11호의 월면 착륙도 TV로 보았으며, 아직 어렸을 때부터 기술 발전과 그것이 사회, 문화의 변화에 미치는 영향에 커다란 흥미를 품고 있었다. 1970년의 오사카 만국 박람회에서 우주에 관련된 파빌리온Pavilion(국제 박람회 등에서 각국이나 기업이 문화, 기술, 산업 등을 전시 및 홍보하기 위해 설치하는 독립된 전시관-역주)이나 최첨단 기술에 관한 전시를 체험했던 일에 대해, 코지마는 "주제는 '인류의 진보와 조화'라는 장대한 것이었는데, 꼬마였지만 어쩜 이렇게 아름다운 주제가 다 있을까, 하고 이해해 버렸었으니까요(『Kojima Hideo』, 2000, 59쪽)."라고 말했다.

양친은 코지마의 영화 감상 취미를 지지했고, 매일 밤 저녁 식사 후에는 가족이 다 같이 영화를 감상했다. 영화가 끝나면 양친은 영화의 어디가 좋고 어디가 좋지 않았는지 감상을 요구했다. 코지마는 "부모님이 어린이용 영화만 보여주신 건 아니었습니다." 라고 말했다. "선정적인 장면도 본 적이 있습니다(Parkin, 2012)." 이 의식은 코지마가 오사카 우메다의 나비오 한큐나 오에스 극장 등의 영화관에 혼자 다니게 된 후에도 계속되었다. "아사히자朝日座라는 영화관이 있었는데요. 아래층에서는 《시네마 천국Nuovo Cinema Paradiso》을 하는데, 위층이 장 클로드 반담의 《사이보그Cyborg》를 틀어주는 거예요. 진짜 '여긴 최고의 영화관이구나! 여기 관장님 최고네!'였죠(Kojima, 2008년, 209페이지)." 양친은 영화 감상 요금을 주었고, 대신 집에 돌아온 후 줄거리와 감상을 보고하게 했다. 이때 몸에 밴 비평력은 피와 살이 되어 훗날 영화 평론을 쓰는 데에까지 이어졌다. 현재도 코지마의 트위터(현 X)의 프로필에는 "내 몸의 70%는 영화로 이루어져 있다." 라고 적혀 있다.

연구에 의하면, 미디어 콘텐츠의 시청 후에 그 내용에 대해 이야기하는 '공동 시청(코-뷰잉 Co-viewing)'과 '적극적 개입'은 어린이의 미디어 활용력을 키우고, 폭력적이거나 공격적인 메시지에 대항하는 능력을 기른다(Mendoza-2009, Rasmussen-2014)고 한다.

제2차 세계 대전의 폭력 속에서 살아남은 박식한 양친과의 회화 속에서, 코지마는 전쟁의 공포를 수없이 배우고 자신의 스토리를 창조할 때 반복해서 돌아보게 된다. 특히 부친은 도쿄 대공습에 대한 이야기를 자주 했다. "아버지는 폭탄과 불꽃에서 도망치려고 바깥을 뛰어다녔고, 부상을 입은 아이들을 안전한 정소로 옮겼다고 하셨습니다. 아버지의 이야기는 제게 큰 영향을 미쳤습니다". 코지마가 미국적인 것에 끌리는 것은 아버지의 영향이 굉장히 컸다. "줄타기같은 거였죠." 라고 코지마는 설명했다. "아버지는 전쟁 때문에 미국인을 증오하셨었는데, 나이를 먹어가면서 미국과의 관계를 회복하고, 받아들이고, 마지막에는 미국 문화를 사랑하게 되었죠. 저도 아버지와 마찬가지로, 이 줄타기 같은 애매함을 갖고 있다고 생각합니다(「Edge」, 2004)." 영화에 대한 흥미와 TV로 영화를 감상하는 것은 코지마가 장래 만들게 되는 작품의 미국화된 스토리와 설정에 영향을 미쳤을 뿐만 아니라, 양친이 미디어의 메시지에 대해 생각하게 만듦으로써 미국 사회의 문제에 대해 비판적인 눈도 키울 수 있었다.

　양친은 코지마의 예술적인 기질을 키우려 했으며, 코지마는 아직 어렸을 때부터 스토리텔링과 집필을 시작했다. 자연스러운 흐름으로 영화에 끌렸고, 각본을 쓰고, 중학교 친구였던 타츠오와 함께 8mm 영화를 촬영했다. 그리고 자신의 작은 스튜디오 '히데타츠 프로덕션'에서 형사 영화와 좀비 호러 영화를 촬영해서는 학교의 문화제에서 입장료를 받으며 용돈 벌이를 했다(Konami, 2005, 144~145쪽). 한편으로는 이 시기에 탐정 소설, SF, 모험, 판타지 등 다양한 장르의 작가들, 예를 들면 애거사 크리스티Dame Agatha Christie, 아이

작 아시모프Isaac Asimov, 리처드 매드슨Richard Burton Matheson, 마이클 크라이튼Michael Crichton, 아베 코보安部公房 등의 작품(Onoue, 2016)을 탐독했고, 묘사적인 산문/대사, 환상적인 세계/시나리오에 대해 강한 애착을 키웠다. 이것이 훗날 그의 게임에서 볼 수 있는 농후한 SF 스타일 플롯에 영향을 미쳤다.

도쿄로 돌아와 소설가가 되기를 꿈꿨으나, 13세 때 부친이 타계하면서 단념했다. 고등학교 졸업을 눈앞에 두었을 때 예술학교나 전문학교 같은 체계적인 환경에서 스토리텔링을 배우고 싶다고 소망했으나 이루어지지 않았고, 고향의 대학에 들어가 경제학을 배웠다. 하지만 창조적인 독서와 집필에 힘썼던 이러한 인격 형성적인 '연구' 기간 중 복합적 서사, 사회 참여, 특정 장르(특히 미스터리, SF, 정치적인 소설)에 대한 애착이 자라났다.

어린 시절도 그랬지만, 코지마는 주위에 자신의 정열에 무관심한 학생밖에 없다는 사실에 초조함을 느끼게 되었다. "당시에는 게임 센터가 다음 날 아침까지 하던 시절이었기 때문에, 게임 센터에서 자거나 포르노 영화관에서 자거나, 친구 집에서 자거나 했었으니까요(『Kojima Hideo』, 2000, 62쪽)."

소설가나 영화감독이 되겠다는 꿈도 차례차례 포기하게 되었으나, 패밀리 컴퓨터(패미컴)을 구입하고 비디오게임이라는 새로운 미디어의 서사와 세계를 표현하는 새로운 가능성에 매료되었다. 어떤 인터뷰에서 코지마는 신출내기 디자이너였던 자신에게 커다란 영향을 미친 게임으로 닌텐도의 〈슈퍼 마리오 브라더스Super Mario Bros.〉(1985), 남코Namco의 〈제비우스Xevious〉(1982), 에닉스Enix의

<포토피아 연속 살인 사건ポートピア連續殺人事件>(1983)을 들었다. 코지마는 이러한 게임들의 공통된 매력으로 게임성이라는 수면 아래에 숨은 깊이가 표현되어 있었던 것을 꼽았다. 예를 들어 <제비우스>는 "배경, 적, 메카닉 디자인, 네이밍 등을 통해 게임에서도 '세계관'을 표현할 수 있다는 것을 가르쳐 주었다[2]"(Takei, 2008). 즉, 소설가가 되는 길이 막히고 어떻게 영화감독이 되어야 할지 모르던 시기에, 급성장 중인 미디어였던 게임이 스토리텔링과 세계관 구축에 대한 욕구를 채워주었고, 스스로의 개성을 표현하는 방법이 있다는 것을 보여주었던 것이다.

코나미 개발3과

대학 졸업이 가까워지자 코지마는 완구 제작사나 게임 회사에 구직 활동을 시작했는데, 그 중에서도 몇 가지 이유로 코나미에 매력을 느꼈다.

첫 번째 이유는 코나미가 집에서, 또 모친이 있는 고베에서 가까워 통근이 편리했고, 본사가 포트 아일랜드라는 하이테크 인공섬에 있었다는 점이다. 두 번째는 코나미가 게임 회사로서는 유일하게 주식을 상장했었기에 경제학 교수님이 다른 신흥 게임 회사보다 안정적이고 사회적인 신뢰도 있다고 추천했기 때문이다. 세 번째는 개인적인 애착으로, <프로거Frogger>, <푸얀Pooyan>, <이 얼 쿵푸YIE AR KUNG-FU>등 1980년대 초기의 코나미 게임을 플레이하면서 그 코미컬한 정신에 매료되었다는 점이었다.

코지마는 MSX의 기획(일본에서는 게임 디자이너와 거의 같은 뜻의 직종)으로 코나미의 개발 3과에 채용되었다. 그때까지 신입 졸업생 채용은 프로그래머나 아티스트밖에 없었던 코나미에서는 처음 있는 일이었다(Konami, 2005a, 177쪽). 코지마가 처음으로 기획 서포트를 하게 된 것은 〈꿈대륙 어드벤처夢大陸アドベンチャー〉(Konami, 1986)로, 1983년의 〈결국 남극대모험けっきょく南極大冒險〉,(국내에는 남극탐험으로 알려져 있다-역주).의 속편이었다. 〈결국 남극대모험〉은 플레이어가 펭귄을 조작해 바다표범이나 얼음의 균열 등의 장애물을 피하며 제한 시간 내에 각국의 기지를 목표로 나아가는 유사 3D 무한 스크롤 형 점프 액션 게임으로, 코지마는 〈결국 남극대모험〉을 '쓰레기 게임'이라 평했지만(『Kojima Hideo』, 2000, 64쪽), 그럼에도 속편 작업물이 호의적인 평가를 받아 〈LOST WORLD〉라는 다른 MSX 타이틀의 콘셉트 디자인을 맡게 되었다. 이 프로젝트는 채택되지 않았던 〈마스크드 파이터マスクドファイター〉라는 액션 게임의 안을 기초로 한 것으로, '타이틀은 월드(세계)와 워(전쟁)에서 따온 것'이며, '마리오 풍 액션 게임에 스토리를 덧붙인 것(Kent, 2005년)'이었다고 한다. 코지마는 이 게임의 콘셉트부터 완성까지를 담당하게 되어, '가면의 전사'를 〈툼레이더Tomb Raider〉 풍의 여성 탐험가로 바꾸고, 신인 개발 스태프 팀과 함께 다양한 게임 내 목표, 보너스, 미니 게임을 채웠다. 하지만 팀은 경험이 부족했고, 베테랑 스태프들의 서포트도 거의 받지 못해 스케줄이 늦어져 상사들에게 질책을 받았다. 최종적으로 〈LOST WORLD〉도 개발 중지 상태가 되었으

며, 반년 동안의 작업이 수포로 돌아갔다. 이것은 코지마에게 '인생 최대의 낙담(『Kojima Hideo』, 2000, 65쪽)'이었다.

그 후, 슈팅 액션 〈마성전설魔城伝説〉(Konami, 1986) 등의 프로젝트에서 기획 어시스턴트를 맡았으나, 리드 디자인 일은 주어지지 않았다.

이렇게 현장에서의 학습 기간 중, 두 사람의 디자이너가 스승 같은 존재가 되었다. 한 명은 〈꿈대륙 어드벤처〉의 디렉터 및 〈이 얼 쿵푸〉의 플래너를 맡았던 쇼가키 료헤이正垣亮平, 또 한 명은 아케이드용 슈팅 게임 〈그라디우스GRADIUS〉의 MSX 이식판 속편 〈그라디우스2〉(Konami, 1987)의 디자이너였던 마츠이 나오키松井直樹다. 세 사람은 하루 종일 디자인안을 썼으며, "제트 스트림 어택"(기동전사 건담에 등장하는 검은 3연성의 3연속 공격-역주)처럼 아이디어를 경쟁했다. 마츠이와 쇼가키가 귀가한 후에도 코지마는 밤늦게까지 회사에 남아 관계가 없는 팀의 개발 스태프들에게 자신의 아이디어에 대한 의견을 들으러 다녔다. "거기 남아 있던 사람들 전원에게 묻고 다녔어요(웃음). 그렇게 하면 사람들의 반응을 알 수 있잖아요. 그래서 다시 생각해야 할 부분은 고치면 돼요. 아이디어에 대해 사람들과 대화하는 건 중요한 일이라 생각합니다. 그러니 지금도 떠오르는 것이 있으면 여러 곳에 가서 얘기를 하고 있어요(Konami, 2005a, 177~178쪽)."

리더로서 쇼가키와 마츠이의 감성은 대조적이었다. 쇼가키는 힘든 상황에 직면해도 굴하지 않고 팀을 격려하고 전진하게 하는, 사람들에게 불을 붙이는 것을 잘 하는 타입이었다. 마츠이는 좀 더 현실적으로, 문제가 있으면 프로그래머를 모두 불러서 이치를 따져가면서 하나하나 해결해 가는 타입이었다. 두 사람은 단순한 프로젝트 매니저가 아니었고, 디자이너로서도 사내에서 큰 영향력을 지니고 있었다. 코지마는 자신의 게임 디자인에 대한 접근법이 두 사람의 영향을 받았으며, "타입으로 말하자면 저는 쇼가키 씨와 마츠이 씨를 더한 다음에 둘로 나눈 느낌이네요." 라고 말했다 (Konami, 2005a, 178쪽).

코지마에게는 힘든 시기였지만, 팀으로서 프로젝트에 착수하는 기쁨을 맛볼 수 있었던 것은 하나의 작은 위안이었다. 코나미에는 혼자서 이야기를 집필하던 고독한 학생 시절 너무나도 갖고 싶었던 '동지'가 있었다. "퇴물 만화가, 퇴물 밴드맨, 퇴물 디자이너, 프로그래밍밖에 할 줄 아는 게 없는 남자 등 그런 기인들뿐이었죠 (『Kojima Hideo』, 2000, 65쪽)." 스태프는 자신의 재능을 증명하고자 창작 의욕에 불타고 있었다. "게임 업계는 '무언가'의 퇴물들로 가득했고, 게임이 또 한 번의 기회를 주었다고 모두가 느끼고 있었습니다." 라고 그는 말했다. "누구나 마찬가지 상황이었고, 어떤 의미로 그게 유대감이 되었다(Parkin, 2012)." 버블 시기의 코나미는 자금이 풍족했고, 아케이드에서 히트작을 연발해 기념 파티에서는 바이크가 상품이 될 정도로 기세가 좋았다. 그렇기 때문에 사업적으로 성공하면 야심적인 프로젝트에 착수하는 것도 관용적이었다. 하지만 코지마는 일단 견실한 게임 콘셉트를 제시해 상사들을 납득시킬 필요가 있었다.

▍ 스텔스 게임의 탄생

코나미의 개발자들은 몇 달에 걸쳐 어떤 게임에 고전하고 있었다. 그것은 프로젝트 N312라는 코드네임으로 불리던 전쟁Combat 게임으로, 인기 영화 《람보RAMBO》에서 큰 영향을 받은 캡콤CAPCOM의 〈전장의 이리戰場の狼〉, SNK의 〈이카리怒〉 등 당시의 '전쟁' 스크롤 액션의 흐름을 따른 타이틀이었다.

플레이어가 용병 캐릭터를 조작해 배경인 스크롤되는 정글 안에서 계속해서 적병을 쏴 죽이는 내용이었다. 새로운 MSX2 규격(MSX의 후계기로 성능이 다소 향상되었다)에 맞춘 프로젝트로, 코나미는 전쟁 게임 붐에 올라타고 싶다고 생각했었지만 시스템 상의 제약으로 인해 그런 게임을 실현하기 어려웠다. 하지만 그 제약이 있었기에 〈메탈기어〉의 아이디어가 탄생했다.

게임 디자인에서 대부분의 중요한 혁신은 한정된 어포던스에서 탄생하며, 닌텐도의 게임보이GAMEBOY를 설계한 요코이 군페이橫井軍平(말라버린 기술의 수평사고枯れた技術の水平思考: 과거에 완성되어 있는 기술을 별개의 분야에 활용하는 요코이의 철학)의 작품군이 그 확실한 예이다(Yokoi, 1997). MSX2는 닌텐도의 패미컴처럼 좀 더 인기 있는 가정용 게임기에 비해 스펙이 밀리는 것이 아니라, 새로운 컴퓨터 규격으로서는 훨씬 더 강력한 Zilog Z80A CPU(패미컴의 클럭 속도는 1.8MHz이며, MSX2는 3.58MHz였다), 더욱 풍부한 메모리와 비디오 RAM(패미컴은 2KB, MSX2는 64KB), 훨씬 더 큰 화면 해상도와 컬러 팔레트(패미컴의 표시 가능 색수는 52색, MSX2는 512색)를 자랑했다. 패미컴과 MSX2 양 기종으로 발매된 게임은 기본적으로 MSX2판이 그

래픽이 뚜렷하고, 표시되는 색 범위도 깊이가 있었다. 하지만 스크롤형 전쟁 게임을 만들자니 두 가지의 처리 영역에서 치명적인 문제가 있었다.

첫 번째는 MSX2에는 종 스크롤용 레지스터가 존재하지만, 횡 스크롤을 픽셀별로 부드럽게 처리하기 위한 레지스터가 없었다는 점이다. 그렇기에 어떤 게임이든 플레이어가 화면 속에서 가로 방향으로 이동할 때마다 배경의 타일 그래픽을 추가하거나 줄이면서 프로그래머가 수동으로 화면 위치를 조정할 필요가 있었는데, 이 방법을 쓰면 화면 끝의 그래픽이 항상 깜빡이게 되어버리고 만다.

두 번째는 좀 더 큰 문제로, 한 화면에 동시에 표시할 수 있는 스프라이트(캐릭터를 표시하는 기능)의 숫자가 한정되어 있다는 점이다. MSX2는 최대 32개의 컬러 스프라이트를 동시에 표시할 수 있었는데, 가로 방향의 직선상에는 8개밖에 표시할 수 없었다. 이 스프라이트 제한을 초과하면 비디오 디스플레이 프로세서(VDP)가 특정 스프라이트를 우선시하고, 다른 스프라이트가 표시되지 않게 되어버린다. 즉, 게임 내에서 스프라이트가 가로 방향으로 너무 많이 늘어서 있으면 한 화면에 쓸 수 있는 스프라이트 용량을 초월해, 몇 개가 깜빡이게 되어버리는 것이다. 이러한 문제가 전쟁 액션 게임에서는 화면에 복수의 캐릭터가 출현해 서로 총을 쏘기 시작하면 무슨 일이 일어나는지를 알 수 없게 되어버리는 것으로 나타났다. 프로그래머는 캐릭터의 묘사를 대폭으로 스케일 다운시키거나, 캐릭터의 움직임을 제한해 횡 방향 직선상에 서지 않도록 하거나, 화면에 표시되는 스프라이트의 총 숫자를 줄일 필요가 있었다. 이 '스프라이트 총 숫자를 줄인다'라는 최후의 아이디어를 쓰면 적의 숫자가 줄어들게 되어, 게임의 난이도가 대폭으로 낮아져 버리기에 최악의 선택지로 여겨졌다. 하지만 이게 바로 프로젝트 N312에서 코지마가 채용해 혁신을 일으킨 선택지였다.

지난번에 참여했던 게임이 개발 중지되고, MSX2의 한정된 성능으로 전쟁 게임을 만들라는 지시를 받은 코지마는 양친에게 받은 반전 교육의 영향으로 전쟁 게임을 만드는 것에 복잡한 감정을 품고 있었다. "그렇다면 반대로 적을 잔뜩 내보내는 게 아니라 적은 수의 적에게 발견되지 않도록, 아슬아슬 두근두근거리는 게임으로 만들면 어떨까 생각했던 거죠(「MSX Fan」, 1995, 5쪽)."

제2차 세계대전을 소재로 한 모험 활극 영화 《대탈주The Great Escape》(존 스터지스John Sturges, 1963)와 《나바론 요새The Guns of Navarone》(J. 리 톰슨John Lee Thompson, 1961)에서 힌트를 얻어, 코지마는 적과의 직접적인 교전을 피해 잠입·구출 활동을 수행하는 전쟁 게임을 착상했다.(Kojima, 2008, 134~140쪽) 플레이어는 적에게 발각되지 않도록 주의하며 적의 기지로 침투해야 한다. 즉, MSX2 하드웨어의 한계를 인식하고 그 한계를 회피하려는 콘셉트를 디자인한 것뿐만 아니라, 전쟁을 다루는 게임을 만드는 것에 대한 자신의 당혹감도 회피하려 했던 것이 '스텔스 게임'의 창조와 연결된 것이다.

인터뷰에서 코지마는 초대 〈메탈기어〉(당초에는 〈INTRUDER〉라는 타이틀이었다)를 떠올린 것에 대해 자주 말했는데, 그의 제안에 대해 코나미의 스태프가 얼마나 반발했는지에 대해서는 거의 말하지 않았다. 〈LOST WORLD〉를 실패한 지 얼마 되지 않았던 코지마가 제안한 시스템에 대해 다른 개발 스태프는 회의적이었다. 그런 그들을 설득하기 위해 코지마는 기지 내 몇 개 에어리어의 상세한 맵을 제작했다. 이것이 전례가 되어 코지마와 그 팀은 맵, 콘티, 기타 매터리얼 디자인으로 게임 콘셉트를 시각화하고, 그것들을 토대로 수정과 개량을 거듭해 나가는 스타일을 확립했다.

초기의 폐기안을 보면 코지마가 〈메탈기어〉의 기본 시스템을 어떻게 설계했고, 어떻게 MSX2의 스프라이트 제한과 스크롤 기능 부족이라는 두 가지의 장애를 극복하려 했는지 알 수 있다.(Kojima, 1987) 예를 들어 초기안에는 게임 상에서 필요해지는 다채로운 액션이 가능하게 되어 있는 한편, 게임 디자인의 시점으로 보면 잘 만들어진 개별적인 환경을 통해 플레이어를 인도하는 것에도 중점이 맞춰져 있었다. 이것은 코지마가 그 후에 참여한 모든 어드벤처 게임에 반복해서 쓰는 구성 요소가 된다. 게임의 맵은 위에서 내려다보는 시점의 화면 전환식 스크롤로 표시되며, 플레이어는 화면에서 화면으로, 어느 정도는 여러 방향으로 진행할 수 있게 되어 있다. 초기안의 각 화면은 레이아웃이 다르며, 1~2명의 적 병사 NPC와 감시 카메라가 배치되어 그것들의 움직임과 시야가 화살표로 표시되어 있다. 플레이어는 적 NPC의 순찰 패턴을 빠르게 파악하고, 그들의 시야에 들어가지 않도록 화면의 구석에서 구석으로 진행하는 방법을 발견해야만 한다. 플레이어에게 게임이 진행되는 감각을 주기 위해 몇몇 화면에는 트럭이 배치되어 있으며, 짐칸에 번호가 달린 아이템이 숨겨져 있다. 또, 어떤 방에 들어가면 새로운 장비를 획득할 수 있으며, 새로운 에어리어에 액세스할 수 있게 되기도 한다. 서사상 중요한 정보를 밝혀주는 캐릭터가 있는 에어리어도 있다. 이처럼, 초기 콘셉트의 맵은 플레이어의 진행을 마이크로 레벨Micro level(각 화면 내에서 무엇을 해야만 하는가)와 매크로 레벨 Macro level(더욱 큰 구조상의 목표를 달성하는 순서)로 나타내고 있다.

코지마의 고전은 곧 마츠이 나오키의 귀에도 들어갔고, 마츠이는 1주일 안에 준비가 된다면 코지마의 안을 상부에 추천해 줄 수도 있다고 약속했다. 코지마는 어린 시절 읽었던 전쟁 소설, 스파이 소설, 모험 소설을 참고로 게임에 가공의 설정을 추가했다. 시대 설정은 199X년. 남아프리카에서 북쪽으로 200km 떨어진 지점에서 전설적인 용병이 무법자들의 군사 국가 '아우터 헤븐Outer Heaven'을 건설하고 대량 파괴 병기를 개발 중이라는 소문이 돈다. 엘리트 특수 부대 폭스 하운드의 사령관인 빅 보스는 대원인 그레이 폭스에게 조사를 명령, 현지에 파견한다. 하지만 그로부터 며칠 후, 그레이 폭스는 '메탈기어'라는 수수께끼의 통신만을 남기고 소식이 끊어진다. 빅 보스는 이 메탈기어야말로 무서운 대량 파괴 병기라 생각하고, 신참 대원인 솔리드 스네이크를 보낸다. 스네이크의 임무는 아우터 헤븐에 잠입해 그레이 폭스를 구출하고, 메탈기어를 발견 및 파괴하는 것이다.

게임의 기본 시스템은 1개월 만에 완성되었고, 1987년 7월에 제품판이 발매되었다. 개발 기간은 약 4개월이었으나, 당시의 코나미나 MSX2용으로 개발하던 다른 스튜디오에서도 3개월마다 게임을 발매하는 일이 많았기 때문에 드문 일은 아니었다. 팀의 대부분이 코지마보다 경험이 풍부했기 때문에 초기의 플래닝을 마친 후의 제작 단계에서는 힘든 일이 더 많았다고 코지마는 말한다. 스태프 대부분과 면식이 없었기 때문에 설명서용 아트 등의 주변 소재에 대해서는 거의 발언권이 없었다. 설명서의 아트는 〈그라디우스 2〉의 설명서를 만든 것과 같은 아티스트의 작업물인 듯한데, 패키지에는 제임스 카메론 감독의 액션 영화《터미네이터Terminator》(1984)의 등장인물인 카일 리스를 모델로 한 솔리드 스네이크가 그려져 있다. 코지마가 제작한 개발 자료를 보면 오프닝 크레딧의 드라마틱한 도입과 게임 타이틀의 페이드인을 생각했었는데, 최종판에서는 화면 아래쪽에서 타이틀이 날아오는 사양으로 변경되었다. 그럼에도 인트로 로고와 함께 나오는 '샤킹'이라는 효과음만은 그의 지시대로 실현되었다.

긴장감과 카타르시스의 게임성

〈메탈기어〉최대의 디자인적 혁신은 간단한 시각적, 청각적인 신호를 사용해 전쟁 게임에 임하는 플레이어의 동기를 투쟁에서 도주로 변화시킨 것이다.

당시 대부분의 전쟁 액션 게임은 대량의 적을 쓰러트리고, 아이템을 모아 파워업하는 것으로 카타르시스를 얻을 수 있는 디자인이었는데, 액션 그 자체는 스테이지가 진행되어도 거의 변하지 않고, 더욱 강력한 적을 더 많이 쓰러트리는 것이 도전 과제였다.〈메탈기어〉에서는 서스펜스의 메커닉스가 중시되었기 때문에 이런 종류의 카타르시스를 얻는 것은 굉장히 어렵다. 플레이어는 적을 피할 것을 강요당하고, 투쟁은 굉장히 불쾌한 경험이 된다. 플레이어가 적 NPC의 시야에 들어가면 적의 머리 위에 '!'가 표시되며, 그때까지 정해진 루트를 걸어다니던 적이 스네이크를 추적하게 된다. 이 알고리즘이 작동하면 적은 스네이크를 쫓아오면서 계속 사격하며, 이것은 적이나 스네이크 어느 한쪽이 쓰러질 때까지 계속된다. 에어리어에 따라서는 적의 머리 위에 '!!'처럼 깜짝 놀라는 마크가 두 개 표시되며, 스네이크가 그 에어리어에서 완전히 벗어날 때까지 화면을 넘어서도 추격해온다. 어떤 에어리어에 등장하는 개 등도 역시 화면을 넘어 스네이크를 추격해온다. 이러한 스트레스는 잔잔하던 BGM이 갑자기 긴박한 느낌으로 바뀌면서 증폭되고, 플레이어가 느끼는 위험과 패닉에 박차를 가한다. 그렇기 때문에, 플레이어는 직접 교전하는 것보다도 적에게 발각되지 않고, 적을 죽이지 않고 에어리어를 나아감으로써 더욱 큰 만족감을 얻는다.

시청각적인 신호로 플레이어에게 스트레스를 주고 적을 회피하도록 만드는 게임이 그때까지 존재하지 않았던 것은 아니다. 〈메탈기어〉는 최초의 '스텔스 게임'으로 알려져 있지만 엄밀히 말하자면 퍼즐 액션에 가깝고, 〈소매치기 소년万引少年〉이나 타이토의 〈루팡3세ルパンⅢ世〉, 뮤즈 소프트웨어Muse Software의 〈캐슬 울펜슈타인 Castle Wolfenstein〉, 세가SEGA의 〈005〉 등 1980년대 작품의 계보에 이어진다. 이런 게임에서는 내려다보는 형식의 그리드 식 레이아웃 안에서 적의 시선을 재빨리 회피하면서 보수를 모으는 것이 기본이

된다. 코어 메커닉스Core Mechanics(그 놀이에서 중요한 행위)는 '반응하는 것'이다. 구체적으로, 플레이어는 적 AI의 움직임에 반응하고 아바타를 재빠르게 조작하여 적의 시야 밖으로 이동시켜야만 하며, 아바타는 무기나 능력 사용이 크게 제한되어 있는 경우가 많다.

한 편 〈메탈기어〉에서는 도주를 추천하지만, 투쟁이냐 도주냐의 선택은 플레이어가 자유로이 결정할 수 있다. 새로운 화면에 들어가면 바로 적과 조우하는 것이 아니라, 적은 플레이어가 들어오는 장소와 떨어진 지점에 교묘하게 배치되어 있다. 따라서 플레이어는 천천히 시간을 들여 각 화면의 공간을 관찰하고, 나아가야 할 루트에 대해 계획을 세울 수 있다. 이러한 대기 시간 중 플레이어는 그저 풍경을 즐기는 것이 아니라 적 AI의 움직임을 기억하고 자신이 나아가야 할 최적의 루트를 발견하려 한다. 플레이어는 적 AI의 경계 알고리즘을 작동시키지 않도록 하면서 장애물인 미로를 나아가야만 하지만, 퍼즐을 '풀지 못했을' 경우(실수로 적 AI의 시야에 들어가 버렸을 경우)라도 그에 반응해 재빨리 사격해서 적을 쓰러트리거나 적의 공격을 피하면서 앞으로 나아갈 수 있다. 전투는 비투쟁적인 진행 순서를 생각하지 못하고 안절부절못하는 플레이어를 위한 최후의 수단이며, 주위 환경과 적 AI의 움직임을 숙고하지 않으면 게임의 진행은 굉장히 어려워진다. 이처럼 게임 초반의 퍼즐같은 스테이지에서도 〈메탈기어〉는 '반응 속도'를 요구하는 선행 스텔스 게임과는 달리 '대기'를 특징으로 하며, 그것이 훗날 〈메탈기어〉 시리즈의 코어 메커닉스가 된다. 좀 더 구체적으로 말하자면, 대기해서 AI의 움직임을 기억하고 스트레스가 쌓이는 적과의 전투를 최소한으로 억제하면서 스테이지를 진행한다는 것이다. 코지마와 〈메탈기어〉 개발 스태프는 화면상의 적과 정면으로 대결하는 것이 아니라 발각되지 않도록 지나감으로써 긴장감과 카타르시스를 주는 얼터너티브한 게임성을 창조한 것이다.

〈메탈기어〉는 복잡한 구조로 되어 있으며, 게임을 진행시키려면 엄밀한 순서가 필요해진다. 에어리어의 태반은 시큐리티 도어 때문에 처음에는 들어갈 수 없게 되어 있으며, 플레이어는 게임을 진행해 상위 시큐리티 카드를 입수해야 한다. 시설 내의 다양한 방에서 아이템들을 거의 회수하면 다른 에어리어를 탐색할 수 있게 되는 구조다. 훗날 발매된 시리즈 작품에서는 더욱 유연한 탐색이 가능해지지만, 〈메탈기어〉는 비교적 선형적으로, 플레이어가 주위의 환경에 작용하는 수단도 한정되어 있다. 대부분의 화면에서 적 병사나 감시 카메라의 이동 경로를 기억하고, 그 시야에 들어가지 않도록 스네이크를 척척 움직이는 것이 요구된다. 또한, MSX2라는 하드웨어의 제약이 있기에, 스프라이트의 반짝임 문제가 발생하지 않도록 어떤 화면에서도 동시에 몇 명 이상의 적이 등장하는 일은 없다.

설명서라는 파라텍스트의 활용

이 선형적 진행으로 인해 플레이어가 극복해야 할 장애물인 '보스'를 중요한 지점에 배치하는 것도 가능해졌으며, 그러한 보스들

에서는 코지마가 어린 시절 다방면에서 받았던 영향을 엿볼 수 있다. 보스는 아우터 헤븐을 지키는 용병들인데, 전쟁 장르이기에 볼 수 있는 리얼한 외견을 했음에도 불구하고 코지마가 어린 시절에 본 일본의 TV 방송, 특히《울트라맨ウルトラマン》,《가면 라이더仮面 ライダー》등의 특촬 방송에서 영향을 받았음을 볼 수 있다. 그러한 특촬 방송에서는 타이틀과 같은 이름의 주인공이 테마가 있는 다양한 적과 매주 싸우는 것이 전형적인 패턴이었다. 〈메탈기어〉에는 머신건이나 라이엇 건 등 현실적인 무기를 사용하는 보스도 있는가 하면, 사이버네틱스 기술로 강화된 보스, 줄지어 서 있는 포로들의 등 뒤에서 부메랑을 던지는 보스도 있다. 이름도 '파이어 트루퍼'나 '카워드(비겁한) 덕'처럼 코믹한데, 설명서에 출신이 기재되어 있다. 타이틀과 같은 이름인 메탈기어라는 메카 그 자체가 리얼한 전쟁이라는 설정 속에서 붕 떠 있는 것처럼 느껴지지만, 이것은 일본의 메카닉 애니메이션 문맥에서 보면 완전히 잘 녹아들어 있다. 코지마는《마징가Z Mazinger》』(Katsumata, 1972)이나《기동전사 건담機動戦士ガンダム》(Tomino, 1979) 등의 애니메이션의 팬이며, 건담 프라모델의 사용 설명서에 그려져 있던 설계도를 참고해서 호사가들을 위한 메탈기어의 상세한 도면을 게임 설명서에 실었다.

설명서 같은 파라텍스트를 활용하면 게임 내에서는 전달하기 어려운 이야기의 세부 사항에 살을 붙일 수 있지만, 코지마는 스토리와 정보의 양쪽 모두를 전달하기 위해 어떤 중요한 기능(무전 장치)을 게임 내에 추가했다. 당시의 MSX2의 ROM 용량을 이해하지 못했던 코지마가 컷 신을 너무 많이 집어넣었기 때문에, 용량을 초과한 신을 삭제할 수밖에 없었다. 남은 몇 안 되는 컷 신 중 하나가 아우터 헤븐의 기지에 솔리드 스네이크가 헤엄쳐서 도착하는 오프닝 신으로, 이것은 스네이크가 아무런 장비도 없이 이 기슭에서 앞으로 나아가야만 한다는 것을 전달한다. 무전 장치에는 독립된 인터페이스가 준비되어 있었으며, 거기서 스네이크와 다른 캐릭터의 회화가 벌어진다. 키보드의 버튼을 눌러 각 캐릭터의 주파수에 맞춰 통신하는 것도 가능하다. 게임 전편을 통해 다양한 서포트 캐릭터와 접촉함으로써(혹은 접촉당함으로써), 컷 신의 삭제로 인해 잃어버린 스토리와 정보가 보완된다.

레지스탕스 조직의 리더인 슈나이더가 가르쳐 주는 힌트를 시작으로 무전을 통해 전달되는 정보의 대부분은 미션 목표나 특정 에어리어, 보스전의 공략에 관한 힌트인데, 통신하는 타이밍에 따라 좀 더 유머러스한 대화를 듣는 경우도 있다. 무기의 전문가인 다이앤에게 이상한 타이밍에 연락하면 대신 스티브라는 오빠가 나와서 다이앤은 쇼핑 중이라거나 샤워 중이라고 말한다. 플롯 상의 커다란 반전도 무전 통신 상에서 발생하며, 빅 보스야말로 아우터 헤븐의 진정한 보스라고 슈나이더가 경고하려 하는 장면에서는 최후까지 말을 마치지 못하고 무전이 끊어져 버린다. 거기에 플레이어의 추적의 손길이 다가가면 빅 보스 자신도 행동하기 시작하는데, 'MSX의 전원을 꺼라'라며 작전을 중지하라고 호출한다. 이것은 '제4의 벽'(무대(픽션)과 객석(현실)을 구분하는 상상 속의 경계선을 말함-역주)을 깨는 유머러스한 연출로, 코지마가 감독을 맡은 이후의 작품에서도 볼 수 있는 수많은 순간을 예감케 한다(이것에 대해서는 이 장 후반에서 자세히 설명할 것이다).

개발 기간도 한정되어 있었고 서포트도 부족했기에 게임 그 자체의 마케팅이나 프로모션도 거의 이뤄지지 않았는데, 〈메탈기어〉는 상업적으로 그럭저럭 성공했고 패미컴판은 해외에서 밀리언 셀러가 되었다(Kojima, 1993a). 단, 코지마 자신은 해외에 내는 이식판에는 거의 관여하지 않았고, "플레이어에 대한 경의가 느껴지지 않는다."라고 말했다(Hawkins, 2011).

일본에서도 유럽에서도 게임은 대체로 호의적인 평가를 받았다. 영국의 게임 잡지 「더 게임즈 머신The Games Machine」의 리뷰어는 '광대한 플레이 에어리어', '액션과 서스펜스'의 페이스 배분, '실제로 그 자리에 있는 것 같은 감각', '잘 만들어진 세계', '앞으로 나아가 보고 싶다는 생각이 강렬해진다' 등 높은 중독성에 좋은 평가를 내렸다(「The Games Machine」, 1987, 61쪽). 일본의 MSX 유저도 열렬히 지지했고, 〈메탈기어〉는 발매 후 곧바로 「MSX 매거진MSX Magazine」의 월간 랭킹에서 TOP 5에 들어가 몇 달 동안 그 자리를 유지했다. 이 잡지의 리뷰어는 코지마 특유의 슬랩스틱 유머를 들면서 "골판지 상자를 장비하면 나도 모르게 웃음이 나온다."라고 평했다(「MSX Magazine」, 1987, 83쪽). 너무나도 세련되지 않은 장비를 사용한 잠입은 유머러스한 소재가 되었고, 이후의 〈메탈기어〉 시리즈에서도 반복해서 사용된다.

코지마에게 그보다 중요했던 것은 이 게임이 무사히 발매되고 좋은 평가를 받음으로써 동료나 상사들이 그를 존중하게 되었고, 코나미 이외의 개발 스태프도 그의 아이디어에 진지하게 귀를 기울이게 되었다는 점이었다. 이 게임은 그의 '첫 번째 자식'(Kent, 2005)이었는데, 복잡한 환경 탐색, 멀티 장르 서사, 유머러스한 캐릭터 묘사를 겸비했으며, 또 직접적이지는 않지만 에둘러서 플레이어에게 메시지를 전하고 싶다는 소망이 반영되어 있다. 그가 장래에 제작하게 되는 프로그레시브한 게임의 씨앗은 이때 이미 뿌려져 있었다고 할 수 있다.

〈메탈 기어2 솔리드 스네이크〉의 제작

코지마는 한동안 〈메탈기어〉의 작업으로 돌아오지 않았으나, 북미 시장에서의 성공을 계기로 코나미는 속편 〈스네이크스 리벤지 SNAKE'S REVENGE〉(Konami, 1990)를 다른 개발 스태프가 제작하게 했다. 이 게임은 일본 이외의 국가에서만 발매되었으며, 스토리와 게임성 면에서 말하자면 코지마의 〈메탈기어〉와 거의 관계가 없었다. 그 정도가 아니라 코지마는 이 프로젝트의 존재조차 몰랐는데, 전차를 타고 돌아가는 길에 젊은 개발자에게 이 이야기를 들었고 "〈메탈기어〉 속편은 안 나옵니까? 나오면 반드시 살 겁니다."라는 뜨거운 러브콜을 받았다. 집으로 돌아간 코지마는 곧바로 콘셉트를 써내려갔고, 그것이 〈메탈기어2 솔리드 스네이크METAL GEAR 2: SOLID SNAKE〉가 되었다.

코지마의 콘셉트안은 '첫 번째 자식' 때보다 훨씬 더 야심찼는데, 감각 레벨에서 깊이 있는 게임 체험을 창조하는 데 중점을 두었다.

전작처럼 액션이 한 화면 안에 한정되는 것이 아니라 진정한 〈메탈기어〉로서 리얼타임으로 시뮬레이션되는 게임 환경이 구상되었다. 그는 "유저는 한 화면에 한정된 전략이 아니라, 모든 맵의 전략을 고려해야만 한다." 라고 적었다. "항상 유저의 하나의 행동이 게임 세계 전체에 영향을 미친다(Kojima, 1990)."

게임 내의 적은 독자적인 루트를 이동하지만, 설령 게임 화면에 보이지 않는다 해도 '생활'하고 있으며, 순찰 에어리어는 맵 전체까지 확대된다. 그렇기 때문에 플레이어는 시뮬레이션 게임을 플레이하는 것처럼 에어리어 전체의 움직임을 생각해야만 한다. 플레이어의 반사 신경에 대한 의존을 줄이고 '지각(시각, 청각)'에 호소하기 위해 청각적인 신호가 중시되었다. 그렇기에 이 속편에서는 효과음에 힘을 주었으며(대신에 BGM에서 힘을 뺐다), 환경 안을 이동할 때 고려해야 할 요소가 늘어났다. 이러한 콘셉트는 최종적으로 강철 바닥 위에서 스네이크가 내는 발소리, 환기구를 기어서 이동할 때의 심장 박동 소리 등의 형태로 도입되었다(휘파람을 부는 병사를 쫓아 구조 목표가 있는 장소로 향한다는 개발 팀의 아이디어는 반려되었다). 또, 잠입이라는 게임성에 '깊이와 입체감을 더하기' 위해 포복 전진 메커닉스가 제안되었다(Kojima, 1990).

패미컴판 〈메탈기어〉가 일본에서는 매출이 그리 좋지 않았기 때문에, 자신의 첫 작품의 속편을 제작하기 위해서 코지마는 코나미의 영업부를 설득해야만 했다. 하지만 사내의 개발자들을 설득할 때는 별로 고생하지 않았다. 〈메탈기어〉의 성공만이 아니라, 그 직전에 완성시켰던 〈스내처〉의 완성도 높은 세계관과 스토리가 높은 평가를 받아 동료들에게 존경을 받게 되었기 때문이다.

개발 팀은 새로운 개량형 메탈기어인 '메탈기어 D'라는 메카닉을 디자인하기 위해 사내 콘테스트를 개최했고, 우승한 디자이너가 메카닉 디자이너로 채용되었다(Kojima, 1993a). 하지만 개발은 순조롭지 않았다. 기간은 반 년 정도였으나, 제작은 일시 중단되고 다른 타이틀에서 발생한 문제에 대응하기 위해 스태프들이 다른 팀으로 옮겼다. 또, ROM 용량을 초과하는 사태가 종종 발생해서 게임의 사양 변경과 당초 예정해 두었던 캐릭터를 삭제할 수밖에 없었다 (Konami, 1991).

〈메탈기어〉의 데뷔로부터 꼬박 3년 후인 1990년 7월, 대망의 〈메탈기어2 솔리드 스네이크〉(이하 〈MG2〉)가 발매되었다. 일본 국내에서만 발매되었으며, 정확한 판매량은 불명이지만 발매일에 판매점에 갔었던 코지마는 다음과 같이 말했다. "개발자들만 길게 줄을 서는 일도 있군요. 철저하게 유저의 얼굴로 말이죠(Konami, 1991, 6쪽)." 게임은 MSX 관련 잡지에서 극찬을 받았다. 어떤 리뷰에서는 '이 작품의 매력은 긴장감에 있다고 생각한다. 이것은 다른 장르 (RPG나 AVG 등)에서는 체험할 수 없는 종류의 것이다. '다음에는 무슨 일이 일어나는 걸까?' 라는 기대와 적에게 발각되지 않도록 행동해야만 한다는 압박감과의 사이에서 탄생하는 그 쾌감이라고도 할 수 있는 감각이야말로, 이 게임의 묘미다.' 라고 했으며, '인간미 넘치는 스토리'(「MSX Fan」, 1990, 19쪽)가 그러한 게임성을 뒷받침한다.' 라고 평가했다.

　이 호의적인 평가는 이 작품이 MSX2 용으로 제작된 코나미 최후의 오리지널 타이틀이었다는 점을 생각하면 특필할 만한 가치가 있다. MSX2는 독특한 게임이 많았고, 팬들에게 사랑을 받았으며, 코지마도 처음에는 그럴 생각이 없었지만 MSX 덕분에 주위의 존중을 쟁취할 수 있었다. 또, MSX 개발에 참여함으로써 코지마에게 팬과 소통하는 특별한 능력이 있다는 점, 팬들이 자신을 인지하기를 바라는 욕구를 지녔다는 점이 판명되었다.

　코지마는 커리어 초창기의 5년간 마주했던 시스템에 대한 오마주로, 크레딧 시퀀스 후에 표시되는 에필로그를 비롯하여 〈MG2〉의 몇몇 순간에 MSX를 등장시켰다. 코지마는 MSX는 일종의 '통과의례'였으며, MSX 유저와 "'함께 배운다!', '함께 살았다!'라는 느낌이 있었다." 라고 회상한다. 그리고 수많은 유저들의 격려가 그의 커리어 초기를 지탱해 주었다. "어떤 종류의, 보내는 사람과 받는 사람이라는 틀을 초월해, 좋은 의미의 공존 관계라는 것이 이루어져 있었다고 생각합니다(「MSX Fan」, 1995, 9쪽)." 팬들은 코지마를 빠르게 인식했고(코지마 본인이 팬들에게 빠르게 어필하기도 했지만), 그와 플레이어 사이의 관계는 그 이상으로 업계 내에서 개발자의 가시성이 높아지는 미래(공식·비공식 팬 포럼이 증가하고, 플레이어가 게임에 대해 정성스러운 코멘트를 적는 미래)를 예감케 했다.

체험의 디렉션
: 프로그레시브한 게임 디자인

코지마는 플레이스테이션판 〈메탈기어 솔리드〉의 혁신으로 드디어 그 이름을 알렸는데, 중핵이 되는 디자인 원리는 〈MG2〉에서 이미 확립되어 있었다. 이 디자인 원리의 중심에 있는 것은, 디자이너/디렉터인 코지마와 다른 스태프의 말을 빌리자면, '체험(「MSX Magazine」, 1990, 45쪽)의 창조'이다. '체험'은 '몸'과 '경험하다'라는 한자로 이루어져 있으며, '체험하는 것'과 '체험 그 자체' 양쪽 모두를 의미한다. 이 말은 익숙하지 않은 무언가를 '몸으로 경험하다'라는 실천적, 육체적인 접근을 시사하며, 〈MG2〉의 콘셉트 설명을 위해 사용되었던 키워드이기도 하다. 예를 들어, 〈MG2〉의 설명서에는 이 게임이 '소설이나 영화 등에서 얻을 수 있는 감동과, 나아가서는 소설과 영화에서는 맛볼 수 없는 능동적인 '체험'을 시뮬레이션하게 한다는 콘셉트'를 기반으로 개발되었다고 기록되어 있다. 크리에이터들은 '유사 체험(시뮬레이션)'을 통해 게임을 '플레이하는 시대'에서 '체험하는 시대'로 이행시키는 '새로운 융합형 엔터테인먼트'를 만들어내려 했던 것이다.

게임에서의 체험을 디자인하려 했던 것은 코지마에 국한된 이야기는 아니며, 그의 선배인 미야모토 시게루宮本茂,(현 닌텐도의 대표이사이자 마리오, 젤다, 동키콩 등 닌텐도의 전설의 게임들을 탄생시킨 기획자-역주)를 시작으로 하는 다른 디자이너들도 자신의 게임을 일상에서 영감을 받은 '체험의 놀이'라고 표현했다. 제니퍼 드윈터Jennifer deWinter(대학교수이자 게임 연구가-역주)에 따르면, 게임 디자이너는

'체험 디자이너'이며, 따라서 "게임 디자이너에 대해 작가(오퇴르)로서 접근할 때는 '게임 디자이너가 게임 체험을 어떻게 생각하도록 훈련받았는가, 문화적 배경이 그들의 세계관을 어떻게 형성했는가, 작업 환경이 그들의 비전을 어떻게 실현시키고 있는가' 라는 점에 주의를 기울일 필요가 있다(deWinter, 2019, 178쪽)." 그렇기에, 특정 디자이너의 게임 디자인에 대한 접근을 이해하기 위해서는 국가, 지역, 직업, 업계 환경, 시대 등 복수의 사정을 이해하고 그 디자이너가 창조하려 하는 체험의 '종류'를 해독할 필요가 있다.

2012년 스미소니언 아메리카 미술관에서 열린 인터뷰에서 코지마는 게임 디자인에서 있어서 체험 전반을 고려하는 것의 중요성에 대해 이렇게 말했다. "실제로 그곳에 있다면 어떤 기분이 들까? 그것을 게임에서 시뮬레이션하고, 상호 작용할 수 있다면 어떻게 될까? 저는 거기서부터 게임 디자인을 시작하고, 체험을 잘 관찰하고 재현하려 합니다." 코지마가 1989년 코나미의 사보에 게재한 원고에도 게임을 통해 창조하려 했던 체험의 종류가 확실하게 기록되어 있으며, 그 내용은 〈MG2〉의 선전 문구에도 반영되어 있다. "(게임은)본래의 의미, 효과, 재미 등으로 인해 조금 다른 방향으로 나아가는 것 같습니다. 단순한 요소(게임성)의 변형일 뿐이었던 '놀이'에서 지금은 **하나의 창조된 세계**(이미지)**를 '감상'한다**는 방향으로 말입니다. 그 안에서는 설정과 이미지가 중시되고, 게임성은 그 세계(이미지)를 진행하는 하나의 수단에 불과해집니다".

즉 코지마의 생각은, 사람들은 단순히 시간을 때우기 위해서가 아니라 스토리, 그래픽, 설정 등 동시대의 사람들이 영화나 소설에서 얻었던 것과 같은 것을 얻기 위해, 말하자면 '문화 흡수 원천'으로써 게임을 플레이한다는 것이다. 이러한 신세대 플레이어에게 게임은 가상 현실의 장치이며, 다른 시각과 방식을 유사 체험할 수 있는 매개채였던 것이다.

"애초에 게임에서의 '놀이'란 **역할 놀이의 요소**가 강하고, 가공의 세계에 자신을 두고 그 안에서 룰, 역할을 정해서 허구의 세계를 유사 체험(시뮬레이션)하는 것이 아닐까 생각합니다. 세기말에 앞으로의 게임은 이런 놀이적 요소가 더욱 리얼하게 재현되고, 한없이 진짜에 가까운 역할 놀이가 가능해질 것이 틀림없습니다. 그것은 게임이라기보다는 오히려 **세계를 맛보아 나가는 것**으로, 그곳에는 문화, 사상, 의식주 등 다양한 시뮬레이션가 준비되어 있겠지요. 그렇게 완성되어가는 게임은 영화나 소설이 지닌 관상 요소에 교육 요소를 함께 지닌, '체험'의 게임이 되겠지요(Kojima, 2004)."

코지마의 게임 디자인은 이른 단계부터 그가 어린 시절 접했던 영화나 장르 액션에서 유래한 체험을 시뮬레이션하고, 더욱 커다란 문화적 연설을 제공한다는 접근법을 채택했다. 〈메탈기어〉 이후의 게임 디자인에는 이러한 문화적 관여에 대한 욕구만이 아니라, 고도의 컴퓨터 시스템에 의해 가능해진 폭넓은 어포던스(가능성)로 다층적인 체험을 시뮬레이션하고 싶다는, 좀 더 큰 충동이 드러나 있다.

코지마와 그의 팀은 한 가지 방법만을 고집하는 것이 아니라, 게임을 멀티미디어로, 혹은 몇 종류의 미디어를 합성하기 위한 도관으로 보고, '규칙화된 시스템, 비선형적 요소, 선형적 서사 미디어에서 채용한 요소(Stemmler, 2019)'를 조합한다. 각기 다른 미디어 형식의 강점을 이용함으로서 리니어한 이야기 미디어를 시뮬레이션할 뿐만 아니라, 메커닉스와 경쟁에 무게를 둔 게임보다도 깊은 정서적 반응, 다양한 지적 아웃풋을 플레이어에게서 끌어내는 체험을 디렉션하는 것이다. 그리고 이러한 게임 체험은 동시대의 담화와 기술을 이용해, 주로 다음 4가지 방법으로 기존의 게임 장르나 구조를 '업데이트'하고 있다.

1. 소설같은 선형적 서사에 픽션과 현실 세계의 요소를 혼합한다.
2. 실사 영화, 애니메이션, 모션 그래픽 노블 등 좀 더 시청각 지향인 미디어의 미학을 다시 매개화한다.
3. 세심하게 만들어진 환경에서의 창발(創發)적인 플레이의 축이 되는, 규칙화된 시스템을 재발명한다.
4. 메타적인 목적을 위한 공간을 삽입한다.

서사, 스타일, 시스템, 메타성이라는 4가지 측면에 대해서는 다음 장 이후에서 더욱 자세히 다룰 것인데, 이러한 측면은 MSX2의 8비트 기술로 만들어진 〈MG2〉에도 명확하게 드러나 있다.

사회 비평과 메시지를 게임으로 가져오다

초대 〈메탈기어〉 때와는 달리, 코지마는 〈MG2〉의 시나리오 작성에 커다란 권한을 지니고 있었다.

코지마의 작품은 SF나 판타지의 정석을 기반으로 한 서사가 특징이며, 거기에 동시대 현실 세계의 지정학과 기술 진보에 대해 언급하는 이벤트를 포함한다. 이러한 특징이 반드시 코지마의 작품 특유의 것은 아니며, '사회파 리얼리즘'을 체현한 게임에는 상당히 일반적인 것이다. 이 경우 '사회파 리얼리즘'이란, 알렉산더 갤러웨이의 말을 빌리자면 "투쟁, 개인적인 드라마, 불공평으로 가득한 일상의 하나하나를 비판적으로 표현하는 게임(Galloway, 2004)"이 된다. 코지마의 작품은 장대한 시추에이션이 중심에 있기 때문에, 반드시 사회파 리얼리즘을 체현하는 것은 아니다. 하지만 어느 작품이든 사회의식이 높고 동시대의 사회 문제를 단순히 화제로 언급하는 것이 아니라, 복잡해져가는 이야기 속에서 '현대의 사회 정책에 대한 직접적인 비판(Galloway, 2004)'을 전개한다. 이러한 선진성(프로그레시브)은 플롯, 캐릭터, 게임성을 통해 비판적으로 설명하고, 경우에 따라서는 해결책을 제시한다는 점에서 유래한다.

〈MG2〉의 무대는 비핵화된 가공의 1999년(이것은 훗날〈메탈기어 솔리드〉에서 변경된다)으로 설정되어 있으며, 화석 연료의 급속한 고갈로 인해 세계는 에너지 위기에 직면해 있다. 체코의 과학자 키오 마르프는 에너지 문제를 해결할 수단으로 고순도 석유를 정제하는 미생물, OILIX(오일릭스)를 발명하지만, 학회로 가는 도중 '잔지바 랜드'의 병사들에게 납치되고 만다. 잔지바 랜드는 구 소련에서 독립한 후 용병들이 중앙아시아에 세운 무법자들의 국가로, NATO는 잔지바 랜드의 지도자들이 마르프 박사를 인질로 잡고 세계의 석유 공급을 통제하려 한다는 사실을 밝혀낸다. 용병들은 폐기용 핵무기 저장고에서 핵탄두를 빼앗아 메탈기어와 비슷한 신형 핵무기를 제조하려 할 가능성이 있다. 폭스 하운드 부대의 새로운 리더가 된 로이 캠벨은 마르프 박사를 구출하고 새로운 핵의 위협에서 세계를 지키기 위해 크리스마스 이브에 솔리드 스네이크를 호출한다. 게임의 도입부에서 보이는 이런 간단한 플롯 설명은 냉전기의 정치, 소련의 진전, 1970년대의 석유 위기를 떠올리게 할 뿐 아니라 1990년 이라크의 쿠웨이트 침공이 발단이 되어 발생했던 오일 쇼크를 예언하고 있으며, 플레이어를 미국의 휴민트Humint 요원의 입장에 곧바로 몰입시킨다.

또, 〈메탈기어〉가 비폭력이라는 메시지를 자연스럽게 암시했던 것에 비해 〈MG2〉는 확실하게 반핵이라는 주제를 나타내며, 군비 확장 경쟁의 공포와 긴장은 피해야 한다고 열심히 설명한다. 이것도 코지마가 어린 시절 접했던 미디어가 작품의 주제에 영향을 미친 한 예이며, 일본의 미디어에서는 《고질라コジラ》 시리즈, 나카자와 케이지中澤啓治의 만화 『맨발의 겐はだしのゲン』, 카타부치 스나오片渕須直의 극장판 애니메이션 『이 세상의 한 구석에この世界の片隅に』(동명의 만화가 원작이며, 작가는 코우노 후미요(こうの史代)-역주) 등, 다양한 만화와 영화가 히로시마와 나가사키에 대한 원폭 투하, 핵 에너지, 방사성 강하물의 후유증을 표현하며, 그것들에 맞서 온 오랜 역사가 있다.

일본의 비디오게임도 당연히 핵에 대한 이야기를 표명하며, 예를 들어 〈파이널 판타지 ファイナルファンタジー〉 시리즈는 비유적으로 반핵 사상을 전달한다. 레이첼 허친슨Rachael Hutchinson이 지적한 것처럼, 이러한 게임은 다른 형식의 미디어보다도 효과적으로 이데올로기를 전달할 수 있다. '게임은 플레이어에게 행동과 결단을 요구하기에 더욱 내성적인 환경이 탄생하고 타인의 아이디어를 수용하기 쉬워지기(Rachael Hutchinson, 2019, 130쪽)' 때문이다.

〈MG2〉는 비유를 통해서가 아니라, 용병들이 핵무기로 세계를 위협한다는 이야기를 통해 핵무기의 확산을 직접적으로 표현하고 비판한다. 나아가서, 전쟁에 끝이란 없다는 절망감도 게임 내에서 되풀이되는데, 플레이어가 잔지바 랜드에 사는 전쟁고아들을 만나는 굉장히 쇼킹한 형태로 표현된다. 게임 후반에는 그들이 소년병으로 훈련을 받아 용병이 되어 이름 모를 전장에 파견될 가능성마저 암시된다.

이런 주제는 더욱 커다란 세계의 일부이고, 수많은 시대, 지리, 게임에 따라 쌓여온 이야기이기도 하며, 코지마가 어린 시절에 잡지, TV 등에서 향유했던 연재 만화나 애니메이션의 이야기를 떠올리게 한다. 〈MG2〉의 세계의 역사는 수많은 정치적 사건이 가공의 시간축에서 전개되는 복잡한 것이었기에, 세계의 변화에 맞춰 몇 번이고 수정해야만 했다. 코지마는 이렇게 말했다. "천안문 사건, 루마니아 혁명, 동서 독일의 통일…… 게임의 시나리오에서는 베를린 장벽이 붕괴되는 것을 90년대 중반으로 설정했었으니, (제작 도중에 실제로 붕괴해서)정말 놀랐죠(Konami, 1991, 5~6쪽)." 또, 전작인 〈메탈기어〉(작중 시간으로 4년 전)에서 솔리드 스네이크가 빅 보스를 쓰러트리고 아우터 헤븐을 괴멸시킨 것에 대해 〈MG2〉에서 새로이 등장한 캐릭터들이 언급한다. 게다가 전작에 등장했던 캐릭터도 〈MG2〉에 등장해 4년 전의 자신의 행동을 직접적으로 언급함으로써, 전작과 2번째 작품 사이에 현실 세계에서 경과한 시간이 작품 속 세계의 캐릭터들에게도 마찬가지로 흘렀음이 묘사된다. 이것은 전작의 희생자이자 〈MG2〉에서 비극적인 악역으로 변모하는 그레이 폭스의 진화에 가장 잘 드러나 있다. 전작의 이야기가 직접, 반복해서 언급됨으로써 세련된 게임 내 연속성이 탄생했으며, 플레이어에게는 동시대 국제 정치에 대한 언급뿐만 아니라 3년이라는 시간을 두고 제작된 양 작품 간 서사의 다양한 세부 사항에 대한 언급을 통합해서 이해하는 것이 요구된다. 이런 점에서 양 작품의 시나리오를 한 명의 디자이너가 쓴 것이 확실한 이점으로 작용했다. 코지마가 작품 간의 세부 사항을 애매하게 만드는 경우가 많음에도 불구하고, 전작으로부터 이어지는 반복되는 서사, 캐릭터, 세계의 세부, 심지어는〈스내처〉에 대한 암시를 통해 상호 연결된 역사를 창조하고자 하는 이러한 시도 덕분에 〈MG2〉의 세계는 역사적으로도, 주제에 있어서도 풍부해졌다.

믹스드 미디어의 미학

코지마 작품의 스타일에는 다양한 미디어의 형태가 드러나 있으며, 이것은 '멀티모달리티Multimodality'(복합 양식성-역주)라고 불린다(Kress-2010, Bateman and Schmidt-2012). 다른 대부분의 코지마 작품과 마찬가지로, 〈MG2〉에도 리니어한 이야기 미디어인 영화로부터 시각적, 청각적, 나아가서는 텍스트적인 요소까지 도입했다. 이것은 디자인적으로 의도된 것이며, 플레이 가능한 체험 속에서 주제를 지닌 복잡하고 다양한 갈래의 서사를 전개하기 위해 게임 구조가 각본처럼 만들어져 있다.

본작의 러프 시나리오를 보면, 이 게임이 스테이지(레벨)가 아니라 게임 내의 액션에 기초한 타이틀을 지닌 장면으로 구성되어 있음을 알 수 있다. 예를 들어 '휘파람 부는 남자를 찾아라'라는 타이틀이 붙은 장면에는 플레이어에게 제시되는 '단서', 그 시퀀스의 목적과 해결 방법을 나타내는 '이벤트', 플롯에 숨겨진 수수께끼를 밝히는 '스토리'를 담고 있다.

〈MG2〉에는 커다란 요새, 정글, 사막 등의 에어리어가 등장하는데, 에어리어는 이런 작은 미션 장면들로 구성되어 있으며, 플레이어는 각 미션에서 이야기에 관련된 특정한 목적을 달성해야만 한다. 여기서 알 수 있듯이 코지마의 시나리오 디자인은 단순히 배경이 되는 역사와 캐릭터를 묘사하는 것이 아니라, 플레이어가 체험할 수 있는 특정한 장면을 제공하는 것이며, 각각의 장면에 숨겨진 이야기가 플레이어의 상호작용(인터랙트)에 의해 밝혀지도록 설계되어 있다. 병사를 여성용 화장실까지 추격하거나, 적이 잠들어 있는 병영을 살금살금 걸어 통과하거나 하면서 스토리의 세부가 밝혀지며, 플롯이 긴박감을 더해가는 것이다.

코지마 특유의 악명 높은 장황한 컷 신의 역사는 이 작품에서 시작되었으며, 당시의 어떤 잡지는 "코나미 게임 사상 최고의 컷 신(「MSX Magazine」, 1990, 45쪽)"이라고 평했다. 코지마 팀은 〈메탈기어〉의 실패에서 학습하여 컷 신을 게임에 포함하기 위해 기획 시점에서 ROM 용량을 1Mbit에서 4Mbit로 4배 늘렸다(Kato, 2014a). 이것은 2개의 오프닝 컷 신만 봐도 일목요연하다. 하나는 '메탈기어 D'의 도면에 맞춰 크레딧이 표시되는 컷 신, 또 하나는 배경이 되는 스토리를 보여주는 컷 신으로, 합치면 6분에 달한다. 당시 개발자들이 이용할 수 있는 기술은 한정되어 있었으나, 다이나믹한 음악과 함께 제임스 카메론이나 오시이 마모루(코지마는 이 두 사람에게 경의를 품고 있다고 공언했다)가 감독한 SF 액션 영화 같은 오프닝 크레딧으로 완성되었다.

컷 신은 〈MG2〉 특유의 것이 아니라 〈테트리스TETRIS〉나 남코의 〈미스 팩맨Ms. PACK-MAN〉(1981) 등의 작품에서도 게임을 플레이하면서 느끼는 스트레스에 대한 보수로 준비되어 있었다. 예를 들어 〈미스 팩맨〉에서는 2개의 스테이지를 클리어한 후 팩맨과 미스 팩맨이 만나는 장면이 삽입되어 있다. 이러한 컷 신은 간단한 이야기를 제시하는 것도 가능하며, 닌텐도의 〈동키 콩DONKEY KONG〉(1981)의 오프닝 컷 신에서는 콩이 레이디를 납치해 건설 현장의 사다리를 올라가 그녀를 구출해 보라며 점프맨(플레이어)을 도발하는 모습이 묘사되어 있다(Kohler-2005, deWinter-2015).

〈MG2〉의 컷 신은 좀 더 정밀한데, 전후의 무전 회화를 합치면 몇 분에 달하는 것이 많으며, 아바타에 대한 일반적인 감정 이입보다도 플레이어를 더 깊이 몰입시키려는 명확한 목적을 가지고 있다. 체코의 첩보원이자 전직 올림픽 피겨 스케이트 선수인 나타샤 마르코바(훗날 구스타프 헤프너로 변경)의 컷 신은 특히 인상깊다. 마르프 박사를 잔지바 랜드에서 구출하기 위해 파견된 나타샤는 스네이크와 만나고, 다소 붕 뜬 대화를 나누며 나치에게 쫓기던 어린 시절의 슬픈 추억 이야기, 프랭크 헌터(그레이 폭스)와의 실연(“우리들의 베를린 장벽은 끝없이 남아 있는 거구나.”) 이야기를 한다. 매드너라는 박사가 있는 곳에 도착한 직후, 나타샤는 다리를 건너는 도중에 미사일 공격을 받아 다리가 붕괴되면서 사망한다. 직전의 컷 신에서 나타샤에게 감정을 이입했던 플레이어에게 나타샤의 죽음은 의미가 깊었고, 비극적으로 받아들여진다. 그녀의 죽음은 게임 종반에 다시 한 번 거론된다. 또, 파괴된 다리는 스네이크의 무력함의 상징으로서 스네이크와 플레이어의 앞길을 방해하는데, 게임을 몇 시간 더 진행하면 행글라이더로 드디어 건널 수 있게 되고, 카타르시스를 불러일으키는 컷 신이 삽입된다. 또 다른 컷 신에서는 아우터 헤븐의 붕괴 속에서 살아남아 지금은 잔지바 랜드의 부대를 지위하는 그레이 폭스의 과거가 설명된다. 나타샤의 죽음이 옛 동료의 손에 의해 벌어진 일이라는 사실을 알게 된 스네이크의 상실감과 분노가 플레이어와 연결되어, 게임을 클리어하고 복수를 달성하고자 하는 커다란 동기가 생겨난다.

이후의 코지마 작품에서는 컷 신에 2D 애니메이션과 3D 그래픽이 쓰이는데, 코지마 작품이 영화적이라고 말하는 것은 따져 보면 장시간의 컷 신이 존재하기 때문이 아니라, 코지마가 영화의 어법으로 스토리와 게임성을 제시하고 실제로 존재하는 영화나 배우를 참고하는, 말하자면 스타일의 '재매체화(리미디에이션Remediation)'를 사용한 가장 초기의 디자이너이기 때문이다.

'재매체화'란 어떤 미디어를 다른 미디어 안에서, 혹은 다른 미디어에 의해 표현하는 것을 말하며, 새로운 미디어가 낡은 미디어의 형식과 표현법을 받아들이는 것을 설명하기 위해 자주 쓰인다(Bolter and Grusin, 1999). '스타일의 리미디에이션'이란, 드루 모턴Drew Morton이 '한 매체, 또는 다른 매체들 특유의 형식적, 스타일적 특성의 재매체화(Drew Morton, 2016, 6쪽)'라고 부르는 것이다. 코지마 자신의 말이 이 프로세스를 잘 나타내고 있다. "제가 말하는 영화 같은 게임이란 건 단순히 무비를 사용한 것이란 의미가 아닙니다. 연출, 시나리오, 조명에 이르기까지 다양한 영화적 수법을 사용한 게임을 말하는 것입니다(「Game Hihyo」, 1996, 57쪽)."

〈MG2〉는 게임의 시청각적인 드라마를 강화하기 위해 영화적 어법을 사용했다. 그 정도가 아니라 이 게임은 복잡한 무성 영화로 볼 수도 있으며, 이 비교에 대해서는 코지마도 커리어 초기에 몇 번이나 언급했다.

"게임은 찰리 채플린Chalie Chaplin이나 버스터 키튼Buster Keaton의 옛 영화에 나올 것만 같은, 달리고, 점프하고, 파고,

던지는 등 단순한 액션으로 구성되어 있다(Parkin, 2015)." 찰리 채플린의 《모던 타임즈Modern Times》(1936) 리뷰에서 코지마는 이렇게 썼다. "나는 어지까지나 '무성 게임 시대'의 크리에이터이다. 게임은 게임이다. 게임은 영화가 아니다. 한때 게임에는 목소리도 색도 없었다. 하지만 '게임'은 '게임'이었다(Kojima, 2008, 40쪽)."

영화의 기법과 인터랙티브한 게임성의 조합은 플레이어가 스네이크를 조작하는 공간의 디자인에서도 볼 수 있다. 카메라를 스크롤하거나 총격전을 벌이기 위해서는 MSX 성능은 이상적이지 않았다. 이러한 제한을 보완하고 이야기 세계(디제시스Diegesis) 안에서 벌어지는 모든 액션, 즉 화면상의 액션을 모두 볼 수 있게 하기 위해 코지마는 광각 렌즈를 많이 사용했다[3]. 또, 대사에 음성이 없다는 점을 보완하기 위해 영화의 여러 청각적, 텍스트적 요소를 재매체화하여, 음향과 그래픽 효과를 사용해 다양한 경보를 보내고, 강렬한 악곡으로 다양한 환경에서의 긴장감을 표현하고, 무전 대화의 배리에이션에 풍부한 자막으로 플롯, 캐릭터, 유머까지 전달했다.

코지마는 카메론이나 스필버그 등 유명한 엔터테인먼트 거장과 비교되는 경우가 많은데, 실제로는 좀 더 장르 절충적인 작가(오퇴르)인 쿠엔틴 타란티노Quentin Tarantino 쪽에 더 가깝다.
타란티노의 경우 장르 영화에 관한 백과사전적인, 특이한 지식이 그의 작품 전체와 그 작가성을 둘러싼 신화에 영향을 미친다

(Semenenko, 2004). 〈MG2〉에도 당시의 인기 할리우드 영화에서 인용한 요소가 많았으며, 그러면서 텍스트적 측면에서 지식이 표출되었다. 게임 타이틀에도 포함되어 있는 주인공의 이름(솔리드 스네이크)은 커트 러셀Kurt Russell이 《뉴욕 탈출Escape From New York》(Carpenter, 1981)에서 연기했던 스네이크 플리스켄Snake Plissken에 대한 오마주이며, 스네이크의 구출 임무가 크리스마스 이브에 실행된다는 설정은 《다이 하드Die Hard》(McTiernan, 1988)에 대한 오마주이다. 하지만 크리에이터의 야심이 가장 확실히 나타나 있는 것은 이 작품의 오리지널 아트 디자인인데, 거기에 자신이 애호하는 영화의 '탤런트'를 사용함으로써 영화의 체험을 스타일적으로 리미디에이트하고 싶다는 소망이 보인다.

사용 설명서와 무전 통신 화면 모두에서 각 캐릭터의 초상화는 실제 배우와 비슷하게 묘사되었다. 스네이크(멜 깁슨), 빅 보스(숀 코넬리), 로이 캠벨(리처드 크레나), 홀리 화이트(브렌다 버키), 프랭크 헌터/예거(톰 벨린저), 조지 케슬러(돌프 룬드그렌)등, 하나같이 심플한 도트 그래픽이지만 거물 배우다운 분위기를 띠고 있다. 코지마는 초대 〈메탈기어〉의 아트에는 거의 관여할 수 없었으나 〈MG2〉의 패키지 디자인에는 훨씬 큰 발언권을 지니고 있었다. 그렇기에 《초시공요새 마크로스超時空要塞マクロス》나 《바람 계곡의 나우시카風の谷のナウシカ》 등 1980년대 초기의 SF 애니메이션 레진 킷과 선전 포스터로 유명했던 일러스트레이터 타카니 요시유키高荷義之에게 의뢰해 상기한 작품들이 떠오르는 다이나믹한 패키지 아트 디자인을 완성했다.

창발적인 시스템이 주제를 보완한다

〈MG2〉를 시작으로 〈메탈기어〉 시리즈의 작품은 얼핏 보면 매슈 와이스Matthew Weise가 제창한 '절차적 적응'(별개의 미디어에서 텍스트를 도입하고, 그것을 시뮬레이션으로써 모델화하는 것(Matthew Weise, 2009, 238쪽))에 해당하는 것처럼 보인다.

앞서 말했던 것처럼, 〈MG2〉는 《대탈주》나 《나바론 요새》 같은 전쟁 스파이 영화를 시뮬레이션하지만, 세련된 도구를 구사해 엄중하게 경비되는 적 거점에 잠입하는 《007》이나 《미션 임파서블Mission Impossible》같은 스파이 영화나 TV 방송도 시뮬레이션한다. 이렇게 규칙화된 시뮬레이션 시스템은 차세대 게임기의 등장에 맞춰 재설계되는 것이 일반적으로, 코지마와 그의 팀도 새로운 게임기의 폭넓은 가능성을 살릴 수 있는 엔진을 개발하고 있었다. 〈MG2〉는 전작 〈메탈기어〉와 마찬가지로 MSX2 규격으로 제작되었기에 이 경우에는 해당하지 않지만, 〈메탈기어〉가 코지마에게 있어서 첫 완성 작품이라는 점, '전쟁 게임을 만든다'는 최초의 발안 단계에는 참가하지 않았다는 점, MSX라는 하드웨어에 대한 경험과 이해가 부족했다는 점을 고려하면, 이 〈MG2〉야말로 코지마가 게임 개발의 프로세스와 게임 디자인의 목표에 정통하게 된 첫 번째 〈메탈기어〉 타이틀이라 할 수 있다.

〈메탈기어〉가 기본적으로 퍼즐 게임이었던 것에 비해, 〈MG2〉는 진정한 의미의 스텔스 게임이며, 플레이어와 적에 새로운 움직임이 추가되어 영감의 원천이 되었던 영화에 가까운 리얼한 잠입 메커닉스의 가능성이 넓어졌다.

이러한 리얼리즘은 코지마 팀이 서적, 영화, 장난감 등 밀리터리에 관한 것이라면 닥치는 대로 수집해가며 철저하게 조사했기에 실현될 수 있었다. 어떤 시기에는 스태프의 책상 위에 자료와 모델건이 산처럼 쌓여 있었고, 야전복으로 전신을 감싼 스태프까지 나타나기 시작했다고 한다. 그들은 전직 그린베레Green Berets(미국 육군 특전부대의 별칭-역주)인 작가도 만났다. 또, 산에 틀어박혀 적외선 총을 사용하는 서바이벌 게임을 실시했고, 그때의 스태프의 움직임이 스네이크의 새로운 포복 동작의 모델이 되었다. 설명서나 패키지에 게재된 정교한 무기 사진의 대부분은 아무래도 스태프의 장난감 총 컬렉션을 촬영한 것인 모양이다. 코지마에 의하면 디자인할 때 메소드 연기를 하는 것처럼 그 프로세스에 푹 빠져 있었다고 한다.

> "일이 이렇게 취미가 되고, 그리고 마니아가 되어 실생활
> 이 게임의 시뮬레이션이 된 것이다(Kojima, 1993b)."

리얼리즘에 대한 집착은 더욱 몰입감이 높아진 환경에도, 특히 똑똑해진 적 AI에도 확실하게 드러나 있다. 적 병사의 순찰 알고리즘은 예상하기 어려워졌으며, 적의 시야는 단순한 직선이 아니라 방사형으로 필드 전체로 넓어졌다. 게다가 적도 플레이어처럼 화면을 넘어 이동하며, (전원이 총격을 하는 것은 아니라 해도)다수의 적이 동시에 화면에 표시되었다. 적이 화면을 넘어 이동하기 때문에 스크롤 기능이 없는 이 작품에서는 앞으로 전진하기 어려워졌으나,

화면 오른쪽 위에 레이더 맵이 추가됨으로서 플로어의 레이아웃과 적의 현재 위치를 확인할 수 있었다. 이 레이더 맵은 적에게 발각당해 '경계 모드'에 돌입하면 표시되지 않게 되며, 경계 모드를 해제하려면 일정 시간 동안 계속 숨어 있어야만 한다. 이처럼 다양한 인터페이스가 레이더 맵과 연동되어 있으며, 적에게 발각되면 페널티로서 서스펜스 시퀀스가 길어지기 때문에 신중하게 진행해야 한다는 생각이 강해지도록 만들어져 있다. 화면 안과 화면 밖의 적(눈앞에서 일어나고 있는 액션과 곧 일어날 액션) 양쪽을 의식해야만 하며, 레이더가 일시적으로 사용할 수 없게 되는 것은 암흑 속에 내던져진 것과 같기에 스텔스라는 게임성이 한층 더 깊어진다.

환경 상태와 텍스처에 디테일이 추가되었다는 점도 적이 북적거리는 환경 속에 잠입하는 긴장감에 박차를 가한다. 예를 들어 특정 바닥은 스네이크가 위를 걸어가면 소리가 나고, 적에게 들켜버린다. 또, 전작의 엘리베이터는 일종의 마법의 안전지대로서 기능했지만, 〈MG2〉에서는 현실처럼 버튼을 눌러 엘리베이터를 부르고 도착할 때까지 기다려야 한다. 작은 변화지만, 엘리베이터를 부르고 다가오는 적에게 발각되기 전에 재빨리 탑승해야 하는 등 특정 에어리어에서의 긴장감이 높아졌다. 또, 포복 이동의 추가로 환경 자체의 인터랙티브성이 대폭 향상되었다. 전작에서는 배경의 일부에 불과했던 움직이지 않는 테이블, 환기구, 펜스의 구멍까지 지나가거나, 기어들어가거나, 아래에 숨을 수 있게 되었다. 내려다보는 형태의 2D 시점 게임이지만 코지마 팀은 이미 인터랙티브성을 높이기 위해서는(진정한 스텔스 메커닉스를 실현하기 위해서는)3D의 입체감이 필요하며, 그것을 도입함으로써 플레이어가 환경 속을 나아갈 때 더욱 유연하게 움직일 수 있게 되어 똑똑해진 적 AI와의 밸런스가 맞는다고 생각했던 것이다. 이렇게 환경은 이미 답이 하나밖에 없는 퍼즐이 아니라, 플레이어의 숫자만큼 루트 선택지가 있는 창발적인 시스템이 되었다.

그렇다고는 해도 〈MG2〉는 스파이 영화나 첩보 전쟁영화를 절차적으로 적용했을 뿐인 게임은 아니다. 이 작품은 게임의 이야기를 통해 직접적으로, 게임의 메커닉스를 통해 더욱 간접적으로 동시대의 전쟁에 대한 논의를 적극적으로 전개한다. 게임의 메커닉스를 통해 논의를 제시하는 것을 이언 보고스트는 '절차적인 레토릭'이라 불렀으며, '프로세스 전반, 특히 컴퓨터에 의한 프로세스를 통한 설득 프로세스'라 정의했다(Bogost, 2007, 3쪽). 닌텐도의 〈대난투 스매시 브라더스〉나 〈별의 커비〉을 만든 사쿠라이 마사히로櫻井政博는, 〈메탈기어〉 시리즈는 "게임적으로도, 반전이라는 사상적으로도 적은 피하면 피할수록 좋은 것으로 여긴다(Sakurai, 2004, 106쪽)."라고 말했다. 플레이어는 공격성에 의해서가 아니라, 대립을 피하는 것으로 욕구불만을 해소하도록 압박을 받는다. 격파나 승리로 스코어를 쌓아나가는 것이 좋은 것으로 여겨졌던 게이밍 문화에서 비폭력적인 선택지 검토를 장려하는 시스템은 특히 획기적인 발명이지만, 동시에 전쟁 게임의 로직, 그것이 본질적으로 품고 있는 인명 경시, 어려운 목표의 해결책으로서 무력 충돌을 긍정하는 입장에 의문을 제시함으로써 도덕적인 설명으로도 기능한다. 현실 세계와 마찬가지로, 외교나 비폭력은 달성하기 어렵지만, 인간(과 플레이어)의 목숨, 그리고 사회 질서 면에서 훨씬 커다란 대가를 얻을 가능성이 있는 것이다.

〈메탈기어〉 시리즈 각 작품은 전쟁과 기술이 현대 사회에 주는 영향이라는 유사한 화제를 다루고 있지만, 이런 화제는 작품의 무대가 되는 사회적·시대적 문맥에 따라 수많은 방법으로 탐구된다. 그렇기에 작품별로 독자적인 주제가 존재하며, 그 주제는 그에 대응되는 플레이 시스템으로 보완되고 선행 작품과는 약간 다른 절차적 레토릭이 탄생하게 된다.

예를 들어 〈메탈기어 솔리드〉에서는 보편적인 반전 주제와 적에게 발각되지 않도록 나아간다는 스텔스 플레이 시스템이 대응되지만, 〈메탈기어 솔리드4〉의 세계에서는 군사 기구의 대두로 인해 영웅과 악당이 거의 구별되지 않기 때문에, 더욱 유연한 스텔스 메커닉스만이 아니라 플레이어가 어느 쪽에 서서 싸울 것인지를 전환할 수 있는 플레이 시스템이 구축되어 있다. 이런 시스템에 대해서는 4장에서 상세히 설명할 텐데, 〈메탈기어〉 시리즈 작품은 일반적으로 '스텔스' 게임으로 분류되지만, 각각 독자적으로 규칙화된 시스템을 지녔으며 독자적인 절차적 논의를 전개한다.

일반적으로 게임의 시리즈 작품은 기존의 시스템을 개량해 시청각적·서사적 디테일을 추가할 뿐 자신이 도입한 다양한 미디어에 대한 비판이나 설명은 거의 제공하지 않기에, 이 점에 대해서 〈메탈기어〉 시리즈는 다른 시리즈 작품과는 선을 그었다고 할 수 있다.

게임에서 「제4의 벽」과 메타적인 공간

'제4의 벽'이란 무대 위의 픽션 세계와 관객의 세계를 구별하는 '보이지 않는 벽'을 표현하기 위해 탄생한 연극 용어다.(Bell, 2008, 203쪽)

관객은 자신들의 현실과 눈앞의 가공의 무대장치와의 사이에 이 벽이 있다는 것을 인식하고 있지만, 대부분의 경우 무대 위의 배우들은 인식하지 못한다. 하지만 배우가 관객에게 직접 말을 걸어 이 환상이 깨지는 경우가 있으며, 이것을 일반적으로 '제4의 벽을 깨는' 행위라고 부른다. 배우가 관객에게 말을 걸어 웃음을 유도함으로써 의도적으로 제4의 벽을 깨려 하는 경우도 있지만, 극작가인 베르톨트 브레히트Bertolt Brecht의 작품처럼 '거리 효과'를 노리고 배우가 관객의 눈에 '기묘한, 경우에 따라서는 이상한 존재로 보이도록' 하기 위해 제4의 벽을 깨는 경우도 있다(Willett, 1964, 91쪽). 이 것을 영화, TV, 비디오 게임 등 스크린 미디어에 대입하면, 제4의 벽은 스크린상의 픽션 세계와 관객(플레이어)의 물리적인 공간 사이에 있는 장벽인 것이 된다.

영화나 TV에 비하면 게임에서 제4의 벽을 깨는 행위는 그리 쉽게 볼 수 없지만, 아예 존재하지 않는 것은 아니다. 카터, 깁스, 해럽은 '캐릭터가 본래 인식할 리가 없는 지식을 이용해 취하는 행동(Carter, Gibbs, Harrop, 2012, 13쪽)'을 게임에서의 제4의 벽 파괴 행위라 불렀다. 이 개념은 '매직 서클Magic Circle'의 사고방식과도 대응된다. 요한 하위징아Johan Huizinga의 놀이 이론에 의해 널리 알려지게 된 이 개념은, 합의된 룰에 얽매여져 있는 게임의 가공 세계가 플레이어의 세계와 분리되어 있는 상태를 나타낸다.(Huizinga, 1949,

10쪽) 게임에서의 제4의 벽/매직 서클의 파괴란, 캐릭터의 가성 현실이 플레이어가 사는 실제 현실을 어떠한 형태로 인식하는 것을 의미한다.

코지마의 작품은 그야말로 그러한 제4의 벽/매직 서클의 파괴가 자주 일어나는 것으로 알려져 있다. 〈MG2〉에도 여러 사례가 있으며, 특히 무전 통신에서 캐릭터가 게임 밖의 세계를 직접 언급하기도 한다. 예를 들어 로이 캠벨은 장애를 극복하기 위해서는 '게임 디자이너가 됐다고 가정하고 생각해라'라고 조언하며, 키오 마르프 박사는 OILIX의 정보를 'MSX 카트리지 안'에 숨겨두었다. 또, 마스터 밀러라는 캐릭터는 플레이어의 건강을 신경 쓰며, 곳곳에서 '식후 30분 동안은 게임을 피해야 한다', '주스를 마시면서 플레이하는 건 위험하다', '실수로 GAME OVER된 자신을 상상해서는 안 된다'고 충고한다. 이처럼 게임 그 자체의 내부에서 비디오게임에 대해 직접 언급함으로서, 플레이어는 자신이 참가하고 있는 것은 가공의 체험이며, 플레이어의 세계에서의 게임의 실천, 플레이어의 세계의 테크놀로지와 관습이 가공의 세계에 개입해 있다는 것을 떠올리게 된다.

플레이스테이션용으로 발매된 〈메탈기어 솔리드〉에 대해서는 제4의 벽 파괴 사례를 모은 전용 위키피디아가 존재할 정도지만, 코지마 작품에서는 이런 수법이 너무나도 빈번하게 쓰이기에 현실 세계에서 분리된 매직 서클의 침해라는 방향에서 생각해도 그다지 의미가 없다. 코지마 작품이 제4의 벽이라는 개념을 지키느냐 파괴하느냐보다는, 코지마 팀이 스크린상의 세계라는 경계선 너머까지 게임의 서사를 넓히고 게임과 그 환경이 지닌 다른 물질적 측면에 주의를 기울였다고 생각하는 편이 유익할 것이다. 최근 학자들은 매직 서클의 개념에 의문을 제기하고, 플레이하는 사람이 지닌 배경과 환경은 천차만별이기 때문에 현실의 세계와 가공의 놀이 세계를 분리하는 것은 실질적으로 불가능하다고 말한다(Duncan-1988, Liece-2008, Consalvo-2009). 스티븐 콘웨이는 경계선을 넘는 이런 게임은 상상 속의 벽을 파괴하는 것이 아니라, 원을 '확대' 혹은 '축소'시키는 것으로 생각해야 한다고 주장했다. 디지털 게임의 가공의 세계가 그때까지의 경계선을 넘어 다른 소프트웨어나 하드웨어를 삼키고 있기 때문이다. 스크린상의 게임 세계가 물리적 현실을 모호하게 만들기 때문에 이 '원형의 벽'은 오히려 몰입감을 '높인다(Steve Conway, 2010, 147쪽).'

게임 체험을 확장하는 방법

코지마가 자신의 작품에서 이 원형의 벽을 만들기 위해 자주 사용하는 수법 중 하나가 파라텍스트를 플레이 체험에 포함시키는 것이다. 문학이론가인 제라르 주네트는 파라텍스트를 텍스트와 그것을 구성하는 것들 사이에 있는 '문지방'이라 정의했다(Gérard Genette, 1997, 2쪽). 여기에는 표지, 타이틀, 주석 등 형식적인 틀 외에도 신문의 평론이나 잡지 인터뷰 등 설명적인 틀도 포함된다. 조나단 그레이는 이것을 영화나 TV 등의 미디어에도 적용해, 장난감,

게임, 스핀오프 소설, 웹사이트 등의 파라텍스트가 '최초의 인터랙션 후에 텍스트에 영향을 미치거나, 방향을 전환하게 만들기도 하는(Jonathan Gray, 2010, 35쪽)' 경우가 있다고 말했다. 이러한 수법은 일본의 미디어에서는 친숙하며, 아날로그 미디어의 패키지 디자인은 미디어 그 자체와 마찬가지로 커다란 '세일즈 포인트'가 되어 있으며, CD에 부속되는 라이너 노츠, 영화 DVD의 컬렉터즈 박스, 애니메이션 블루레이에 동봉되는 피규어나 소품 등 호화로운 부속품은 그 미디어의 프로모션 장치, 즐거운 부록으로 기능한다. 이러한 패키지는 팬이나 컬렉터의 구입 욕구를 불러일으킬 뿐만 아니라, 미디어 그 자체의 내부에는 존재하지 않는 한정 정보를 열심히 찾도록 유도함으로써 독자적인 놀이의 숙달을 독려한다(Daliot-Bul, 2014, 86~91쪽 참조). 코지마는 플레이 체험만이 아니라 파라텍스트와 그 부속품도 디자인했으며, 사용 설명서, 박스 아트, 게임기의 인터페이스, 트레일러, 경우에 따라서는 물리적인 디스크 자체까지 플레이 공간을 확장하기 위한 수단이 되기도 했다.

〈MG2〉의 경우, 게임의 물리적인 패키지가 몇 가지 형태로 게임 플레이와 관계가 있다. 게임의 스토리 대부분이 코지마 자신이 쓴 사용 설명서 안에 이래도 되나 싶을 정도로 살이 붙어 있으며, 설명서의 절반 이상이 게임의 설정 자료인 것이다. 폭스하운드 부대의 배경과 편성, 솔리드 스네이크와 빅 보스[4] 등의 메인 캐릭터의 상세한 배경 스토리, 잔지바 랜드의 역사, 경제, 인구 통계부터, 보스 용병들에 관한 보고서, 스네이크의 작전 지령서 'OPERATION IN-TRUDE F104', OILIX의 화학적 성질에 대한 설명, 잔지바 랜드의 군사 차량에 대한 설명에 이르기까지, 굉장히 다양한 자료가 기재되어 있다. 또, 메탈기어 개량형 D의 설계도와 사양서는 5페이지를 점유한다. 이 설명서에 대해서는 게임의 스토리 안에서도 언급되는데, 예를 들면 로이 캠벨이 게임의 설명서에 기재되어 있는 해독표를 사용해 비밀 탭 코드를 해독하도록 지시하는 장면이 있다. MSX의 패키지도 게임 내의 퍼즐과 챌린지에 포함되어 있으며, 로이 캠벨이 무전에 대해 다음에 맞춰야 할 주파수는 게임 소프트의 '패키지 뒷면의 사진에 적혀 있다' 같은 말을 하기도 한다.

이러한 디테일은 게임 안에서 플레이어에게 제공하기도 쉬울 것이며, 플레이어를 화면에서 멀어지게 하는 것은 매직 서클의 마법을 깨는 행위라 생각할지도 모른다. 하지만 이것은 플레이어를 게임 세계 밖으로 데려가는 행위가 아니라, 게임의 환경을 플레이어의 환경까지 확대하는 행위로 보는 편이 유익할 것이다. 플레이어를 게임 공간 밖으로 인도함으로써 〈MG2〉는 매직 서클의 경계선을 넓히고 몰입형 엔터테인먼트의 어포던스를 확장한 것이다. 이런 다방향성의 플레이는 자신이 스파이라는 체험을 스크린 위의 현실 바깥까지 확장하고, 플레이어는 장애 극복과 문제 해결을 위해 형식을 깨는 수단에 호소하게 된다. 또, 이 행위는 게임의 주제를 간접적으로 강화하기도 한다. 플레이 공간의 경계선을 제거함으로써, 즉 화면이나 컨트롤러에서 떨어져 있는 동안에도 게임과 연결되어 있다고 생각하게 만듦으로써, 플레이어는 게임을 클리어하고 어느 정도 시간이 흐른 뒤에도 그 체험에 대해 생각하게 되기 때문이다. 코지마는 다음과 같이 말한 바 있다. "무언가가 마음에 남는, 전해지는 것이 있다면 좋겠다고 생각합니다. 게임으로만 끝나는 게 아니라 실제 세계 정세에도 흥미를 갖게 되는 스텝이 된다면 말이죠 (Konami, 1991, 7쪽)." 이렇게 확장된 체험은 코지마의 프로그레시브한 디자인의 마지막 단계가 되어 '현실 생활에 기반한 이야기의 주제, 미학, 시스템으로 대중의 의식을 향상시키고, 나아가서는 사회에 변화를 가져오고 싶다' 라는 더욱 커다란 목표에 편입된다.

The Best Is Yet To Come
―더 큰 작가성을 추구하며

MSX2용으로 개발된 〈메탈기어〉 시리즈는 MSX 유저들 사이에서 높은 평가를 받았지만, 〈MG2〉는 해외에서 발매되지 않았기 때문에 일본 국내의 비평계 밖에서는 코지마에 관한 평가라는 것이 존재하지 않았다. 하지만 이 두 작품으로 뿌린 씨앗이 결실을 맺어, 이어지는 〈메탈기어 솔리드〉 시리즈로 그의 이름은 세상에 널리 알려지게 된다. 중요한 것은 이 두 작품이 있었기에 코지마가 업계 환경과 기술의 변화라는 거친 파도를 이겨내고 후기 작품들까지 이어질 게임 디자인에 대한 접근법을 갈고닦을 수 있었다는 점이다.

당시 디자이너 대부분이 그랬던 것처럼 코지마도 자신의 어린 시절 보았던 장르 픽션, 영화, 주위 환경의 영향을 받았다. 자신과 동세대의 인간이 흥미를 지닌 영화, TV 방송, 문학, 만화의 영향을 받아들이려 하는 것은 당연할지도 모르지만, 코지마가 이러한 픽션을 인터랙티브한 체험에 도입할 수 있었던 것은 커리어 초기의 몇 년을 코나미라는 특정한 환경에서 보낸 영향이 크다. 신인 디자이너였던 코지마의 주된 일은 불완전한 콘셉트를 수정하는 것이었다. 플랫폼의 제약을 고려해 재미있는 메커닉스를 창조하기 위해서는 상업용 게임 개발의 기본을 익힐 수밖에 없었다. 좀 더 인기 있는 기종용 게임 개발에 참가했다면 상부의 감시나 압박도 있었을 테지만, 코지마는 MSX의 기획 팀이라는 비교적 자유롭고 특화된 개발 문화 속에서(그 연장선으로 디테일을 지향하는 MSX 유저를 상대로) 게임을 만들거나 다듬어왔다. 그러한 환경에서는 기획 담당이 프로그래머와 협력해 개발의 여러 측면을 관리하는 것이 요구되었기 때문에, 코지마는 전혀 새로운 종류의 게임성을 창조할 뿐만 아니라 게임과 파라텍스트용으로 복잡한 플롯과 컷 신을 집필하고 드라마를 장식할 수 있었다.

즉, 별로 인기가 없었던 MSX용 게임을 개발했던 것이 코지마에게는 오히려 이점이 되었다는 것이다. 코지마는 경험이 풍부한 개발자들과 함께 일하고, 그들에게서 배우고, 자신의 게임 콘셉트에 대한 상세한 계획, 그림, 설명을 통해 그들을 설득해야만 했다. 플랫폼의 기술적인 한계에 맞섬으로써 결국에는 자신의 영감과 의욕이 허용하는 범위 안에서 좋아하는 것들을 할 수 있었고, 이러한 관습은 더욱 폭넓은 어포던스를 지닌 다른 게임 장르, 플랫폼에도 이어졌다.

3장
작은 팀으로
큰 세계를 만들다
—이야기 만들기의 비법

▌〈스내처〉와 〈폴리스너츠〉가 미디어에서 받은 영향

처음으로 완성시킨 프로젝트 〈메탈기어〉에서 성공을 거둔 코지마는 곧바로 다음 게임 기획에 착수하라는 지시를 받았다. 1주일 후, 코나미에서 2번째 작품을 NEC의 PC-8801용으로 개발하는 것이 승인되었는데, MSX2판도 동시에 개발하라는 조건이 붙어 있었다. 이렇게 제작된 그래피컬 어드벤처 게임 〈스내처〉는 1998년에 발매되어 퍼즐과 액션을 구사한 〈메탈기어〉의 잠입과는 다른 종류의 체험으로 플레이어를 끌어들였다.

〈스내처〉 역시 할리우드 영화에서 영감을 받았으나, 좀 더 동시대적이고 시의적절한 영향, 구체적으로는 필립 K 딕Philip K. Dick의 소설『안드로이드는 전기양의 꿈을 꾸는가?Do Androids dream of electric sheep?』(1968)를 영화화한 리들리 스콧Sir Ridley Scott GBE 감독의《블레이드 러너BLADE RUNNER》(1982)의 영향을 받았다. 미래의 로스앤젤레스를 무대로 한 이 사이버 펑크 영화에서는, 해리슨 포드Harrison Ford가 연기하는 릭 데커드라는 사복형사가 반란을 일으킨 '레플리칸트(안드로이드)'를 추적, 말살하라는 명령을 받는다.

코지마는《블레이드 러너》에 대해 "시드 미드Syd Mead, 리들리 스콧, 반젤리스Vangelis, 더글라스 트럼불Douglas Trumbull 등 개인적으로 팬인 사람들이 링크되었다는 점도 있어서, 단순히 좋아하는 영화라는 말로는 표현할 수 없는 감정이 있습니다(Mashita, 1992, 104쪽)."라고 말했다.

〈스내처〉의 무대도 네온으로 채색된 미래의 '전시장' 네오 고베(코나미와 코지마의 연고가지인 고베에서 유래)이며, 시대 설정은 서력 2042년(메가CD판에서는 2047년), 생물 병기로 인해 세계의 인구가 반감된 상태다. 주인공 길리언 시드는 살해한 인간으로 위장하는 안드로이드, 통칭 '스내처'를 추적해 말살하는 사명을 띤 '정커JUNKER'이며, 이것도 또한 《블레이드 러너》와 마찬가지로, 형사 캐릭터의 시점에서 이야기를 바라보게 된다. 길리언은 기억을 잃었으며, 신뢰할 수 있는 파트너 로봇 '메탈기어 Mk. II'의 도움을 받으며 자신의 과거를 캐내려 한다.

이로부터 6년 후, 코지마는 그래피컬 어드벤처 게임으로서는 2번째 작품인 〈폴리스너츠〉를 완성시키는데, 이쪽은 1980년대의 할리우드 액션 영화, 특히 버디 액션 영화 《리썰 웨폰Lethal Weapon》(Donner, 1987)에서 영감을 받았다. 《리썰 웨폰》은 막무가내 형사 마틴 릭스(멜 깁슨)와 무사고 제일주의 형사 로저 머터프(대니 글로버)가 콤비를 이루어 마약밀수조직과 싸우는 내용으로, 전형적인 형사물보다 코미디 요소가 강하며, 버디라는 다이내믹스에 초점이 맞춰져 있다. 코지마의 눈에는 그것이 매력적으로 보였다. "〈폴리스너츠〉, 〈스내처〉 모두 내가 '버디물'이라 생각하고 만든 작품이다. 버디 두 사람은 항상 '정의'의 대리인이었으면 한다(Konami, 2008, 82쪽)."

〈폴리스너츠〉는 미래의 디스토피아, '올드 로스앤젤레스'에 있는 조나단 잉그램의 어수선한 사립 탐정 사무소에서 막을 올린다. 조나단은 형사 시절에 우주비행사로 발탁되었다가 우주 콜로니에서 사고를 당해 콜드 슬립 상태가 되어 오랫동안 우주 공간을 떠돌았다. 최근에 막 깨어난 조나단은 고도로 발달한 문명이 번성한 '비욘드 코스트(우주 콜로니)'로 돌아가, 헤어진 아내의 죽음과 그 남편의

실종 사건을 조사한다. 조나단은 마찬가지로 전직 '폴리스너츠(경찰과 우주비행사의 합성어)'이자 파트너인 에드 브라운과 연락을 취해 둘이서 조사를 진행하는 동안, 폴리스너츠 시절의 동료들이 마약과 장기 밀매에 관여하는 것이 아닌가 의심하게 된다. 〈스내처〉와 〈폴리스너츠〉의 공통점은 영화에서 받은 영감, 정의, 도시의 부패 등의 주제에만 국한되지 않는다. 주목할 것은 양쪽 다 디렉터로서의 코지마에게 중요한 전환점이 되었다는 점이다. 평론가들은 코지마가 게임에 영화적인 영향을 도입한 것은 〈메탈기어 솔리드〉 시리즈부터였다고 지적하지만, 〈스내처〉와 〈폴리스너츠〉야말로 그 씨앗을 뿌린 작품이라 할 수 있다. 양 작품 모두 다른 종류의 체험을 만드는데 성공했으며, 코지마와 그의 동료들 사이에서 당시 인기가 있었던 1980년대의 영화만이 아니라, 코지마가 어린 시절부터 보았던 수사물, 예를 들어 리처드 레빈슨Richard Leighton Levinson과 윌리엄 링크William Link의 《형사 콜롬보COLUMBO》라는 TV 시리즈와 1974년 영화화된 마츠모토 세이초松本清張의 《모래 그릇砂の器》에서 영향을 받아 탐정을 플레이하는 것을 주축으로 삼았다. 두 작품 모두 코지마가 개발 프로세스에 어느 정도 지휘권을 행사했으며, 〈스내처〉에서는 프로그래머에게서 게임 엔진에 관한 주도권을 가져왔고, 〈폴리스너츠〉에서는 'A HIDEO KOJIMA GAME'이라고 명명해 자신이 감독했음을 선전하기에 이르렀다.

이 장에서는 1988년부터 1996년에 걸쳐 코지마가 참여했던 그래피컬 어드벤처 게임 2 작품의 디자인 프로세스에 대해 서술할 것이다. 그 중에서도 탐정물의 스토리를 만드는 과정에서 어떻게 다른 미디어 형식의 서사, 미학, 시스템을 수용해 '장르'와 '비디오 게임이라는 미디어'의 경계선을 넓혔는지, 코지마의 프로그레시브한 디자인이 〈스내처〉와 〈폴리스너츠〉에 어떻게 적용되었는지에 주목할 것이다. 그리고 코지마가 어린 시절 접했던 무수한 탐정 소설, 연속 TV 방송, 라디오 드라마, SF 애니메이션의 영향을 어드벤처 게임 장르에 도입한 결과 혁신이 탄생했음을 확인할 것이다.

중요한 것은 그러한 실험적인 시도가 가능했던 것은 코나미 고베 스튜디오에서 코지마 팀에게 주어졌던 권한 덕분이라는 점이다. 그들은 세계관 설정과 시나리오에 철저하게 공을 들였고, 세련된 애니메이션 제작 프로세스와 파이프라인을 활용했다. 또, 새로운 포맷의 등장과 처리 능력 향상으로 인해 정보의 보존 용량과 인터랙티브한 가능성이 증가하면서, 그들은 작품을 체계적으로 반복, 개량해 나갔다. 이런 안정된 개발 환경으로 코지마 팀은 아이디어, 시스템, 스토리를 자유로이 실험할 수 있었고, 플레이어를 게임의 액션에 감정적으로 끌어들여 현실 세계와 게임 세계의 경계선을 모호하게 만들 수 있었다. 이러한 놀이에는 현실 세계에 대한 관심이 반영되어 있었기에 플레이어는 게임을 클리어한 후에도 게임에 대해 계속 생각하게 되었고, 사회 문제나 드라마에 대한 생각이 오갔다. 게임의 '플로우'를 의도적으로 파괴함으로써 지속적인 자기 성찰을 유도하려는 자세는 코지마와 그의 팀의 핵심적인 디자인 기법이다.

네오 고베의 세계 구축

훗날 코나미의 첫 번째 어드벤처 게임 〈스내처〉로 결실을 맺는 기획을 코지마가 제안했을 당시, 어드벤처라는 장르는 일본 국내외에서 급속도로 성장하고 있었다. 환경의 탐색과 캐릭터와의 깊이 있는 인터랙션에 중점을 둔 그래피컬 어드벤처 게임은 1회 플레이 시간이 길고, 플레이에 집중력이 요구된다. 아나스타샤 살터Anastasia Salter 2018는 어드벤처 게임을 '플레이어가 시점 캐릭터(플레이어의 아바타)의 체험을 따라가며, 디자이너가 만든 세계와 스토리에 의해 형성되는 퀘스트를 탐구하고, 스토리를 처음부터 끝까지 지켜보는(Salter, 2014, 4쪽)' 게임이라 정의했다.

1970년대에 〈콜로설 케이브 어드벤처Colossal Cave Adventure〉, 〈조크ZORK〉 등의 게임이 발매되며, 어드벤처 게임은 PC상에서 텍스트로 된 커맨드 입력과 응답을 반복하는 장르로 시작되었다. 하지만 1980년대에 들어서면 시각적인 비트맵 일러스트레이션을 차용하며 크게 발전했다. 예를 들어 시에라 엔터테인먼트Sierra Entertainment와 그 공동 창설자인 로버타 윌리엄스Roberta Williams의 기념비적인 작품 〈킹스 퀘스트King's Quest〉시리즈(1984~)는 플레이어가 판타지 세계의 기사가 되어, 왕국을 지키기 위해 장대한 퀘스트에 도전하는 것이었다[1]. 〈매니악 맨션MANIAC MANSION〉(Lucasfilm Games, 1987) 등이 선구자가 되었던 포인트& 클릭 인터페이스에서는 미리 정해져 있는 '보기', '말하기', '줍기' 등의 동작을 선택해 컬러풀한 게임 공간을 탐색하며 퍼즐을 푸는 메커닉스와 복잡한 서사가 조합되었다(Fernandez-Vara, 2008, 221쪽).

일본에서는 만화나 애니메이션이 깊이 뿌리내리고 있었기 때문에 그래피컬 어드벤처 게임은 그것들과는 다른 길을 걸었다. 코지마에게 가장 큰 영향력을 끼친 작품은 에닉스의 〈포토피아 연속 살인 사건〉(1981)이었다. 이것은 〈드래곤 퀘스트DRAGON QUEST〉로 잘 알려진 호리이 유지堀井雄二가 참여한 미스터리 어드벤처로, 플레이어는 형사('보스')가 되어 고베의 대부업체 사장 살해 사건을 수사한다. 시점과 서사는 전부 1인칭으로 제시되며, 키보드로 커맨드를 입력하거나 메뉴에서 커맨드를 선택해 수사를 진행한다. 기술적인 제약은 있었으나 기분 나쁜 분위기, 복잡한 캐릭터 설정, 충격적인 반전이 효과적으로 표현되어 있으며, 어린 시절의 코지마는 "게임이라는 미디어로도 휴먼 드라마를 만들 수 있다(Takei, 2008)."라고 느꼈다고 한다.

〈포토피아 연속 살인 사건〉은 PC와 패미컴으로 발매되었으며, 70만장을 판매했다(Iwamoto, 2006, 201쪽). 이를 계기로 1980년대 중반부터 후반에 걸쳐 형사 J·B·해롤드를 주인공으로 한 리버힐 소프트Riverhill Soft의 〈살인 클럽殺人倶樂部〉, 닌텐도의 〈패미컴 탐정 클럽ファミコン探偵倶樂部〉 등의 수사 어드벤처 게임이 속속 발매되었다. 이 시기 NEC의 PC는 그래픽이 극적으로 세련되었고, 디지털 코믹으로도 통용되는 어드벤처 게임이 등장했다. 당시의 잡지에는 애니메이션을 원작으로 하는 어드벤처 게임, 예를 들면 마이크로캐빈Microcabin이 발매한 타카하시 루미코高橋留美子의 〈메종일각めぞん一刻〉과 〈시끌별 녀석들うる星やつら〉, 토호東宝가 발매한 안노 히데아키庵野秀明의 〈신비한 바다의 나디아ふしぎの海のナディア〉

등의 게임 광고가 다수 게재되었다. 이러한 게임은 〈포토피아〉같
은 인터페이스를 채용했지만, 수수께끼 풀이보다는 애니메이션 판
에 준거한 스토리를 진행하는 것이 목적이었다. 리뷰어들도, 그리
고 코지마 자신도 〈스내처〉는 《블레이드 러너》나 《터미네이터》등
의 할리우드 사이버 펑크 작품에서 강한 영향을 받았다고 말했지
만, 1980년대의 일본의 게임 업계에서 유행하던 수수께끼 풀이, 애
니메이션 지향의 어드벤처 게임에서도 비슷하게 영향을 받았다.

▌ 세계관이란?

코지마는 앞서 거론한 영화의 스타일에서 많은 힌트를 얻었으
나, 그러는 한편으로 〈스내처〉는 깊이 있는 세계관 창조에 강하게
집착했다는 점에서 그러한 영화와도, 당시의 일본, 미국의 어드벤
처 게임과도 크게 달랐다. '세계관(世界觀)'이라는 말은 설정을 의미
하지만, 창조된 가공 세계의 분위기나 생활감을 표현하기 위해서
도 자주 쓰이며, 작가에 따라서는 만들어진 세계 특유의 감각을 가
리키기도 한다. 애니메이션 제작에 관한 연구 중에서 이안 콘드리
는 '세계관'을 '캐릭터들이 상호작용하는 세계를 정의하는 속성(Ian
Condry, 2009, 141쪽)'이라고 정의했다. 영어에서 이에 가장 가까운
개념은 아마도 J.R.R. 톨킨John Ronald Reuel Tolkien이 말하는 '준
창조'의 개념, 또는 마크 울프(Mark Wolf, 2012)가 창조된 세계의 지
리와 역사만이 아니라 캐릭터가 그것을 어떻게 체험하는가에 의존

하는 '2차 세계'를 창조하는 시스템이라 표현한 개념일 것이다. 만화가/이론가인 오오츠카 에이지(大塚英志, 2010)는 일본에서 소비하는 '세계관'의 중요성에 대해 설득력 있는 이론을 주장했다. 카도카와角川 미디어 오피스의 편집자였던 오오츠카는 작품을 출판하는 책임자로서 부차적인 미디어와 제품의 폭넓은 세계를 창조해왔다. 마크 스타인버그의 주장에 의하면, '세계관'이라는 단어에 포함된 '세계'란 '우주론, 세계의 룰, 그 세계에서 일어난 일들의 연보이며, 이 가공의 우주에 현실감과 박진감을 주는 것(Mark Steinberg, 2015, 51쪽)'이다. 이러한 가공의 룰, 연보, 역사, 지리 등의 요소는 1980년대에 애니메이션, 만화, 게임의 열광적인 팬, 즉 '오타쿠'가 증가하면서 유난히 수요가 높아졌다. 마음에 드는 작품의 세계에 깊이 관여해 공부하는 것은 가공 세계의 세부가 어떻게 연결되고 전체적인 형태를 이루고 있는지를 좀 더 잘 이해하고 싶어하는 팬들에게는 커다란 세일즈 포인트가 되었다.

이러한 깊이 있는 세계관을 추구하는 팬의 심정을 이해했던 코지마는 〈스내처〉를 제작함으로써 그래피컬 어드벤처 게임이라는 장르의 세계 구축에 대한 기존의 관습을 파괴하려는 계획을 세웠다. 하지만 퍼즐 해결과 서사 진행이 아니라 끝없는 깊이가 있는 세계의 디테일을 탐구하는 것을 주요 컨텐츠로 제공하는 게임을 만든다는 것은 어드벤처 게임의 토대 그 자체에 의문을 제기하는 것이기도 했다. 코지마가 〈스내처〉의 기획을 제출하자 코나미의 상사는 〈메탈기어〉의 스텔스 액션에 대해 난색을 표했던 때와 마찬가지로 게임에 세계관을 추가한다는 아이디어에 난색을 표했다. "세

계관보다 조작성이나 게임성이 중요하다는 말을 들었습니다. 사내
에서도 그랬지만, 당시에는 무슨 소릴 하는 거냐, 게임 세계에서 그
딴 건 아무래도 상관없잖아(웃음) 같은 소리도 들었었네요(Mashita,
1992, 103쪽)." 당시의 코나미는 어드벤처 요소를 도입한 RPG, 예를
들면 1987년의 MSX2용 타이틀 〈샬롬 마성전설Ⅲ 완결편シャロム魔
城伝說Ⅲ完結編〉 등의 게임을 발매했지만, 본격적인 어드벤처 게임
으로는 〈스내처〉가 첫 번째 시험이었다. 코지마는 세계 설정에 깊
이가 있으면 경쟁 타이틀과 차별화가 가능하다고 강하게 주장했
다. 플레이어가 탐구할 수 있는 풍부한 세계를 창조하고 싶다는 욕
구는 훗날 디자인에 대한 코지마의 주요 신념 중 하나가 된다. "저
개인의 생각은, 어드벤처만이 아니라 RPG나 시뮬레이션에도 앞으
로는 확실한 세계관을 갖게 하고 싶네요. 그 안에서 유저들이 현실
에서는 할 수 없는 체험을 하게 되는 거죠(Mashita, 1992, 103쪽)."

　〈스내처〉의 세계관은 게임 속이나 파라텍스트 내의 설정(로어
Lore), 대화, 환경을 통해 발견되는 정보의 축적으로 만들어져 있
다. 코지마는 개인적인 조사와 연구를 통해 네오 고베의 설정을 직
접 썼다. 그 대부분은 정커 본부에 있는 컴퓨터 네트워크 통칭 '가
우디'에서 액세스 가능한데, 64페이지에 달하는 사용 설명서에서
꼼꼼하게 읽어볼 수도 있다. 설명서에는 정커의 편성, 규칙, 장비,
각종 로봇과 차량의 모델명과 메카니컬한 설계도, 4페이지에 걸
친 스내처의 구조 해설, 네오 고베의 역사가 기록되어 있으며, 서
력 2042년의 달력, 도시의 법률, 인구 통계, 경제, 환경, 기후, 지리,
지정학, 교통기관, 에너지원, 나아가서는 주민들의 레저, 스포츠(에

어 서핑 등), 오락(눈에 띄는 것은 로봇 뮤지컬) 등의 데이터까지 망라되어 있다. 이러한 디테일이 쌓이면서, 네오 고베는 무정형의 사이버 펑크 스타일의 무대에서 홍콩, 싱가포르 등 아시아의 도시나 도시 국가, 현실의 코스모폴리탄을 떠올리게 하는 무대로 변모했다. 또, 코지마 팀은 조나단 그레이가 '엔트리 웨이Entry way(도입) 파라텍스트'라 부르던 것까지 게임의 패키지에 끼워 넣었다. 엔트리 웨이 파라텍스트란 관객이 텍스트를 보게 될 때 예습으로 작용하기도 하고, 관객이 텍스트를 보기로 결정하게 만드는 역할을 하기도 하는 것이다(Jonathan Gray, 2010, 35쪽). 〈스내처〉의 사용 설명서를 펼치면 곧바로 단편 극화가 눈에 들어오며, 플레이어가 아직 게임을 시작하지도 않은 단계에서 길리언과 별거 중인 아내(제이미) 사이의 배경 스토리와 네오 고베의 세계에 대한 이야기가 펼쳐진다.

〈스내처〉의 인터랙티브한 메커닉스는 수사 파트와 사격 파트의 균형 위에 성립되었으나, 세계관에의 접근은 수사 파트의 디자인 안에서 일어나는 경우가 대부분이다. 플레이 시간의 대부분은 정커 본부에서 정보를 모으고, 깊어져 가는 수수께끼를 풀기 위해 다양한 장소로 이동하는 일에 소모된다. 〈스내처〉는 〈킹스 퀘스트〉 식의 3인칭 포인트&클릭 인터페이스가 아니라 1인칭 메뉴 베이스 인터페이스를 채용했다. 따라서 화면의 세부를 조사하는 것이 아니라 액션 트리의 세부에 액세스해 '보기', '조사하기', '말하기', '묻기', '이동하기' 등의 동작을 선택한다. 결과는 특정 행동을 조합했을 경우에만 얻을 수 있는데, 예를 들면 오브젝트나 환경을 세밀하게 조사하고 싶을 때는 먼저 '보기'를 실행하고, 다음에는 '조사하기'

를 실행하는 식이다. 다양한 선택지를 모두 선택하면 대개의 경우 스내처나 적 로봇과 3×3 타일 그리드 위에서 싸우는 1인칭 '액션' 사격 시퀀스가 발생한다. 이 파트는 코지마가 어린 시절 본 형사물, 버디물 경찰 영화의 액션 신을 연상시키지만, 실제로는 반복이 많고 별로 재미가 없다. 한편으로 수사 파트에는 선택지와 결과의 배리에이션이 풍부하게 준비되어 있다. 〈스내처〉는 시에라 엔터테인먼트의 어드벤처 게임에서 볼 수 있는 '숨은 그림 찾기(히든 오브젝트 Hidden Objects)'계 퍼즐을 재현한 것이 아니라, 다양한 장소를 반복해서 찾아가거나, 사람들과 대화하거나, 정지 화상의 디테일을 잘 보는 것에 어포던스의 초점이 맞춰져 있다.

이러한 어포던스는 대부분 반복적인 액션으로 구성되어 있으나 결과는 풍부하게 준비되어 있어, 플레이어가 누군가에게 말을 걸거나 어떤 오브젝트를 조사했을 때 완전히 똑같은 텍스트 베이스의 반응이나 설명을 되풀이해서 읽게 되는 일은 거의 없다. 극단적이고 코미컬한 예로, 플레이어가 정커 본부의 접수원인 미카 슬레이트에게 계속해서 말을 걸어 데이트에 초대하면 미카는 길리언에게 다양한 대답을 한다. 다른 예로, 별거 중인 아니 제이미에게 길리언이 자택에서 비디오 폰을 거는 장면이 있다. 제이미와의 대화 내용은 전화를 거는 타이밍에 따라 변화하며, 제이미와 길리언이 이제는 스스로도 기억하지 못하는 애정을 되살리려 하는 동안, 두 사람에 관한 새로운 측면이 밝혀지게 된다.

얼핏 보면 자연 발생한 것처럼 보이는 이러한 장면을 세바스찬 돔쉬는 '이벤트 트리거'라고 부르며, 아무것도 하지 않았다면 '발생하지 않았을 테지만, 이야기에 관련된 이벤트의 트리거가 되는 (Domsch, 2013, 41쪽)' 플레이어의 액션을 가리킨다. 게임의 이벤트 트리거는 공간적으로 발생하는 경우가 많은데, 〈스내처〉의 이벤트 트리거는 텍스트적·공간적으로, 플레이어가 텍스트 커맨드를 사용해 공간을 이동하는 것이 트리거가 된다. 또, 이벤트 트리거는 서사를 위해 쓰이는 경우도 많은데, 플레이어가 직접 이벤트 트리거를 발동시키게 함으로써 그 액션이 자연 발생한 것처럼 '생각하게 한다.' 〈스내처〉에서는 대단히 세밀한 부분까지 트리거가 사용되었으며, 다양한 상황에서 같은 커맨드를 반복해 선택함으로써 숨겨진 대화나 이벤트가 발생하기도 한다. 호기심이 왕성한 플레이어라면 더 많은 대화나 이벤트가 트리거가 되는 건 아닐까 기대하며 너무나도 부적절한 타이밍에 캐릭터에게 말을 걸지도 모른다. 그렇게 시스템의 한계를 시험할 수도 있다.

텍스트의 다양성과 이벤트 트리거의 분량을 보면 크리에이터들의 집착을 알 수 있는데, 그들은 실제로 살아가는 것처럼 계속 변화하는 세계라는 아이디어를 키우고, 플레이어가 몇 번이고 되풀이해 모든 조합을 망라할 정도로 인터랙션할 것을 상정하고 있었다. 이것은 게임의 패키지 뒷면에도 광고되어 있으며, 시나리오는 '원고지 900매'에 달한다고 적혀 있다. 플레이어의 입력에 따라 복수의 결과가 나타나는 것을 에스펜 올셋Espen Aarseth은 어드벤처 게임의 '에르고드적 화법Ergodic Rhetoric'이라고 설명한다. 그에 따르면 이야기는 게임과 플레이어 사이에 있는 공간의 교섭으로 인해 밝혀진다. 전형적인 어드벤처 게임은 한 번 '읽히는' 것만으로 플레이되는 것이 아니라, '우리가 위대하고 복잡한 소설을 다시 읽는 것처럼, 몇 번이고 반복해 플레이된다(Aarseth, 1997, 113~114쪽).' 독자/플레이어는 이벤트 공간에서 모든 가능성을 시험해보았다고 느꼈을 때 비로소 텍스트를 내려놓는다. 즉, 액션성을 자랑하던 선전 문구와 사이버 펑크라는 껍질에 정신이 팔리게 되지만, 〈스내처〉의 중핵이 되는 메커닉스는 사격 파트가 아니라 어디까지나 수사 파트라는 것이다. 플레이어는 정지된 환경을 제시받고, 그 환경 안에서 가능한 모든 조합을 시험하고, 나아가서는 '읽을거리'를 찾도록 요구받는다. 미리 환경을 조사한 후 행동을 개시한다는 측면은 〈메탈기어〉 시리즈의 잠입에서도 중핵 요소가 된다.

환경에 엄청난 숫자의 디테일을 채워 넣는다는 크리에이터들의 집착은 팬이나 리뷰어들의 흥미를 끌었다. 어떤 잡지는 "이런 설정이 이 게임의 '세계관'을 구축하지만, 지금까지의 AVG 중에 이 정도까지 공을 들인 세계관을 지닌 작품은 없었다. 아니, RPG조차 이 정도까지 하는 작품은 별로 없다고 생각한다(Yamashita, 1988, 3쪽)."라고 적었다. 이렇게 손에 들어오는 정보 중에 게임의 서사나 메커닉스에 관계가 있는 것들은 거의 없으나, 플레이어의 내면에 자신도 네오 고베라는 현실의 일부가 된 것 같은 감각을 만들어낸다. 이런 정보의 태반은 입수하지 않아도 되는 것이며 플레이어는 그 순간에 바라는 체험이 무엇인지에 따라 게임의 스토리를 진행해도 되고, 샛길로 빠져서 자잘한 정보를 모아도 된다. 코지마는 "영화에서는 하나의 설정(소품)을 한 쪽 방향에서밖에 못 보잖습니까. 게임은 인터랙티브한 것이라, 블록 하나의 뒷면에 대한 설정도 필요하죠(Mashita, 1992, 104쪽)."라고 말했다. 이러한 텍스트적인 플레이가 존재하기에 〈스내처〉는 디지털 코믹(단순히 버튼을 눌러 스토리를 진행하기만 하는 것)이 아니라 어드벤처 게임(퍼즐을 풀거나 환경 안의 단서를 조합하거나 하기 위해 플레이어의 인터랙션을 필요로 하는 것)의 영역으로 분류된다.

영화/애니메이션의 재매체화

1987년에 〈스내처〉의 디자인에 착수한 코지마는 〈메탈기어〉 때보다 개발 프로세스에서 자신의 발언권이 강해지기를 바랐다. 어드벤처를 만든 것은 작업을 "남에게 맡기기보다 내 손으로 완결하고 싶다. 모든 작업을 직접 제어하고 싶다(Kojima, 2008년, 92쪽)."라고 생각했기 때문이다. 그렇기에 커맨드, 플래그, 애니메이션/텍스트 표시 타이밍(사운드, 그래픽, 프로그램 이외의 전부)을 직접 조정할 수 있는 간이 스크립트 엔진을 만들게 했다. 그것이 "프로그래머에게서 주도권을 되찾는 방법이었다(Parkin, 2012)." 〈스내처〉(처음에는 〈정커〉라는 제목이었다)의 디자인 문서에는 코지마가 만들게 했던 엔진이 '스위치' 커맨드를 다용했고, 대사 표시와 음악 재생 타이밍을 코지마가 정확히 지정할 수 있는 언어가 사용되었음이 기록되어 있다(Westbrook, 2011). 이렇게 코지마는 코나미 입사 후 처음으로 게임 체험을 직접 제어할 수 있게 되었다. 스태프 크레딧과 함께 흐르는 8분간의 오프닝 컷 신은 그 시작으로, 그의 영화적 야심을 대대적으로 선언하고 있다.

〈스내처〉의 개발은 굉장히 소규모로 진행되었으나 그러한 체제는 집착이 강한 크리에이터에게는 수많은 이점이 있었다. 프로젝트 개시 직후에는 코지마와 캐릭터 디자이너 키노시타 토미하루木下富晴 단 두 사람이 모델과 레이아웃을 제작했으며, 코지마는 그 프로세스가 즐거웠다고 했다. "영화나 애니메이션을 만든다는 느낌이었다(Konami, 1989, 3쪽)." 규모가 가장 커졌을 때조차 팀에는 일반적인 패미컴 게임 프로젝트의 절반 정도의 인원밖에 없었는데, 한 사람의 개발 스태프가 여러 역할을 수행하며 문제에 신속히 대응하고, 시간이 걸리는 결재 프로세스 없이 수많은 아이디어를 시험할 수 있었다. 이것은 특히 비주얼 디자인 프로세스에 잘 드러나 있다. 키노시타의 말에 따르면, 키노시타와 메카니컬 디자이너인 오오타 요시히코大田良彦는 처음에 300장 정도의 캐릭터와 메카닉 디자인을 그렸고, "그려도 그려도 끝나질 않는다(Konami, 1989, 3쪽)."라고 느꼈다고 한다. 자신들의 미적 선택과 디렉션을 자유로이 추구할 수 있었던 것은 소규모 개발이기에 가능한 이점이었을 것이다.

〈스내처〉의 스타일은 동시대 일본의 애니메이션, 특히 1980년대의 OVA(Original Video Animation)나 특정 분야의 오타쿠(마니악한 팬) 시장에서 인기를 모은 다크한 '성인용' 애니메이션을 재매체화한 것이다. 게임의 세일즈 포인트로 표방했던 것은 당시의 할리우드 액션 영화와 일본의 SF 애니메이션의 비주얼을 도입하여 만들어진, 그래피컬 어드벤처 게임으로는 뛰어난 영화적 품질이었다. PC 엔

진 이식판 〈스내처〉의 캐릭터 디자이너인 요시오카 사토시吉岡さとし는 그래픽을 '가능한 영화적으로(Tieryas, 2017)' 하라는 지시를 받았다고 말했다. 요시오카에 의하면, 게임의 비주얼 디자인은 《블레이드 러너》, 《터미네이터》, 《에일리언ALIEN》 등 당시의 할리우드 SF나 호러 영화에서 강한 영향을 받았다고 한다. "(이런 영화에) 커다란 경의를 표하며 게임 내의 그래픽을 그렸습니다. 당시의 할리우드의 특수 효과에 특히 흥미를 갖고 있었고, 그 정신을 존중하려고 했습니다(Tieryas, 2017)."

영화와 애니메이션에서 받은 영향은 게임의 비주얼 디자인의 곳곳에서 볼 수 있다. 스내처라는 이름 자체는 냉전 시대의 공산주의자 사냥에서 착상한 잭 피니Jack Finney의 소설 『바디 스내처스The Body Snatchers』를 원작으로 몇 번이나 영화화된 《외계의 침입자 Invasion of the Body Snatchers》(1956)에서 유래했으나, 게임 내 스내처의 외견은 제임스 카메론의 《터미네이터》에 나오는 사이보그 T-800 거의 그대로다. 네오 고베는 오토모 카즈히로大友克洋의 획기적인 만화/애니메이션 《AKIRA》(1982~1988)의 배경인 네오 도쿄의 직접적인 인용으로, 이것은 네오 고베의 디스토피아적인 도시 경관에도 영감을 주었다. 요시오카가 말한 것처럼 게임의 비주얼 디자인은 《블레이드 러너》에서도 큰 영향을 받았다. 네온 누아르 색채를 사용했고, 블레이드 러너』의 릭 데커드를 모델로 주인공 길리언 시드의 롱 트렌치코트와 지저분한 외견을 디자인했다(덤으로 '정커'는 게임 내에서 '러너'라 불린다).

길리언 이외의 캐릭터도 코지마가 어린 시절 TV에서 보고 애착을 느꼈던 배우에게서 영감을 받았다. 제이미 시드는 SF TV 드라마 《소머즈The Bionic Woman》(1976~1978)에서 제이미 소머즈를 연기했던 린제이 와그너Lindsay Wagner가 모델이며, 랜덤 하질은《듄DUNE》(Lynch, 1984)에서 스팅Sting이 연기했던 페이드 로타 하코넨을 모델로 했다.

또, 게임의 특정 에어리어에는 코지마의 추억 속 캐릭터가 다수 등장하는데, 예를 들면 수상한 나이트클럽 '아우터 헤븐'은 제노모프(에일리언)와 가면 라이더 같은 SF와 특촬 작품 캐릭터들의 소굴이 되어 있다. 코지마 자신도 이 게임을 오마주라 부를 수 있을지 어떨지는 어려운 부분이라 인정했다. 안노 히데아키와 가이낙스GAINAX의 애니메이터들(팬에서 프로가 된 집단)에 의해 만들어진 로봇 애니메이션의 패러디/오마주인 OVA 《톱을 노려라!トップをねらえ!》(1988~1989)를 언급하면서, 코지마는 "〈스내처〉도 그와 거의 마찬가지로, 저작권법이 아슬아슬한 정도의 인용이 무수히 있다(Gifford, 2009)."라고 말했다. 하지만 코지마와 개발 스태프들은 그들이 당시 매료되었던 장르와 캐릭터의 인용을 복잡하게 조합시켜 하나하나의 영화와 그 배경을 넘어서는 독특한 비주얼 구성을 탄생시켰다. 이것은 《스타 워즈STAR WARS》 시리즈나 할리우드 SF에 감화된 일본의 애니메이터들이 1970년대 '스페이스 오페라'의 기반을 형성하는 작품군(《톱을 노려라!》를 포함해서)을 탄생시켰던 것을 다소나마 상기시킨다.

《톱을 노려라!》와의 공통점은 그것만이 아니다. 〈스내처〉도 원래의 패러디적인 디자인에 머물지 않고 크리에이터들의 스토리텔링에 대한 욕구가 전해지는 작품이 되었으며, 만화 같은 콘티와 플롯을 통해 탄생한 영화적인 연출이 게임의 이야기 진행에 강한 영향을 주었다. 초기의 기획 단계에서 종이 프로토타입을 쓰는 것이 일반적인 관행인 반면, 코지마 팀은 게임의 스토리를 시각적으로 연출하기 위해 3단계의 콘티를 작성하는 프로세스를 구축했다. 최초의 단계는 기획 콘티로, 각 레이아웃에서 각본의 흐름과 방향성이 대략적으로 표시된다. 기획 콘티는 시나리오를 드라마틱하게 제시하기 위해 거듭 수정된다. 다음 단계는 그림 콘티로, 캐릭터와 배경이 그려지고, 액션의 흐름이 설명된다. 그림 콘티는 기획, 캐릭터, 사운드, 프로그램 4방향에서 체크되며, 메모나 사양이 기록되어 개발 스태프들의 '바이블'적인 존재가 된다. 최후의 단계 '밑그림'에서는 세부 묘사와 색 지정, 광원 위치, 애니메이션과 SFX를 삽입할 타이밍이 지정되며, 디지털화된다. 이야기의 구상에 대한 이러한 강한 집착을 보면, 플레이어의 인터랙션이나 주체성을 희생하더라도 서사를 강조하려 했음을 알 수 있다. 여기서 사용된 각종 콘티는 더욱 큰 디자인의 일부가 되어 스토리의 디테일을 명확하게 하는 컨트롤된 영화적 시퀀스와 플레이어가 마음대로 세계를 탐색할 수 있는 오픈 엔드(오픈 엔드 게임이란 널리 쓰이는 표현은 아니나, 플레이어가 자유로이 목적을 달성하는 방법을 선택하고 게임 세계를 탐색할 수 있는 게임을 가리킨다. 오픈 월드의 하위 개념 정도로 생각하면 되며, 목적이나 결말이 플레이어의 선택에 맡겨져 있음을 강조하는 것이 주된 차이점이다-역주) 수사 파트 사이를 오가기 위한 것이었다.

구체적으로 말하자면, 이렇게 공을 들여 계획된 스타일, 장면의 디렉션에는 디자인을 보완하는 중요한 목적(수수께끼를 조사하는 플레이에 플레이어가 **감정적**으로 말려들게 한다는 목적)이 있었다. 여러 갈래에 걸친 이 프로세스 덕분에 코지마는 장면의 긴장감이나 정보가 서서히 밝혀지는 과정을 컨트롤할 수 있었다. 예를 들어 길리언이 네오 고베 시티에 찾아오는 장면에서는 스태프 크레딧이 흐르면서 장면 설명으로 네오 고베의 빌딩군을 멀리서 본 모습이 비춰진다. 그 후, 이동 중인 차 안에 있는 길리언의 중거리 샷, 차량의 조작판이 비춰지고, 갑갑한 공간에 틀어박혀 있는 그의 불안감이 전해져 온다. 최후에는 장면이 전환되어 정커 본부 건물이 광각으로 보이고, 길리언이 목적지에 도착했음을 전달한다. 이 장면은 네오 고베 시티의 분위기를 효과적으로 전달함과 동시에 플레이어를 신천지에서 새로운 일에 착수하려 하는 길리언의 입장에 놓고, 플레이어(와 길리언)의 정보 수집 거점이 되는 장소를 제시한다. 이 장면의 콘티는 게임 설명서에도 기재되어 있으며, 콘티의 프로세스 각 단계에서 지시가 거듭되면서 플레이어가 자신의 두 발로 세계를 탐색하기 전에 분위기를 느끼게 하려 함을 알 수 있다.

이 영화적인 디자인은 PC-8801판, MSX2판 〈스내처〉의 개발이 끝난 후에도 계승되었으며, 새로운 기술이 등장할 때마다 게임 체험을 계속해서 개량하는 코지마와 그의 팀의 경향성을 보여주는 효시가 되었다. PC-8801판과 MSX2판의 프로그래밍 작업을 동시에 진행하는 어려움, 스태프의 경험 부족, 아슬아슬한 기획 스케줄, 빠듯한 예산 등의 문제로 인해 제작에는 1년 반이나 걸렸다(Kato, 2014b). 1988년에 드디어 발매된 제품판은 코지마가 당초에 구상했던 전 6장(Act) 정도의 시나리오에서 대폭 삭제되어 2장이 되었다. 팀은 이 프로젝트를 떠나 〈MG2〉의 제작에 투입되었고, 〈MG2〉가 1990년에 발매되자 〈스내처〉를 NEC의 PC엔진(일본과 프랑스 이외에서는 TurboGrafx-16으로 알려져 있다)용으로 이식하는 작업으로 돌아왔다. 이것은 단순한 이식이 아니었는데, 코지마 팀은 PC엔진의 CD-ROM 주변기기의 기능을 활용해 게임의 그래픽스를 완전히 다시 만들고 오디오도 강화했다. 이렇게 〈스내처〉는 코지마가 개량된 하드웨어용으로 같은 게임의 확장판을 제작한 최초의 사례가 되었다. 또, 이전 버전의 〈스내처〉에서 코지마는 '각본'으로 크레딧에 올라갔는데, 이때부터 정식으로 '감독'으로 크레딧에 표시되게 되었다.

PC엔진으로 이식하는 작업은 소규모 팀으로 이루어졌고, 대부분의 스태프가 원래 〈스내처〉에 관여했었기에, 게임의 아트와 스토리의 업데이트를 직접 컨트롤할 수 있었다. 요시오카는 이렇게 말했다. "첸 슈호陣周鳳같은 조역은 의외로 자유로이 다시 디자인 할 수 있었기 때문에, 제 취향에 맞춰 디자인했습니다(Tieryas, 2017)." 레이아웃은 전부 PC엔진의 확장된 컬러 팔레트에 맞춰서 다시 그렸으며, 새로이 채색되었다. 요시오카는 대화 중에 자막 옆에 표시되는 작은 초상화 그래픽을 그렸다. 서사적으로는 전체 6장 정도 되는 구상을 완결시킬 수는 없었지만, PC-8801판과 MSX2판에서 미완의 클리프행어가 되어 있었던 결말에 마무리가 되는 ACT3이 추가되었다. 이 최종장은 인터랙티브한 부분이 적은 디지털 코믹과 비슷한 게임성을 가졌는데, 최초의 2장에 있던 것 같은 환경 조사와 건 슈팅 시퀀스는 거의 없다. 이 ACT3은 플레이어가 이야기에 개입할 수 없는 긴 영화적 컷 신을 축으로 인터랙티브한 요소를 구축하는, 훗날 〈메탈기어 솔리드〉 시리즈에서 볼 수 있는 코지마 스타일의 전조라 볼 수 있다. 많은 플레이어들의 원성을 산 모양이지만, 코지마도 자신이 밀어붙인 제한을 인식하지 못했던 것은 아니며, 최종장에서 플레이어의 주체성을 제한하는 것은 엔딩의 비애를 전달하기 위한 의도적인 디자인이었다. "각 캐릭터의 운명을 바꿀 수 없는 것에 대한 분노와 슬픔을 ACT3에서 느껴주셨으면 했습니다(Gekkan PC Engine, 1993, 125쪽)." 명확한 메시지를 지니게 하기 위해, 혹은 플레이어를 감정적으로 흔들기 위해, 플레이어가 이야기를 형성하거나 복수의 엔딩으로 분기할 수 없게 한다는 코지마의 이야기 구축에 대한 접근은 이 초기 사례에도 명확히 드러나 있다. 게임 디자인의 이러한 측면에 대해서는 후술하겠다.

게임의 음향 체험도 이야기의 컨트롤에 공헌하며, 플레이어에게 새로운 인센티브를 가져다준다. 칼 테리앵이 PC엔진에 관한 분석에서 말했던 것처럼, 당시의 가정용 게임기의 타이틀의 대부분이 '영화적'인 체험을 세일즈 포인트로 삼고 있었는데, 용량 제한이 있었기 때문에 대부분의 경우는 음성이나 애니메이션 수록에 대해 신중해질 필요가 있었다. 〈스내처〉에서 '놀이의 경제(보수 메커니즘)'는 '새로운 장면 각각의 매력이 일련의 복잡한 퍼즐을 풀기 위한 인센티브로 기능했다(Carl Therrien, 2019, 110쪽).' 애니메이션 같은 움직임이 부족함을 보완하기 위해 코지마 팀은 정지 화면으로 반복

되는 대화 시퀀스의 감정적인 강도를 높이기로 했다. 게임에 임하는 플레이어에게 성우의 연기가 포함된 대사는 컷 신같은 보수로도 기능했다. 코나미 구형파 클럽矩形波倶樂部은 PC엔진판 전용 사운드 트랙 한 세트를 제공했으며, 코지마는 비용을 아끼지 않고 일본의 애니메이션 업계에서 호화로운 성우진을 기용했는데, 길리언 역에 야라 유사쿠屋良有作(《세인트 세이야聖鬪士聖矢》,《마루코는 아홉 살ちびまる子ちゃん》), 메탈기어 Mk. Ⅱ 역에 코야마 마미小山茉美(《요술공주 밍키魔法のプリンセス ミンキーモモ》,《닥터 슬럼프Dr. スランプ アラレちゃん》), 랜덤 하질 역에 시오자와 카네토塩澤兼人(《북두의 권北斗の拳》,《짱구는 못말려クレヨンしんちゃん》), 제이미 역에 이노우에 키쿠코井上喜久子(《란마1/2らんま1/2》,《오! 나의 여신님ああっ女神さまっ》)등이 있다. 모두가 다수의 타이틀에 출연한 실력파 성우였다. 사용 설명서에는 CD-ROM 역사상 유래 없는 '파격적인 대사량(수록 시간)'이라고 선전하고 있다. 녹음은 니시 와세다西早稲田의 아바코 크리에이티브 스튜디오에서 꼬박 하루에 걸쳐 이루어졌으며, 겨우 8명의 성우가 캐릭터 26명분, 합계 2시간 반에 달하는 대사를 녹음했다. 이것이 유명 성우/배우를 캐스팅하는 선구자격이 되어, 훗날 제인 젠슨Jane Jensen의 〈가브리엘 나이트GABRIEL KNIGHT〉 시리즈부터 세가의 〈용과 같이龍が如く〉 시리즈까지, 수많은 어드벤처 게임이 뒤를 따르게 된다[※2].

코지마는 직접 연기를 지도했고, 이후로도 모든 작품에서 일본어 성우의 지도를 직접 감독했다. 선행했던 PC-8801판과 MSX2판이 있었기 때문에 ACT1과 2에 대해서는 그 레이아웃을 참고로 대

사를 맞춰볼 수도 있었지만, 녹음은 각본만 가지고 이루어졌으며, 장면의 분위기, 캐릭터가 선 위치에 대해서는 코지마가 지시했다. 결과적으로 CD-ROM의 모든 용량을 다 써버릴 정도의 음성 데이터가 녹음되었고, 제작 말기에는 10초짜리 뮤직 클립을 삽입할 수조차 없을 정도였다. 하지만 완전한 사운드 트랙을 추가해 완성된 제품판은 〈스내처〉의 복잡한 스토리와 새로이 추가된 자극적인 일러스트의 감정적 임팩트를 크게 높였다. 어떤 리뷰어는 이 작품을 돌아보며 '〈스내처〉에는 오랫동안 잃어버렸던 예술 형식, 즉 라디오 드라마의 요소도 있다. 게임의 대부분이 정지 화면으로 구성되어 있기에 감정의 대부분은 성우의 연기와 음향 효과로 전달된다(Kalata, 2011).'라고 말했다. 부족한 캐릭터 애니메이션을 보완하고 효과음과 대사로 감정을 환기시키려 한다는 점에서 라디오 드라마를 예로 든 것이다. 실제로 코지마의 특징적인 사운드 프로덕션 활용법은 게임보다 오래된 미디어 형식, 예를 들면 초기의 일본 TV 애니메이션을 상기시킨다. 데즈카 오사무手塚治虫의 《우주소년 아톰鐵腕アトム》』에 대해 무시 프로덕션虫プロダクション의 애니메이터였던 스기이 기사부로杉井ギサブロー는 "싸구려처럼 보이는 건 소리를 더하면 경감시킬 수 있는 경우가 많았다(Clements, 2013, 121쪽)."라고 언급했다. 코지마가 감정을 환기하는 사운드 디자인과 성우의 연기를 사용한 것도 이와 마찬가지로, 〈스내처〉는 애니메이션이 적고 정지 화상을 많이 사용하지만 그럼에도 플레이어는 감정적으로 흔들리게 된다.

　〈스내처〉가 후세에 남긴 것은 형태가 있는 데이터만으로는 측정할 수 없다. PC-8801판, MSX2판의 매상은 별로 좋지 않았지만, 리뷰어들에게는 극찬을 받았다. 「MSX 매거진」은 종합 점수로 150점 중 119점을 주었고, 시나리오, 그래픽, 가성비를 특히 높이 평가했으며, "이건 반드시 속편을 내주세요 코나미 님들. 독자들도 그런 목소리를 내고 있습니다!(「MSX Magazine」, 1989, 27쪽)"[3]라고 평했다.

PC엔진으로 이식되자 〈스내처〉는 드디어 수많은 유저들에게 받아들여지게 되었다. 정확한 숫자를 알기는 어렵지만, 코나미의 사사키 요시노리佐々木嘉則에 의하면 "PC엔진 게임으로서는 몬스터급 히트였다(EGM, 1995, 176쪽)." 영화같은 스타일과 깊은 세계관을 지녔으며, 서사에 인터랙티브한 수사라는 새로운 접근을 더한 〈스내처〉는 스다 고이치須田剛一의 스타일리시하고 정치적인 주제를 지닌 '테크노스릴러', 〈실버 사건シルバー事件〉이나 〈킬러 세븐キラーセブン〉(Capcom, 2005)부터 퀀틱 드림Quantic Dream SA의 다크한 오픈 월드 탐정 게임 〈헤비 레인HEAVY RAIN〉, 락스타 게임즈Rockstar Games의 〈L. A. 느와르L.A.Noire〉 등 유럽과 미주 지역의 작품에 이르기까지, 그 후에도 무수한 시네마틱 어드벤처 게임의 선구자가 되었다. 하지만 당시의 일본 국외에서의 임팩트는 그다지 크지 않았다. 이는 ① 유럽·미국 시장에서는 한 발 늦게 1994년에 발매되었고(일본에서 PC-8801판과 MSX2판이 발매된지 6년 후), ② 세가의 메가 드라이브용 주변기기인 메가CD용으로 발매되었으나 그 때는 메가CD가 이미 사장된 후였기 때문이다. 코지마는 메가 CD판 이식과 영어 로컬라이즈 작업에는 거의 관여하지 않았으나, 기본적으로 PC엔진 판의 특징이 거의 그대로 남아 있었고 리뷰도 대부분 긍

정적이었다. 그 중에는 이하의 「게임 팬」처럼 굉장히 호의적인 리뷰도 있었다. "게임의 전부가 그저 완벽하다고 할 수밖에 없다. (PC 엔진 판의) 512색에서 64색으로 컨버전되었지만, 아름다운 그래픽은 조금도 손상되지 않았다. 사운드에 관해서는 메가 CD판 쪽이 더 좋을 정도로, 내레이션도 성우 연기도 불만이 없다(Rox, 1994, 46~47 쪽)." 개발 팀은 자신들의 일에 긍지를 가지고 있었지만 코지마는 당초의 구상을 완성시키지 못한 것에 불만을 품고 있었다. 그는 다음에 제작할 어드벤처 게임에서 그 울분을 해소하려 했다. 그것이 〈폴리스너츠〉였다.

비욘드의 구성과 '멀티 프로세스 시나리오'

〈스내처〉의 RPG 리메이크판 〈SD 스내처〉(Konami, 1990)와 〈MG2〉의 완성 후, 코지마는 코나미의 PSG(상품 관리실)로 옮겨 부장으로서 아케이드 게임과 가정용 게임 제작을 감독하는 좀 더 관리직에 가까운 역할을 담당했다. "각 팀에 '너희들 똑바로 해라!' 라고 하는 게 일이었죠. 하지만 그 일을 시작했더니 각 부서에서 야유의 폭풍이……"라고 코지마는 말했다. 그 후 바로 고베에서도 상당히 서쪽에 있는 코나미의 기술 연구소 건물로 옮겨, 3D 폴리곤 기술을 연구했다. 코지마에 의하면, 이 기간은 신작에 착수할 수도 없었지만 연구 성과의 일부를 조금씩 차기작이 될 어드벤처 게임으로 이식해나갔고, 그것이 최종적으로 〈폴리스너츠〉가 되었다고 한다. 이 때는 "그림 콘티까지를 만들고 있었다(『Kojima Hideo』, 2000, 71쪽)."

1993년이 다 끝나갈 무렵 코지마는 신설된 개발 5부로 이동했고, 작은 방에 10여 명의 개발 스태프가 북적거리는 작은 팀을 맡게 되었다. 이 중에는 사운드 프로듀서 무라오카 카즈키村岡一樹 등 코지마와 거의 비슷한 시기에 코나미에 입사해 1987년 〈메탈기어〉에서 같이 작업했던 멤버도 있었다. 아티스트 신카와 요지新川洋司, 프로그래머 오카무라 노리아키岡村憲明, 우에하라 카즈노부植原一充도 개발 5부의 설립과 거의 같은 시기에 스튜디오에 들어와 코지마의 팀에 참가했다. 코지마는 이 팀에 대해 "'밥이나 먹으러 갈까', '오늘 마시러 갈까' 정도로, 조례고 뭐고 없었습니다. 제가 부장이니까, 게임을 만드는 것 이외의 일은 거의 없었죠. 이건 다행이었네요(『Kojima Hideo』, 2000, 72쪽)." 라고 말했다. 개발 5부는 '코지마 팀' 의 발상지이다. 그들은 훗날 소니 플레이스테이션용 〈메탈기어 솔리드〉 시리즈에서 코지마와 밀접하게 작업하게 되는데, 그 전에 코지마의 두 번째 그래피컬 어드벤처 게임에 참가했다.

〈폴리스너츠〉의 수사 파트는 콘셉트와 그 콘셉트의 게임 내적인 실현이라는 두 가지 면에서 〈스내처〉와 유사점이 있다. 〈폴리스너츠〉도 SF 영화를 출발점으로 한 작품이며, 〈스내처〉의 사이버 펑크 설정을 우주로 변경한 것이다. "제 세대는 우주 비행사에 굉장한 동경이 있었죠. 《혹성탈출》에 나오는 우주비행사도 보통은 모르는 부분까지 알잖습니까(Konami CP Department, 1996a, 119쪽)." 스토리에는 당시 인기였던 버디 형사 영화의 요소가 들어가 있으며, 플레이어는 이번 작품에서도 탐정의 역할을 맡아 전 파트너와 함께 수사를 진행하며 수수께끼를 푼다.

지금까지 코지마에게 있어서 탐정을 플레이한다는 것은 탐정 픽션에 대한 절차적인 적응이었으나, 이 시점에서는 '시뮬레이션된 체험'을 창조하기 위한 디자인 철학의 중심적인 요소가 되어 있었다. 코지마는 다음과 같이 설명했다.

"게임이라는 건 두 종류 있다고 생각합니다. 틀은 현대극이든 서부극이든 SF든 상관없지만, 그 틀을 리얼하게 만들고 그 안에서 플레이어가 자유롭게 놀게 만드는 게임과, 그 만들어진 세계 속에서 플레이어에게 하나의 배역을 짊어지게 하는 게임. 후자의 좋은 점은 예를 들어 영화나 소설 등에서 법정물이 있잖습니까. 어려운 법률용어를 말하기도 하고 해서 일반인은 거의 알지 못하지만, 변호사 체험을 한 것 같은 기분이 들죠. 그런 유사체험이 가능하잖아요. 영화라면 자신이 절대로 하지 않을 것 같은 말을 주인공이 해주죠. '넌 조나단 잉그램이다'라고 갑자기 말해봐야 보통 회사원이라면 그런 역할은 절대로 할 수 없겠죠(웃음). 틀만 만들어서 놀게 하면 아무래도 현실을 끌고 들어오게 되어버리거든요. 비일상으로 만들기 위해서는 어느 정도 자유를 속박하고 운명을 부여해주는 게 필요하다니까요(Saito, 1996, 91쪽)."

여기서 코지마가 말하는 '체험으로서의 게임'은 몇 년 전 그가 코

나미 사보에 썼던 게임관을 떠올리게 한다. 〈스내처〉도 〈폴리스너츠〉도 플레이어에게 자유로운 탐색을 주는 측면도 있지만, 엄밀히는 영화 장르, 이 경우에는 탐정과 버디 형사 장르의 절차적 적응으로서 디자인되었다. 〈폴리스너츠〉도 게임의 진행 방법에는 어느 정도 자유가 주어져 있으나, 〈스내처〉와 마찬가지로 최종적으로는 플레이어가 손을 댈 수가 없는 정해져 있는 한 가지 스토리가 존재한다. 그런 게임을 '비주얼 노벨(분기가 있는 그래피컬한 이야기)'이라고 평하는 리뷰어도 있지만, 그것은 정확하지 않다. 비주얼 노벨 크리에이터 이시이 지로イシイジロウ는 이것을 선형과 비선형 어드벤처 게임 사이의 도랑이라 설명했으며, 양쪽 사이의 커다란 차이에 대해 선형적 게임이라는 것은 '죽음'이라는 개념이 있는 겁니다. 즉 '올바른 답'과 '틀린 답'이 있어서, '당신은 올바른 답, 올바른 엔딩에 도달할 수 있는가?' 라는 형태인 거죠."라고 말했다(TAITAI, 2013). 따라서, 보기에는 〈스내처〉와 〈폴리스너츠〉는 비주얼 노벨에 굉장히 가까운 게임처럼 보이지만, 실제 디자인적 계승 작품은 〈역전재판逆轉裁判〉(Capcom)이나 〈레이튼 교수レイトン教授〉 시리즈(Level-5, 2007) 등의 탐정물 수사 게임이다. 이 게임들은 모두 선형 서사Linear Narrative로 분기가 없으며, 명확한 주인공과 범인을 중심으로 전개되어 플레이어는 기본적으로 정보를 모아 이야기의 수수께끼를 해결한다.

그래피컬 어드벤처로서의 〈폴리스너츠〉의 구조는 두 가지 중요한 점에서 〈스내처〉와 다른데, 환경 조사로 인해 세계관이 강조되는 점은 공통적이다. 중요한 차이는 메뉴 베이스 인터페이스에서 포인트&클릭 인터페이스로 바뀐 것으로, 플레이어는 오브젝트를 클릭함으로써 거기 숨겨져 있는 데이터를 밝힐 수 있게 되었다. 〈스내처〉와 마찬가지로, 〈폴리스너츠〉도 하드웨어의 제약이 있었기에 '완전히 인터랙티브한 환경'을 만들고 싶다는 크리에이터들의 야심에 응하지는 못했다. 코지마는 이에 대한 차선책으로 액세스할 수 있는 대량의 텍스트를 환경 속에 준비했다. "플레이어가 조사하는 모든 장소에 텍스트를 준비해 두고, 상황에 따라 텍스트를 변화시킵니다. 그렇게 하면 그 세계에 '실제로 있는' 것처럼 느껴지게할 수 있다고 생각합니다(Shmuplations Ace Attorney)." 포인트&클릭인터페이스를 사용함으로써 코지마 팀은 애니메이션 영화 속에서능동적으로 환경을 조사하는 듯한 감각을 주고 싶었던 것으로 보인다. 하드웨어의 제약상 환경 속에서 캐릭터를 조작하게 만드는것은 불가능했기에, 대신 환경 속의 각 오브젝트에 대해 상세히 '기술'함으로써, 설령 대응하는 화상이 준비되어 있지 않다 하더라도플레이어가 새로운 정보를 시각적으로 떠올릴 수 있게 한 것이다.

　이 오브젝트 선택(입력)과 게임의 피드백(출력)의 조합은 만찬가지로 '인터랙티브 시네마'인 〈스내처〉에도 존재했지만, 〈폴리스너츠〉에서는 독자적인 변주가 가해져 있다. 포인트&클릭 방식의 게임은 대부분 눈에 보이지 않을 것 같은(거우 몇 도트 정도뿐인) 오브젝트를 발견하지 못하면 앞으로 나아갈 수 없다는 비판을 받는 경우가 종종 있다. 이러한 스트레스가 쌓이기 쉬운 인터페이스에 대한대책으로 코지마 팀은 플레이어의 각 입력에 대해 섬세하게 반응하는 시스템을 구축했다. 비주얼 노벨이 '멀티 엔딩'으로 게임의 스토리를 커스터마이즈하는 커다란 자유를 주는 것에 대해, 〈폴리스너츠〉의 크리에이터들은 '멀티 프로세스 시나리오'라 부르는 시스템을 채용했다. 이것은 '플레이어의 사소한 행동이 대사나 전개에 반영되지만, 전체적인 스토리, 주제에는 영향을 미치지 않고 드라마를 능동적으로 감상할 수 있는(Saito, 1996, 103쪽)' 것으로, 실제로 플레이해 보면 플레이어의 입력 타이밍이나 순서에 따라 캐릭터와 환경의 반응이 약간 변화하며, 선형 서사임에도 스토리의 페이스나 진행이 플레이어에 맞춰 조정되는 것을 알 수 있다. 이처럼, 단서와 새로운 정보를 찾아 환경을 조사하는 것은 동일하지만, 그 체험은 플레이어별로 커스터마이즈된다.

이것이 가장 잘 드러나는 것이 조나단 잉그램의 사무소를 조사하는 오프닝 시퀀스다. 플레이어는 바로 조나단의 입장이 되어 손님이 오기를 기다린다. 조나단의 상세한 배경 스토리는 제공되지 않으며, 플레이어는 사무소 안을 조사하면서 시간을 보낼 것을 강요받는다. 신문 조각, 사진액자, 정물을 클릭하면 조나단의 독백이 흐르고, 과거에 그의 몸에 일어났던 일과 현재의 상황이 연결되어간다. 이렇게 플레이어는 사건이 제시되기 전부터 탐정 일에 익숙해지게 된다. 플레이어가 사무소 안의 오브젝트를 대강 클릭하면 손님이 찾아와 이야기가 진행되는데, 그 흐름을 직접 컨트롤하는 것처럼 느껴지기에 플레이어는 자신만의 수사를 하고 있는 기분이 된다. 점멸하는 자동응답 전화기를 계속해서 클릭하면 그때마다 다른 메시지가 표시되며 조나단이 사립탐정으로서 별로 성공한 것은 아님을 알게 된다. 그 외에도 클릭하는 순서에 따라 독백이 약간 변화하는 오브젝트가 있는데, 일례로 조나단의 전 부인인 로레인이나 L.A 시경 시절 파트너였던 에드 브라운의 사진을 보면 그 후에는 다른 오브젝트에 대한 독백에서도 조나단이 이 캐릭터들을 가볍게 언급하게 된다. 게임의 서사가 선형적(게임을 진행시키려면 '중요한' 오브젝트를 전부 클릭하는 수밖에 없다)임에도 불구하고, 게임의 설명 텍스트가 적절한 피드백을 제공하기 때문에, 플레이어는 자신의 선택이 의미를 지닌 것 같은 감각을 품는다. 플레이어의 조사 행동에 대해 게임이 반응하기 때문에 자신이 탐정 역할을 연기하기만 하는 것이 아니라 마치 조나단 잉그램 본인이 된 것처럼 느끼게 된다. 다음 장의 〈메탈기어 솔리드〉에 관한 논의에서 밝혀지는 것처럼, 이 '멀티 프로세스 시나리오'는 '게임이란 창발적이고 인터랙티브한 체험임과 동시에, 풍부하고 만족감 있는 스토리'라는 코지마식 접근법의 좋은 예이다. 이 작품에 보이는 인터랙티브성과 컨트롤된 스토리텔링의 조합은 코지마의 모든 작품에 공통적으로 보이는 결정적인 특징이며, 게임의 더욱 큰 주제와 이야기 구조에는 거의 영향을 미치지 않음에도 불구하고 플레이어는 게임의 진행을 자신이 컨트롤하는 것처럼 느낀다.

또 한 가지, 〈스내처〉와의 중요한 차이점은 게임의 깊은 '세계관'에 액세스하기 위한 중앙 데이터베이스가 존재하지 않는다는 점이다. 〈폴리스너츠〉의 세계관은 게임 속의 수많은 에어리어를 나아감으로써 서서히 밝혀진다. 네오 고베와 마찬가지로 비욘드에도 대량의 설정 데이터가 준비되어 있으며, 대화나 환경이 트리거가 되어 이런 데이터가 제시된다. 이 작품에서는 우주 특유의 식품, 제품, 오락, 신형 질병, 치료법, 병에 대처하기 위해 탄생한 산업 등, 우주 주거에 관련된 측면이 자세히 검토된다. 화려한 경력을 지닌 영화감독 오시이 마모루조차 이러한 치밀함에 감명을 받아 "영화나 게임이 드라마와 세계관 중 어느 한쪽을 선택해야만 한다면 〈폴리스너츠〉는 틀림없이 드라마보다도 세계관을 선택한 작품이다(Konami CP Department, 1996a, 122쪽)."라고 평했다. 압도될 정도로 대량의 정보가 준비되어 있는 한편, 코지마는 시대 설정과 비욘드의 지리에 대해서는 구체적인 디테일을 **너무 많이 제시하지 않도록** 주의를 기울였다. "이것과 마찬가지로, 비욘드가 있고 어디에 뭐가 있다고 한정하지 않았어요. 유저 안에서 상상하도록 했으니까요. 다만 그 중에서 한 군데만 그 기둥이 있어서 어디서 봐도 그게 보이는데요, 그 외에는 전혀 정해져 있는 게 없는 거예요. 일부러 안 한 거죠. 이런 면이 오히려 2차원 게임의 깊이인 겁니다(Konami CP Department, 1996b, 77쪽)." 키가 되는 비주얼과 이야기의 디테일을 제공하면서 그 이외의 디테일은 억제함으로써 코지마 팀은 세계관의 도랑에 플레이어가 자신의 상상력으로 다리를 놓아주기를 바랐던 것이다. 플레이어와 게임의 세계를 연결해 게임 밖에서의 행동을 재촉하는 것은 그 후에도 코지마의 상투 수단이 된다.

또, 코지마는 이 '세계관'을 〈폴리스너츠〉의 세계에 한정하지 않고 이전 작품의 세계와도 연결하려 했다. 〈스내처〉에서도 같은 시도가 있었다. '아우터 헤븐'이라는 이름의 바나 '메탈기어Mk. II'라는 이름의 파트너 로봇이 등장했었는데, 〈폴리스너츠〉에는 더욱 광범한 인용이 등장한다. 예를 들어 〈스내처〉의 캐릭터인 제이미

시드와 정보원인 나폴레옹이 환경의 배경에 살짝 카메오 출연하기도 하고, 조나단의 탐정 사무소에 붙어 있는 네오 고베의 신문 조각, 병원의 〈스내처〉 캘린더 등, 다양한 장소에 〈스내처〉와 관련된 것들이 있다. 〈스내처〉와 〈폴리스너츠〉의 세계가 같다고 시사하는 것은 아니라 해도, 이러한 요소들은 코지마 작품의 세계를 아는 플레이어에 대한 포상으로 작용한다. 이러한 디테일은 이후의 작품들에서도 찾아볼 수 있다. 〈메탈기어 솔리드〉에서는 게임 기동 시에 〈폴리스너츠〉의 테마송 클립이 재생되며, 〈폴리스너츠〉의 포스터와 애니메이션 영상이 다양한 환경에 삽입되어 있다. 또, 〈폴리스너츠〉의 조연인 메릴 실버버그(코지마가 마음에 들어한 캐릭터)는 중요 캐릭터로 〈메탈기어 솔리드〉 시리즈에 재등장한다.

감정에 불을 붙이고, 의식을 높인다

〈스내처〉와 마찬가지로, 동시대의 사회상을 반영한 〈폴리스너츠〉의 서사 또한 플레이어의 강한 감정적 반응을 불러일으키도록 디자인되었다. 코지마는 중심 주제를 통해 게임에 새로운 의미와 중요성을 부여하고 플레이에 생명을 불어넣으려 했다. 이에 대해 코지마는 이렇게 말했다. "어떤 게임성을 실현하기 위해서는 스토리를 어떤 걸로 해야 좋을까? 스토리 진행을 위해 필요한 게임성이란 무엇인가? 이런 식으로 주제성과 게임성 두 가지를 일채화해나가는 것이 게임 디자인의 포인트입니다(「Game Hihyo」, 1996, 57쪽)."

이 작품의 스토리는 플레이어가 더욱 강하게 감정을 이입해 플레이할 수 있도록 디자인되었으며, 코지마 작품에서 중요한 이 특징은 〈폴리스너츠〉에서 정착되었다고 한다.

이것을 달성하기 위해 채용된 방법 중 하나가 조나단 잉그램의 감정과 그를 조작하는 플레이어의 감정을 동일화시키는 것이었다.

감정 디자인의 연구자 카렌 이스비스터Karen Isbister는 플레이어가 자신이 조작하는 아바타와 '본능적, 인지적, 사회적, 환상적(Isbister, 2017, 11쪽)'인 레벨에서 동일화한다고 주장했다. 플레이어가 조나단을 조작해(본능적), 보수와 페널티를 받고(인지적), 그의 인격에 정착(사회적)함으로써 동일화 정도는 기하급수적으로 증가한다(환상적). 코지마는 게임의 이야기가 클라이맥스를 맞이하는 순간에 사격 파트를 집중적으로 끼워 넣음으로써 이러한 동일화를 교묘하게 컨트롤하고 있다. 플레이어가 주인공의 개인적인 싸움을 편들고 있었다면, 재빨리 액션을 입력할 때의 감정 이입 정도도 더 커진다. 게임의 주요한 적이자 조나단이 몇 번이고 추격해 총격전을 벌이게 되는 레드우드의 조형에 코지마가 크게 신경썼다는 점만 봐도 이러한 카타르시스를 노리고 있다는 것은 명백하다.

"〈폴리스너츠〉에서 하고 싶었던 것은 적에게 감정 이입을 하기 위한 전제를 만드는 거였어요. 레드우드라는 적이 있는데요, 누가 봐도 '이자식 나쁘네'라고 생각하게 하고, 그런 악한 의식을 점점점점 더 심어나가는 거죠. 친구가 살해당하거나, 주인공과 플레이어의 분노의 정점이 같은 레벨에 도

달했을 때 총을 쏘는 거죠(Konami CP Department, 1996b, 75
쪽)."

감정적 반응을 이끌어내는 것은 자신의 행동 결과에 대해 플레이어가 생각하게 하기 위해 노린 것이기도 했다. 코지마는 좀 더 커다란 사회적 영향을 주려면 게임을 단순한 놀이 이상의 것으로 만들어야만 한다고 느끼고 있었다. "역시 끝난 후에 뭔가가 느껴지는 그런 걸 만들지 않으면, 게임 업계는 언제까지고 게임의 영역에서 벗어나지 못한다는 느낌이 들어요(Saito, 1996, 93쪽)."

이런 생각에서 코지마는 당시 일본에서 일어났던 일을 적극적으로 집어넣은 스토리를 만들기로 했다. 1980년대는 일본의 급속한 경제·기술 대국화를 겪으며 미국에서는 재팬 패싱Japan Passing이 만연하고 있었다(Thorsten, 2012 참조). 〈폴리스너츠〉에 적으로 등장하는 일본인(제약회사의 회장 토쿠가와)은 1980년대 후반부터 1990년대 초반에 걸친 할리우드의 액션 영화, 예를 들면《다이 하드》나 리들리 스콧의《블랙 레인BLACK RAIN》, 필립 카우프만Philip Kaufman의 1993년 형사 스릴러《떠오르는 태양Rising Sun》에서 묘사된 것 같은, '기업 사회' 일본의 부정적인 측면을 떠올리게 한다. 코지마 자신의 아버지가 약제사였기 때문에 토쿠가와(비욘드에 있는 토쿠가와의 회사는 뒤로 위법 약물을 제조하고 있었다)에는 일본의 제약 업계에 대해 비판하는 의미도 담겨 있었다. 코지마의 말에 따르면 게임 내에서 토쿠가와의 '일본식 의료'라 불리는 것을 통해 일본의 '심각한' 의료 시스템, 예를 들면 알선, 골프 접대, 약 처방으로 뒷

돈을 받는 저속한 병원 등의 문제를 나타내고자 했다고 한다(The PlayStation, 1996, 155쪽). 우주 콜로니인 비욘드에는 1980년대부터 1990년대까지의 복잡하고 국제적인 생명 윤리상의 의문에서 유래한 건강 문제가 존재하며, 그 묘사가 일본의 의료 제도에 대한 비판과 대비된다. 당시의 일본에서는 뇌사와 뇌사 기증자의 장기 이식 방침에 대해 격렬한 논쟁이 벌어지고 있었다. 이러한 논쟁은 콜로니의 주민 대부분이 오랜 우주 생활로 인한 장기부전으로 장기이식이 필요해졌으며, 그것이 장기 밀매로 공급된다는 형태로 게임에 녹아들어 있다. 1990년에 아키야마 토요히로秋山豊寬가 일본인으로서는 최초로 우주로 갔던 일에서 생겨난 우주여행에 관한 공적인 논의도 게임 세계 속에서, 특히 게임 속의 뉴스 방송에서 논제로써 중점적으로 거론된다.

또, 〈스내처〉에 나왔던 SF 스타일 로봇은 더욱 현실적인 적으로 바뀌었다. "베를린 장벽이 없어도, 냉전 구조가 없다 해도, 적은 있는 거죠, 지금. 지금은 소위 말하는 테러리스트라거나, 혹은 경제, 기업 등이 적이 됩니다. 정치적인 냄새보다, 경제가 세상을 움직이는 거죠(Konami CP Department, 1996b, 78쪽)." '일상적이고 친숙한 적'에 대한 초점은 강력한 기업 기관과 그것이 가져오는 사회에 대한 영향에 대한 예리한 비판으로, 〈메탈기어 솔리드〉 시리즈에도 이어진다. 이러한 비열한 행위는 필름 누아르를 연상케 하는 정성을 들인 방식으로, 표면상으로는 소박한 우주 교외인 비욘드와, 1950년대 말 머큐리 계획의 미국 우주비행사 팀 '오리지널 세븐'을 연상케 하는 폴리스너츠의 따뜻한 노스탤지어 이미지와는 정반대로 묘사된다. 작가인 이토 케이카쿠伊藤計劃는 "영웅. 서버비어(도시 교외의 생활 방식을 말함-역주)콜로니. 〈폴리스너츠〉가 그리는 것은 옛날(이라고는 해도, 바로 얼마 전의 일이지만) 사람들이 꿈꾸던 이미지를 현실에 떨어트려나가는 모습이다. 현실에 떨어트린 결과, 그것이 엉망으로 무너져가는 모습이다."라고 말했다(Itoh, 2008). 코지마는 플레이어가 '이쪽에서 보내는 주제를 캐치볼 하듯이 받아서', 우주 탐사와 기타 사회문제에 대해 진지하게 생각해주기를 바랐다.

> "그리고 그걸 플레이한 유저가 '장기이식에 대해 공부해보자'라거나, '우주로 가면 인간이 어떻게 될까' 같은 생각을 게임이 끝나고 1주일 정도만이라도 할 수 있게 되는, 혹은 앞으로의 삶에 긍정적인 부분이 부가될 수 있다면 좋겠다 싶었죠(「Sega Saturn Magazine」, 1996, 200쪽)."

현실 세계의 사회 문제, 동시대적인 주제, 나아가서는 그런 주제에 대한 메시지를 게임에 삽입한 코지마는 '변화를 위한 게임'의 선구자로 볼 수 있다. 변화를 위한 게임이란 동시대의 문제에 의미 있는 방법으로 관여함으로써 게임을 사회 변화를 위해 사용하는 것을 의미한다. 사실 〈폴리스너츠〉 이전에도 전략 시뮬레이션 중에 지정학적 문제를 주제로 했던 게임이 다수 존재했다. 예를 들어 마인드스케이프Mindscape의 〈밸런스 오브 파워Balance of Power〉(1985), 스프링보드Springboard의 〈히든 어젠다Hidden Agenda〉(1988)가 그에 해당한다. 코지마에겐 소련 시대 국가의 규제와 검열에서

도망쳐 활동가로서의 사상을 표현하는 반체제적 게임을 만들었던 체코슬로바키아의 아마추어 프로그래머들과 크게 공통되는 부분이 있는(Svelch, 2018 참조) 것이다.

〈폴리스너츠〉가 독특한 것은 이러한 아이디어를 상업 게임에 접목했다는 점으로, 이 작품은 대형 퍼블리셔에 의해 제작되고 메인스트림 유저를 대상으로 했으며, 마찬가지로 상업적인 영화와 애니메이션 툴을 사용했다. 〈폴리스너츠〉로 코지마는 장르라는 탈을 쓴 시기적절한 스토리를 만들어내는 패턴을 확립하고, 동시대의 문제에 대한 설명과 처방에 관한 조언을 플레이어에게 제공한다는 명확한 목적을 실현했다. 이에 대해서는 제4장, 제5장에서 〈메탈 기어 솔리드〉 시리즈와 코지마의 최신작 〈데스 스트랜딩〉을 거론할 때 다시 한 번 다루겠지만, 〈폴리스너츠〉를 보면 코지마가 한 발 먼저 플레이어들에게 이러한 종류의 문제의식을 품게 하려 했다는 것을 알 수 있다.

이식환에서 이식환으로, 비욘드의 재설계

〈폴리스너츠〉 역시 게임 체험에 대한 코지마의 감독다운 모습을 잘 드러낸 작품이다. 코지마는 게임의 디자인만이 아니라 여러 가정용 게임기로의 이식을 진행하면서 시행된 재설계 작업에도 감독으로서 영향력을 발휘했다. 〈스내처〉와 마찬가지로 〈폴리스너츠〉의 제작도 적은 인원으로 마음이 잘 통하는 환경에서 이루어졌으며, 거의 모든 창작적 측면을 통제할 수 있는 입장이었기에, 코지마는 마치 독립 영화를 만드는 것 같았다고 말했다. "게임 디자인, 막대한 다이얼로그, 간이 언어를 사용한 ADV 스크립트, 그림 콘티, 문제점 찾기, 플래그 관리……그림과 음악 호출까지, 대부분 직접 했다(Konami, 2008)." 그림과 음악까지 전부 만든 것은 아니라 해도, 코지마가 하나의 게임에 대해 〈폴리스너츠〉 때만큼 커다란 권한을 지녔던 적은 없었다 해도 과언이 아닐 것이다. 그도 그럴 것이, 코지마는 〈폴리스너츠〉의 개발을 감독했을 뿐만 아니라, 3DO, 플레이스테이션, 세가 새턴 등 차세대 게임기들이 무서운 속도로 개발되었던 2년 간 여러 플랫폼으로의 이식을 하나도 빠짐없이 감독했기 때문이다. 이식할 때마다 코지마는 개발 스태프의 의견에 따르도록 캐릭터 디자인과 스크립트 변경을 감독했다. 이것은 주로 이식할 플랫폼의 처리 능력이 다른 것이 이유였다. 플랫폼마다 어포던스의 폭이 넓어졌고, 코지마 팀은 이 기회를 이용해 게임의 이야기와 시청각적인 표현을 수정했다. 예를 들어 PC-9821판에서 3DO판으로 이식할 때, 조나단 잉그램의 캐릭터 디자인은 '조금 더 탱탱하게, 젊어 보이도록' 변경되었으며, 다른 전직 폴리스너츠들과의 대비가 강조되어 조나단에게 있어서 주변의 시간이 얼마나 경과했는지가 표현되었다. 장면이 추가되고, 필요 없는 대사는 삭제하고, 몇몇 장면은 드라마틱한 효과를 노리고 처음부터 다시 썼다. 예를 들어 PC-9821판에서는 조나단과 에드가 재회했을 때 조나단이 에드를 설득해 조사를 돕게 하지만, 3DO판에서는 에드가 조나단을 동정해 협력한다.

애니메이션 또한 재설계가 이루어졌다. 3DO판 애니메이션 시퀀스는 애니메이션 제작 회사인 AIC에 외주를 주었는데, 그 이후의 이식판에는 코지마 팀이 직접 수많은 정지 화상을 간단한 CG로 강화하고, 움직이는 배경, 연기, 모션블러, 화이트 노이즈 필터, 그레인 등 이펙트를 추가했다. 젊은 신카와 요지가 아트 디렉터를 맡았는데, 신카와와 그의 스태프는 필름에서 컷을 추출하고 컴퓨터로 스캔해 디지털로 편집하는 획기적인 아이디어를 도입하여 셀화를 다시 그리고 다시 채색하는 시간을 대폭 절약했다. "굉장히 공을 들여야 하는 일을 하고 있는데요, 완성된 화면에서는 한 순간에 불과하고 그러네요(웃음)(Saito, 1996, 95쪽)." 라고 신카와는 말했다. 실제로 어떤 시기의 개발 5부는 마치 애니메이션 스튜디오처럼 변해 있기도 했다. 세가 새턴 이식판의 특전을 봐도 알 수 있듯이, 게임을 개발하는 모습은 애니메이션 제작 파이프라인을 떠올리게 하며, 개발 플로우 차트는 콘티, 키 프레임과 중간 프레임의 효과, 펜 선 넣기/착색, 음성 녹음 등의 구분으로 구성되어 있다. [그림2] 이식 작업 때마다 새로운 요소를 시험하고 추가했으며, 그 결과 프로그래머인 오카무라 노리아키가 "9821판부터 지금에 이르기까지, 오리지널로 남아 있는 부분은 거의 없다니까요(Saito, 1996, 94쪽)." 라고 말할 수준에 이르렀다. 예를 들어 플레이스테이션판은 본체의 MDEC라는 전용 화상 신장 엔진을 이용해 고품질 애니메이션을 실현했다. 최종 이식인 세가 새턴판은 사격 시퀀스에서 주변기기인 버추어 건을 사용할 수 있었으며, 자신의 신체적 퍼포먼스라는 인터페이스를 통해 한층 더 캐릭터에 몰입할 수 있었다.

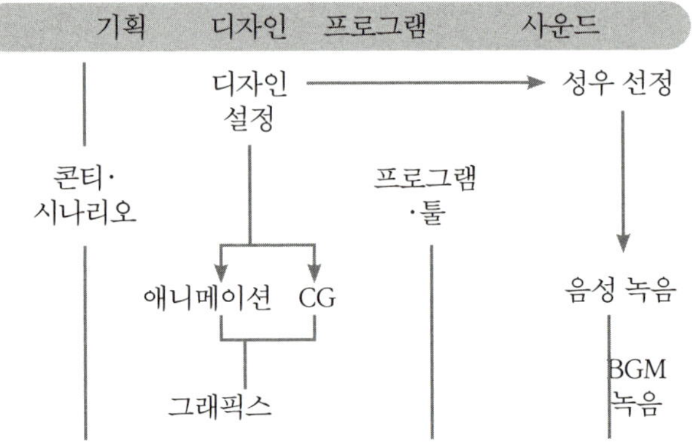

그림2 〈폴리스너츠 프라이빗 컬렉션〉(Konami, 1996)**의 제작 파이프라인.**

성우의 연기는 이 게임의 수많은 특징 중 하나에 불과하며, 영화 같은 시청각적 연출에 대한 강한 집착이 느껴지지만, 이곳에도 역시 특정 영화에 대한 코지마의 애착과 취향이 드러나 있다. 일부 성우는 〈스내처〉부터 계속 기용되었는데, 성우는 TV와 장편 영화 양쪽의 경험을 고려해 코지마가 직접 선정했다. 〈폴리스너츠〉에서는 캐릭터가 게임 내에서 처음으로 등장할 때, 캐릭터 이름과 함께 성우의 이름이 표시되는 스텝이 추가되었다. 이것은 서양 영화가 일본에서 TV 방송될 때 자주 쓰이는 수법으로, 큰 범주에서 보면 '텔롭Telop'이라는 자막 형식에 포함된다. 화면에 비춰지는 것을 시청자에게 다시 확인시키거나 설명하기 위해 사용된다. 세이브 데이터를 불러온 후 요약 화면에서 지금까지의 줄거리를 전달하는 작은 요소도 추가되어, 플레이어가 매주 연속 TV 방송을 시청하는 듯한 체험을 할 수 있었다.

이번 작품도 역시 당시의 아이코닉Iconic한 인기 영화를 이래도 되나 싶을 정도로 오마주했으며, 멜 깁슨, 대니 글로버, 숀 코넬리 등 누가 봐도 명백한 배우부터 모델인 키리시마 카렌桐島かれん이나 전 도쿄도 감찰 의무원장인 우에노 마사히코上野正彦 등 일본에서 잘 알려진 인물까지, 거의 모든 주요 캐릭터가 실제 인물에 기반하고 있다. 샌프란시스코에서 영감을 받은 도시는 스티브 맥퀸Steve McQueen 주연의 카 액션 영화《블리트Bullit》등을 참고했다. 그 외에도 세세한 부분은 코지마의 스크랩북에서 채택한 것도 있으며, 스태프가 시카고의 사격장에서 가지고 온 표적이 게임 내의 사격장에 삽입되었다.

〈폴리스너츠〉에서는 시각적인 연출이 재설계된 것만이 아니라, 소규모 팀 문화 덕분에 스크립트 엔진 그 자체의 가능성까지 세련된 것이 되었다. 플래그 분기의 관리에 대해 코지마 팀은 〈스내처〉의 스크립트 엔진에 잠재력이 있다고 느꼈으며, 〈스내처〉를 PC엔진으로 이식할 때 yacc※4(파서 생성기)를 베이스로 주로 기술 체계의 구조화, 변수 관리 등이 개선되었다. 이런 식견은 〈폴리스너츠〉에서도 활용되어 다른 복잡한 분기와 반복 처리를 실현하기 위한 재조정이 이루어졌으며, 〈스내처〉 때보다도 회화의 폭이 훨씬 넓어졌다. 제작 어시스턴트인 마츠하나 요시카즈松花賢和는 "작중에서 같은 인물에게 같은 내용을 몇 번이고 물어봐줬으면 한다. 계속해서 다른 대사가 나오는 '깊이'를 맛볼 수 있을 것이다(Konami, 2008)."라고 말한 바 있다.

스크립트 언어 개발의 중요성은 프로그래머들도 잘 이해하고 있

었으며, 그들은 자신들의 일이 앞으로의 코나미 작품 개발에 기념비적인 변화를 가져올 것이라 생각하고 있었다. 오카무라는 "좀 과장해서 말하자면, 〈폴리스너츠〉라는 게임 소프트를 만듦으로써 우리 회사(코나미)의 기반 기술을 만들고 있다는 의식이 엄청나게 있었죠. 앞으로 5년 후, 10년 후까지 사용할 수 있을 그런 핵심 부분을 만들자고 말이죠(Saito, 1996, 94쪽)." 라고 말했다. 디버거/프로그래머인 우에하라 카즈노부의 말에 따르면 〈폴리스너츠〉는 훗날 코지마와 코지마 팀의 중핵 멤버들이 이끌며 코나미의 핵심 시리즈를 만들어낸 KCE(코나미 컴퓨터 엔터테인먼트) 재팬 웨스트에서 만들어진 프로그램 디자인의 '기원'으로 봐야 한다. 〈스내처〉와 〈폴리스너츠〉 모두 다양한 대화 인터랙션과 방대한 양의 이벤트 트리거에 무게를 두고 있는데, 이것은 25년 동안 40개 정도의 독립된 작품이 발매되어 수백만 장의 판매량과 다운로드를 기록한 코나미의 인기 연애 시뮬레이션 게임 〈두근두근 메모리얼ときめきメモリアル〉 시리즈에도 반영되었다. 시리즈의 각 작품에는 수많은 캐릭터가 등장하며, 이들 모두에게 1회 플레이한 것만으로는 아주 약간밖에 알 수 없는 개인적인 에피소드가 대량으로 준비되어 있다[5]. 이러한 리플레이성이 높은 디자인은 좀 더 현대적인 '로그라이크Roguelike' 게임, 예를 들면 〈하데스HADES〉(Supergiant Games, 2020) 등에서도 볼 수 있으며, 반복해서 플레이함으로써 풍부하게 연출되는 스토리와 캐릭터의 단편을 조금씩 해금할 수 있다. 스크립트 언어는 이후 제작되는 코지마의 액션 어드벤처 게임에도 크게 영향을 미쳤으며, 이 프로그램은 실질적으로 〈메탈기어 솔리드〉의 무수한 무

선 통신에서 사용되는 GCL(이벤트 드리븐형 오리지널 스크립트 언어)이 되었다. 즉, 개발 5부는 코지마에게 창작 부문의 큰 권한을 주는 한 편으로 코나미의 수익과 프로그래머에게도 크게 공헌했던 것이다. 오카무라는 이렇게 말했다. "〈폴리스너츠〉라는 건 프로그래머에게 있어서는 거대한 실험실입니다(Saito, 1996, 94쪽)."

메타성으로 게임을 확장하는 수법

〈폴리스너츠〉의 영어판은 발매되지 않았으나, 각 이식판은 일본의 리뷰어들과 유저들의 따뜻한 환대를 받았다. 몇 없는 영어권의 리뷰 또한 코지마에 대한 열렬한 지지를 드러냈고, '더할 나위 없이 아름다운 음악부터 장인 정신이 느껴지는 품질의 무비까지, 모든 것이 코나미의 과거 작품들을 초월했다(「GameFan」, 1996, 15쪽).' 라고 평가했다. 그렇다고는 해도, 〈스내처〉, 〈폴리스너츠〉 두 작품 다 모든 리뷰가 호의적이었던 것은 아니었다. 특히 영어 리뷰 중에는 드라마와 유머의 기묘한 혼합에 당혹감을 표시한 것도 있었다. 예를 들면, 어떤 리뷰어는 〈스내처〉가 시리어스한 게임임에도 불구하고 게임 그 자체가 그 시리어스함을 끊임없이 파괴하고 있다는 점에 대해 곤혹스러움을 나타냈고, "캐릭터가 '이것은 게임이다'라고 계속 언급하는 것이 성가시다." 라고 평했다. "롤플레잉 게임에 진정으로 몰입하려면, 나의 경우 어느 정도 '불신의 정지'가 필요하다. 하지만 이런 식으로 모든 것이 현실이 아니라고 반복해서 떠오르게 해버리면 어떻게 할 도리가 없다(Dulin, 1995, 69쪽).”

〈스내처〉와 〈폴리스너츠〉의 세계관과 비주얼에는 깊이가 있으며 복잡하고 영화적이지만, 개발 스태프는 확실히 자신들이 고생해서 만든 몰입감이라는 마법을 깨는 듯한 장면을 다수 포함시켰다. 이 작품들을 요한 하위징아의 ‘매직 서클’의 렌즈를 통해서 보면, 코지마 팀의 장난이 플레이어와 프로그래머 사이의 신성한 계약을 깨고 즐거움에 물을 끼얹는 것이 된다.(Huizinga, 1949, 11쪽)

이 리뷰의 요점은 코지마 팀이 플레이어의 ‘플로우’를 어지럽히고 있다는 것이며, 플로우란 심리학자 미하이 칙센트미하이Mihaly Csikszentmihalyi가 ‘당면한 과제에 주의를 집중해야만 하며, 그 동안 다른 모든 것을 잊는다(Csikszentmihalyi, 1990, 4쪽).’라고 정의한 상태다. 하지만 이런 의견은 애초에 전제가 잘못되었다. 코지마 팀은 《블레이드 러너》나 그와 비슷한 영화처럼 스펙타클한 시청 체험, 시청자가 자신을 잊고 몰두할 수 있는 그런 체험을 재현하려 했던 것이 아니다. 오히려 코지마는 〈스내처〉와 〈폴리스너츠〉를 항상 메타 게임(게임이란 플레이어가 룰대로 플레이하는 것이지만, 동시에 그 룰을 초월해 시스템의 한계를 실험해볼 수도 있다)으로 인식해왔다. 코지마와 개발 스태프의 생각에 의하면, 플레이어가 ‘나는 게임을 하고 있다’는 사실을 완전히 잊는 일은 절대로 없으며, 게임 디자인에도 이 사고방식이 반영되어 있다. 이에 대해 단순히 코지마가 ‘이스터 에그’를 숨겨놓는 것을 좋아할 뿐이라고 단정하는 사람도 있지만, 그렇게 생각할 경우 ‘진짜’ 게임이라는 것이 존재하고, 그것이 조크와 서프라이즈로 인해 중단된 것이 된다. 실제로는 이러한 플로우 파괴는 게임의 유전자 구조에 새겨져 있는 것으로(〈스내처〉와 〈폴리스너츠〉만이 아니라, 코지마의 모든 작품에 해당한다), 게임을 옆길로 **빠지게** 하는 것이 아닌 게임 그 자체의 근간을 만드는 디자인 요소인 것이다.

　플레이어의 플로우를 중단시키는 것은 어드벤처 게임에서는 자주 있는 일로, 이 장르에는 중간 텍스트 같은 언급이나 자기 언급이 자주 보인다. 〈조크〉같은 초기 어드벤처 게임에도 텍스트 구문 해석의 한계를 캐는 '캐주얼한 튜링 테스트'같은 즐기는 방식이 있으며, '플레이어(와 디자이너)는 도움이 되지 않는 액션에 대한 교묘하고 예상 밖의 응답에 기쁨을 느낀다(Lebline, Blank, and Anderson, 1979, 52쪽).' 이러한 응답은 이야기와 게임의 표면적인 목표와는 관계가 없으며, 유머가 있는 탈선으로 기능한다. 크리스타 보넬로 러터 자포네에 따르면 코믹한 샛길은 '플레이어가 게임에 의해 조작되고 있다는 것 및 그에 관련된 자신의 기대를 인식시키는' 것으로, 장르의 예측 가능한 약속에 대한 서프라이즈와 도전으로 기능한다. 이런 순간은 플레이어가 '몰입감에 **저항**하고, 인터랙션은 몰입감에 따라 시사되는 체험으로 가는 수단이 아니라, **상호** 방해했거나/방해하는 중인 **액션**Inter[upted/ing]Action으로 변모한다(Giappone, 2015).' 이 방정식에 의하면, 게임에서의 몰입감은 골인 지점이 아니다. 디자이너가 게임 안에 중단과 탈선을 제공하고, 플레이어는 그것을 찾아내 액세스하는 것으로 코미디 같은 즐거움을 얻는다. 이러한 샛길로 가는 중단으로 인해 디자이너와 플레이어 사이에 역학이 생겨나고 게임이라는 미디어의 한계와 어포던스가 한층 더 눈에 띄게 된다.

코지마와 그의 팀이 노린 것이 스토리, 스타일, 메커닉스 면에서 비디오 게임이라는 미디어의 경계선을 프로그레시브하게 넓히고, 플레이어를 변화시키고, 플레이어와 세계가 관여하는 방식을 변화시키는 것이었다면, 그래피컬 어드벤처라는 장르의 메타성으로 플레이어의 몰입감을 파괴하는 것은 그야말로 노림수라 할 수 있다. 이것은 플레이어가 메인 스토리의 곳곳에서 트리거할 수 있는 수많은 웃기는 사이드 퀘스트, 이벤트, 대사에서도 잘 알 수 있다. 코지마는 이렇게 말했다.

"자신이 스토리의 레일 위를 강제로 걸어가는 것이 아니라, 자신의 의지로 따라가고 있다는 '능동성'이 게임의 기본입니다. 그러니 어떤 스토리의 포인트에서 유저가 거기 머물고 싶다면, 거기서 놀아도 상관없습니다. 반대로 말하자면, 스토리에 관계없이 놀 수 있는 서브 이벤트가 필요해지는 겁니다. 스토리라는 흐름을 좌우하는 건 어디까지나 유저 자신입니다(Mashita, 1992, 105쪽)."

80년대 일본의 문화 배경

〈스내처〉를 예로 들면, 이 게임에는 드라마라는 마법을 깨는 샛길, 예를 들어 포장마차에서 그 지역의 흥미로운 명물(네오 고베 피자)을 주문한다거나, 외설 전화를 거는 등 다양한 샛길이 존재한다.

주인공 길리언도 마찬가지로 놀고 싶어 하는 마음이 있는 캐릭터로, 디자이너인 요시오카는 놀람, 피로, 기쁨, 곤혹 등 다양한 표정을 그려 그의 익살스러움을 표현했다. "길리언은 유머와 진지함이 섞여 있는 흥미로운 캐릭터입니다. 코지마 감독은 긴박한 장면에서도 길리언의 기지 넘치는 매력적인 측면을 표현하고 싶어 했죠. 로봇 같은 스내처와 대비되어 길리언이 더욱 '인간답게' 보이기 때문이었습니다(Tieryas, 2017)."

확실히 쿨한 주인공에게 유치하고 변태 같은 일면을 주어 인간미를 느끼게 하는 것은 1980년대의 인기 소년 만화와 애니메이션에서는 상투적인 전략이었다. 성적인 경향을 띤 이런 유머 감각은 〈스내처〉와 〈폴리스너츠〉에도 가득하며, 두 작품의 SF적인 플롯의 폭력성, 어두운 주제와는 완전히 대조적이다. 길리언은 릭 데커드 같은, 조나단은 마틴 릭스같은 쿨한 외견을 하고 있지만, 두 사람은 가끔 호색한 변태성을 보인다. 예를 들면 〈스내처〉의 경우는 비디오 렌탈 매장에서 성인 비디오를 빌린다는 선택지가 있다. 〈폴리스너츠〉의 경우, 그러한 순간이 대량으로 존재하며, 접수원 등 여성에 대한 조나단의 대사는 어색한 플러팅 멘트를 축으로 전개된다. 우주선 안에서는 스타일이 좋은 스튜어디스를 음흉한 눈으로 바라볼 뿐만 아니라, 적극적으로 성희롱할 수도 있으며, 몸의 특정 부위에 커서를 맞추고 클릭하면 가슴이 '출렁'하고 흔들린다. 반복해서 클릭하면 협력적이었던 스튜어디스가 정이 떨어져버린다.

이러한 장면은 MSX2나 PC엔진의 메인 유저층인 남성을 즐겁게 하기 위한 '팬 서비스'로, 놀이의 보수인 동시에 마케팅 전략이기도 했다[※6]. 여성을 물건 취급하는 것은 코지마 작품의 특징 중 하나지만 비판을 받는 경우도 있으며, 〈메탈기어 솔리드V 팬텀 페인〉에 등장하는 노출도가 높은 캐릭터 콰이어트Quiet에 대해서는 그런 비판이 현저했다(Roberts-2016, Tamburro-2016). 그렇다고는 해도, 코지마 작품에서는 남성 캐릭터(스네이크, 라이덴, 뱀프, 샘 포터 브리지스)도 비슷한 빈도로 물건 취급을 당한다. 이러한 야한 장면은 코지마가 영향을 받은 1970~80년대의 남성용 소년 만화나 애니메이션에서도 자주 볼 수 있으며, 예를 들어《루팡 3세》의 루팡 3세,《시끌별 녀석들》의 모로보시 아타루, 그리고 아마도 가장 중요한 예로《시티 헌터CITY HUNTER》의 '스위퍼'이자 '불끈 변태' 사에바 료를 들 수 있다[※7]. 코지마가 유명해지고 작품이 더욱 철저하게 리얼리즘을 추구하게 되면서 이러한 표현은 이전보다 한층 더 붕 떠 있는 것처럼 느껴지게 되었다. 하지만 이것은 코지마 팀이 소속된 1980년대 후반이라는 문화적 배경의 성질이며, 코지마는 지금도 이 문화적 배경에 대해 공개적으로 언급하고 인용한다. 코지마의 말에 따르면, 야한 장면은 〈폴리스너츠〉 오리지널 판(PC-9801판) 유저들에게도 인기가 있었던 모양이다. "BCCH(비욘드 중앙 병원)의 접수원은 스태프 사이에서도 굉장히 인기가 높은 여성이었습니다. 그녀는 PS(플레이스테이션)판까지는 그런 즐거움이 불가능했었죠. 다양한 사람들의 요망이 있어서, SS(세가 새턴)판에서는 과감하게 즐길 수 있을 겁니다. 시험해봐 주세요(Saito, 1996, 35쪽)." 참고로 게임 내에서 이런 행위를 하려고 하면 영향을 받은 만화, 애니메이션의 경우와 마찬가지로 확실하게 비난을 받는다. 플레이어가 여성 캐릭터의 항의를 무시하면 그녀들은 그 이후 조나단에 대해 부정적으로 반응하게 되며, 그 후의 인터랙션에서 만나는 랜덤 NPC조차 비협조적으로 변하는 등 그를 변태로 취급하게 된다.

코지마의 이러한 개그 센스는 다른 것들에서 영향을 받았을 가능성도 있다. 하나는 그가 나고 자랐으며 코나미의 본사가 있었던 고베, 오사카라는 지역의 영향이다. 그 지역은 만담이 활발하고 다수의 코미디언을 배출했으며, 일본 최대의 개그맨 사무소인 요시모토흥업吉本興業이 있다. 혹은 그가 영화를 보며 자랐다는 것도 관계가 있을지도 모른다. 코지마는 심각한 장면이나 긴장감 넘치는 순간의 스트레스를 완화시키는 방법으로 영화《핑크 팬더PINK PANTHER》시리즈와 알프레드 히치콕의 영화를 예로 들었다. '골판지 상자나 악어 모자 같은 기믹은 그런 의도 하에 집어넣었다. 클루조 형사Inspector Clouseau는 장난을 치는 것이 아니고, 농담이나 재밌는 이야기를 하는 것도 아니다. 본인은 너무나도 진지하다. 그 진지함과 관객성의 갭이 블레이크 에드워즈Blake Edwards와 피터 셀러스Peter Sellers식 개그의 기본인 것이다(Kojima, 2008, 59쪽).' 가장 합리적인 설명은 코지마 작품의 서사와 마찬가지로, 그의 게임의 코미디적인 지향성은 어린 시절에 접했던 영화, TV, 만화의 영향이 뒤섞였다는 것이다.

또, 이 코미디가 두 작품의 조사 메커닉스에서 탄생했다는 것도 틀린 말이 아니다. 플레이어는 자신의 호기심과 철저하게 조사하려는 플레이를 통해 게임의 시리어스한 목적을 손상하는 방법을 '발견한다'. 결과적으로 탄생한 유머는 타이밍을 맞춘 연기와 언어

유희가 아니라, 코지마가 설명하듯이 플레이어를 놀라게 하고 자기 자신의 행위로 인해 웃게 하는, 게임이기에 가능한 힘에서 유래한다. "게임은 인터랙티브한 미디어이다. 사람을 웃게 만들어주는 매체가 영화라면, 게임은 자신의 행위가 웃음으로 이어지지 않으면 안 된다(Kojima, 2008, 58~59쪽)." 즉, 코지마 팀은 일반적으로 생각하는 그런 몰입감을 위한 '경계선'이 어떠해야 한다는 것에 신경쓰기보다, 플레이어를 그 자신의 행위로 웃게 만들고자 했다는 것이다. 〈스내처〉의 게임 환경 안에는 실제 현실이 반영되어 있으며, 게임과 현실이 유머러스하게 모호해진다. 하지만 이러한 인용은 때때로 게임 내에 묻혀 있기에, 플레이어가 조사해서 발견해야만 한다. 게임의 환경을 꼼꼼하게 보는 플레이어는 게임 개발 스태프의 이름이 네오 고베의 건물에 표시되는 것을 발견했을 것이며, 컴퓨터 네트워크 '가우디'를 모두 파헤치려 하는 플레이어는 게임의 캐릭터나 성우에 관한 정보에 액세스할 수 있을 것이다[8]. 게임에 숨겨진 장치를 확인하게 함으로써 게임의 세계가 언제 현실과 픽션의 사이를 왕래하는지 플레이어가 항상 인식하게 하는 것이다.

이처럼, 〈스내처〉에는 게임이 현실을 인식하고 있음이 나타나지만, 게임과 현실의 모호한 경계는 게임 내부에서 외부 현실을 인식하는 정도에 국한되지 않는다. MSX2의 〈메탈기어〉 시리즈는 게임 디자인에 주의를 끌리게 한다거나, 게임의 패키지에서 단서를 찾으라고 외치기도 하는 등 '매직 서클'의 경계선을 애매하게 하지만, 〈스내처〉와 〈폴리스너츠〉는 플레이어와 게임을 중개하는 전자기기를 주의하라고 외친다. 예를 들어 〈스내처〉에는 막 사망한 피해

자의 유체에서 컴퓨터의 패스코드를 찾는 장면이 있다. 유체에서 발견한 메모에는 '집을 찾아라!' 라고 적혀 있다. 이것은 피해자의 집 그 자체, 혹은 피해자의 집의 다이닝 룸에 있는 '집 모형'을 조사하라는 의미로도 해석할 수 있다. 하지만 MSX2/PC-8801판에서는 이것이 패스워드의 단서로, 정답은 키보드의 '홈Home' 키를 누르는 것이다. 공장 터를 조사하는 장면에서는 좀 더 공을 들인 '모호함'이 발생한다. 타이머 같은 희미한 소리가 들려오며, 메탈기어 Mk. Ⅱ가 PC/TV의 음량을 키우라고 플레이어에게 지시한다. 조사를 더 진행하면 폭발 직전의 폭탄이 발견된다. 길리언과 메탈기어가 탈출한 직후, 폭탄이 폭발해 굉음이 울린다. 길리언이 '귀가 울린다'고 불평하자, 메탈기어는 '볼륨을 키워둔 채로 두었기 때문입니다'라며 플레이어 탓으로 돌린다. 아마도 가장 황당무계한 아이디어는 코지마가 상사에게 제안했던 것 중 실제로는 구현되지 않았던 아이디어로, 플레이 개시로부터 잠시 후, 플로피 디스크에 화학적으로 인쇄된 '다잉 메시지'가 하드디스크 드라이브의 발열로 인해 나타나는 것이었다. 그와 동시에 '피' 같은 냄새가 나기 때문에, 플레이어는 디스크를 꺼내 메시지를 확인하게 된다. 다행인지 불행인지, 코지마는 "혼만 나고 실제로 구현해주지 않았다(Gamefest, 2012)." 라고 회상한다.

〈폴리스너츠〉에도 시간제한 타이머가 작동해 폭발 직전인 폭탄이 등장한다. 플레이어는 일련의 어려운 퍼즐을 풀고 그것을 해체하는데, 이것은 코지마와 그의 팀의 협동에 의해 실현된 메타적인 플레이의 극히 복잡한 형식이다. 우선 조나단이 폭탄의 케이스를 살짝 여는데, 에드가 곧바로 "각 도구를 **클릭**하면 도구를 쓸 수 있게 돼. 우선 펜치를 쓰는 거야. **왼쪽 버튼**을 누르면 펜치를 조인다."라고 발언하면서 상황의 심각함이 경감된다. 에드는 아예 게임 안의 조나단이 아니라 게임 밖에 있는 플레이어에게 말을 걸고, 그 말은 양쪽 세계를 효과적으로 연결한다. 이 이벤트 자체는 굉장히 어렵고 플레이어는 수없이 사망하게 될 테지만, 조나단과 에드는 매번 자신들이 죽었던 것을 언급하면서 다시 시작한다. 이벤트 프로그래머인 야마구치 히로미츠山口博光는 플레이어가 몇 번 이상 실패하면 에드가 도와주겠다고 나서는 신을 추가했다. 컴퓨터(에드)가 폭탄 해체 작업을 이어받는데, 플레이어가 이제 안심이라고 한숨을 쉰 순간 에드가 폭탄을 기폭시켜버리고 만다. 거기서 실패를 거듭하면 다시 시작할 때 퍼즐이 바보같이 간단해진다("그건 그렇고 에드, 미로가 간단해지지 않았어? 이렇게 간단하다면 내가 할 걸 그랬네."). 말하자면, 스크립트 엔진을 사용해 조나단과 에드의 반응을 여러 개 생성함으로써 이 이벤트를 플레이중인 플레이어의 스트레스를 완화시킨 것이다. 이 이벤트의 굉장함은 '실패' 그 자체를 전복시키는 점, 게임 중 스트레스가 가장 큰 장면을 이용해 캐릭터가 또 어떤 다른 반응을 할 지 보고 싶다는 생각이 들게 만들어 플레이어가 실패를 바라도록 꾸몄다는 점이다. 여기서 이 게임의 유머는 플레이어가 자신의 실패를 즐기게 만들고, 몇 번이고 재도전하고 싶다고 생각하게 만드는 것에서 탄생한다.

코지마가 메타를 이용해 플레이어를 멀어지게 하는 것은, 궁극적으로 코지마 작품이 플레이어로 하여금 행동하게 만든다는 것과도 관련이 있다. 이런 종류의 메타성은 연극의 전통과 통하는 것이 있다. 현저한 예로는 기 드보르Guy Debord의 '상황주의Situationnisme 운동'과 베르톨트 브레히트의 '서사적 연극'을 들 수 있다. 브레히트의 연극에서는 당돌하게 음악이 삽입된다거나, 무대 위의 배우가 관객에게 직접 말을 걸기도 하고, 경우에 따라서는 대본의 지문을 그대로 읽는 등, 관객을 무대 위의 퍼포먼스에서 멀어지게 해 감정의 카타르시스를 방해하는 테크닉이 사용되었다. 브레히트의 이 '이화 효과'에는 극장의 장치를 인식시키고 관객을 커다란 정치적 자기 성찰로 몰아붙여, 실제 사회의 변혁을 불러일으키도록 촉구하는 효과가 있다(Brooker, 1994, 193쪽).

〈폴리스너츠〉를 시작으로 코지마 작품은 일관적으로 플레이어에게 현실의 사회 문제에 대해 생각하기를 호소하고 있으며, 그의 작품이 플레이어를 몰입감의 '매직 서클' 밖으로 데리고 나와 게임이라는 미디어의 장치를 인식시키는 경향을 지니고 있는 것은 브레히트의 정치적 행동 호소를 떠올리게 한다. 스티븐 콘웨이Steven Conway가 주장하는 것처럼, 이런 종류의 행위는 단순히 제4의 벽을 파괴하는 것이 아니다. 플레이어는 관객임과 **동시에** 연기자이기도 하며, 게임에서 영향을 받지만 게임에 영향을 미칠 수도 있기 때문이다. 게임이 우리의 존재를 인식할 때 테크놀로지에 대한 우리의 컨트롤 감은 역전되고, 그 연장으로 일상생활도 역전된다. '이런 파괴로 인한 즐거움은 테크놀로지가 예기치 않게 자율성을 갖게 된다는 스릴이며, 자신이 보지 않을 때 장난감이 비밀 생활을 보낸다는 아이들의 공상과 비슷하다(Conway, 2010, 148쪽).' 게임이나 자기 자신을 웃게 함으로써 게임(과 플레이어)이 현실에서 분리되어 있지 않다는 사실과, 현실에는 여전히 수많은 문제가 있고 멋대로 해결되는 일은 없다는 사실이 강조된다. 시답잖은 농담으로 보이는 것조차 게임의 경계선이란 무엇인지, 그 경계선을 넘었을 때 무슨 일이 일어나는지 생각하게 하는 코지마의 기법인 것이다.

코지마 팀 브랜드의 확립

〈폴리스너츠〉로 인해 디자이너로서 코지마의 명성은(최소한 그가 태어나고 자란 일본 국내에서는)확립되었다. 어떤 발매 전 리뷰에서는 〈폴리스너츠〉가 '코지마 작품'임이 언급되었는데, 그것만이 아니라 '치밀하게 만들어진 세계 설정'(Yamashita, 1994, 160쪽)을 탄생시킨 재능은 일본의 거장, 미야자키 하야오宮崎駿에 필적한다는 평가를 받았다. 1996년에 세가 새턴판 〈폴리스너츠〉가 완성되었을 때, 코지마는 이미 업계 경력 10년의 베테랑이 되어 있었다. 이미 영향력이 큰 게임을 몇 개나 제작한 디자이너였으며, 이제는 의심이 많은 상사에게 자신의 아이디어를 들어달라고 호소할 필요도 없어져 있었다. 주로 스크립트 베이스의 게임에 참여했었기 때문에 코지마는 음악, 영상의 페이스와 타이밍을 조정하고, 서사와 대화를 전부 집필하고, 영화, TV, 장르 픽션, 애니메이션 장르에서 차용한 체험 속으로 플레이어를 끌어들이는 듯한 인터랙티브성 있는 시퀀스를 꾸밀 수 있었다. 그리고 그러한 행위는 모두가 더 큰 사회 문제를 제시하고, 게임이 지닌 독선적인 감각에서 플레이어를 깨어나게 하기 위한 것이었다. 세련된 이야기와 시청각적인 연출에 대한 집착이 완벽하게 매치되었기에, 그래피컬 어드벤처 게임을 제작했던 것은 코지마에겐 특히 더 중요했다. 그가 자기 작품에 대해 지니고 있던 권한은 코나미 내부에서도 독자적인 것이었으며, 그의 저자로서의 자질Authorship은 충분히 인정받아 〈폴리스너츠〉의 오프닝 크레딧에 '코지마 히데오 감독 작품/A Hideo Kojima Game'이라 기록되었다.

코지마의 영향력은 그가 코나미의 작은 부서에서 일하던 시대에 만든 팀에도 미쳐 있었으며, 이것이 코지마 팀의 시작이 되어 훗날 코지마 프로덕션(코나미의 사내 스튜디오)의 창설로 이어졌다. 감독의 영향으로 코지마 팀은 게임 공간을 구성하는 경계선, 혹은 좀 더 중요한 것으로서 게임 개발의 경계선에 대해 거의 주의를 기울이지 않았다. 그러기는커녕 그들은 플레이어의 기대를 배신하는 것을 즐겼으며, 특별한 '체험'을 창조하고 싶다는 소망을 공유했다. 오카무라는 "'게임'으로 드라마를 만드는 일은 어쩜 이렇게 즐거운 일일까! 이런 게임을 나도 만들고 싶어! 언젠가 내가 디렉터가 됐을 때는 꼭 '체감' 가능한 게임을 만들자!(Konami, 2008)" 라고 말했다. 코지마 팀의 동료 의식은 공방 같은 스튜디오 환경에서 몇 년에 걸쳐 긴밀한 작업을 하면서 자라났다. 〈폴리스너츠〉의 모델링 담당이며 여성 캐릭터의 '가슴 흔들림'을 감수한 사토 쿠미佐藤久美는 팀의 일원인 것을 진심으로 자랑스럽게 생각한다고 말하며 "그때는 열 손가락을 다 채우지도 못했던 스태프가 지금은 많을 땐 100명이 넘고, 어떤 때는 같은 팀 스태프라도 거의 대화를 나눠본 적이 없는 사람도 있을 정도인데, 그래도 당시 스태프의 자세가 지금도 계승되는 건 형태로 남은 작품을 통한 것이라 생각한다(Konami, 2008)." 라고 회상했다.

그 후 코지마는 100명 이상의 팀을 이끌고, 예산도 회사에서의 기대도 엄청나게 큰 프로젝트를 맡게 되는데, 스스로가 진두지휘했던 이 개발 환경은 코지마에게 기여한 바가 컸다. 오늘날의 대규모 스튜디오의 개발자가 특정한 일이나 태스크를 할당받는 것에 비해, 코지마와 그의 팀은 복수의 역할을 하면서 대규모 스튜디오의 시큐리티와 리소스로는 생각할 수 없을 정도의 실험이 가능했기 때문이다. 코지마는 "우린 딱 좋은 시대에 태어났다고 생각합니다. 작은 게임부터 시작했기 때문에 모든 것을 직접 해야만 했었으니까요(Gifford, 2009)." 라고 말했다. 대규모 스튜디오의 작은 팀에서 작업했기에 코지마는 게임 개발의 다양한 측면을 감독하고, 나름대로 대량의 프로의 리소스를 활용했으며, 플레이어의 요망에 그때그때 대응하면서 독립 스튜디오 같은 속도와 자신감으로 작품을 세련되게 만들 수 있었다. 이러한 툴은 그 후에도 코지마에게 있어서 유익한 자산이 된다. 다음 장, 코지마는 드디어 그 후 20년 이상에 걸쳐 자신과 코나미 최대의 시리즈가 되는 작품에 착수한다.

4장
프로그레시브한 시리즈
―혁신성과 대중성

〈메탈 기어 솔리드〉에서 코지마 프로덕션의 집단적 디자인이란?

　코지마 팀이 〈폴리스너츠〉로 바쁠 때, 코지마는 동시에 자신의 다음 프로젝트에 임하고 있었다. 소니에게서 PSX라는 코드네임의 새로운 가정용 게임기에 대해 들은 코지마는, 그 플랫폼이 고도의 3D 폴리곤 그래픽을 표시할 수 있으며 CD-ROM에 몇 시간 분량의 영상과 음악을 수록할 수 있다는 점에 흥미를 느꼈다. 새로운 프로젝트의 스토리는 이미 빈 시간에 카페에서 완성시켜두었으며, 이것은 최종판에서도 거의 건드리지 않았다. 게다가 개발 5부의 신인 일러스트레이터였던 신카와 요지에게 부탁해 메카닉의 키 비주얼이 될 목업(모형)을 만들게 했다.

　이 새로운 프로젝트와 코지마 팀의 작업은 1995년의 한신·아와지 대지진으로 인해 중단되었다. 효고현 일대에 괴멸적인 피해가 발생했고, 포트아일랜드에 있던 고베 스튜디오는 이용할 수 없게 되어 그곳을 떠날 수밖에 없었다. 그들 중 대부분이 오사카의 코나미 컴퓨터 엔터테인먼트로 이동해 각종 가정용 게임기판 〈폴리스너츠〉의 이식 작업으로 돌아갔으나, 코지마는 도쿄의 에비스 가든 플레이스 한쪽에 신설된 코나미 컴퓨터 엔터테인먼트 재팬(KCEJ)으로 옮겨 그 오피스를 이끌게 되었다(Kojima, 1998b, 14~15쪽). 이곳에서 본격적으로 참여하기 시작한 게임으로 인해 그는 그 후 국제적인 게임 커뮤니티에서 부동의 지위를 쌓게 된다. 그 게임이란 비디오 게임 역사상 유수의 판매량과 평가를 자랑하는 시리즈의 첫 번째 작품, 〈메탈기어 솔리드〉였다.

<메탈기어 솔리드>(이하 <MGS>) 시리즈의 스토리는 <메탈기어2 솔리드 스네이크>에서 이어지며, 플레이어는 유전자·기술적으로 강화된 용병인 주인공 '솔리드(혹은 네이키드) 스네이크'를 조작한다. 스네이크는 단독 은밀 임무에 도전하며 테러리스트 부대를 무력화해 핵의 위협을 막아야 한다. 여러 세대의 소니 플레이스테이션을 위해 제작된 각 작품들은 선행 작품에 바탕을 두고 확장되는 연속된 스토리를 가지며, 냉전 시기의 정치나 역사가 포함되어 있고, 작품을 거듭할수록 치밀하고 장대해져갔다. 이 시리즈는 수많은 비디오 게임, 미디어의 경계를 넘나드는 스핀오프 작품, 외전 작품의 개발로도 이어졌으며, 코나미에게 국제적인 명성과 이익을 가져오는 시리즈 중 하나가 되었다. 그뿐만이 아니라, 수많은 유사 '스텔스 게임' 시리즈, 예를 들면 <히트맨>(IO Interactive, 2000~), <톰 클랜시의 스플린터 셀Tom Clancy's Splinter Cell>(Ubisoft, 2002~), <어쌔신 크리드Assassin's Creed>(Ubisoft, 2007~), <플래그 테일A Plague Tale>(Asobo Studio, 2019~)에도 영감을 주었다.

<MGS> 발매 후, 코지마 히데오는 선견지명 있는 게임 크리에이터로 게임 커뮤니티 내에서 널리 인지도를 얻었다. 이것은 <MGS> 시리즈의 개발에서 그가 돌출된 역할을 수행했기 때문이기도 하지만, 비디오 게임 업계의 문화적 이행이 일어나던 시기에 필요했던 '권위'가 되었기 때문이기도 하다. 세림 크리샨Selim Krichane이 말한 것처럼 <MGS> 발매 후, 영어권의 잡지, 기타 미디어에서 영화나 TV 업계에서 볼 수 있을 것 같은 '작가'에 필적하는 아티스트

적인 탤런트로 코지마의 이름이 거론되는 일이 늘어났다(Krichane, 2020). 영화 지식이 풍부하고 감독으로서 진지하게 평가받길 바랐던 코지마는 게임을 문화로서, 예술로서 인정해주기를 호소하던 게임 업계의 풍조와 딱 맞는 이상적인 존재였다.

코지마에게 주목했던 것은 영어권 미디어만이 아니다. 제3장에서 살펴본 것처럼, 코나미나 일본 매스컴도 〈스내처〉 때부터 이미 코지마를 '감독'으로 선전하고 있었고, 〈MGS〉의 성공으로 코나미는 일본어 미디어 여기저기에서 프로모션을 가속시켰다. 코나미에 의한 코지마의 '감독화'의 두드러지는 예 중 하나가 사보 「KONAMI LOOK」 2000년 가을호의 뒤표지에 게재된 다음 문장이다.

"영화의 세계에는 거장이라 불리는 수많은 감독이 있습니다만, 게임 세계에는 '감독'이라는 이름을 회사의 정식 직책으로 써주는 사람이 없습니다. 코지마 히데오는 코나미에서 최초로 '기획'이라 불리는 직종으로 채용되었습니다. 대학 시절부터 영화와 친숙했고, 입사 후에는 영화적 수법으로 게임을 제작했습니다. 〈폴리스너츠〉나 〈메탈기어〉, 〈스내처〉를 탄생시켰고, 수많은 게임 팬을 감탄시켰습니다. 코지마 히데오는 코나미에서 최초로 '감독'의 칭호를 쟁취했으며, 그의 게임은 팬들에게 '히데오 코지마 게임Hideo Kojima Game'으로 알려져 있습니다. 영화의 재미를 '영화감독'을 보고 판단하는 것이 가능한 것처럼, 게임의 재미도 '감독'으로 판단할 수 있는 것입니다(KONAMI LOOK, 2000, 36쪽)."

코나미가 코지마를 아티스트적인 가치의 상징으로 사용하려 한 것은 시사하는 바가 많다. 여명기에 그랬던 것처럼 디자이너를 시스템의 톱니바퀴에 끼워 넣는 것이 아니라, 코지마가 코나미에 재직 중이라는 사실을 다른 스튜디오와 차별화하는 수단으로 쓴 것이다. 몇몇 저자가 지적했던 것처럼, 코지마는 단순히 회사 차원의 프로모션의 산물이며, 그가 추켜세워지는 그늘에 팀의 희생이 있었다고 결론을 내리고 싶어지는 면이 있다. 예를 들어, 이러한 관점이 적용된 대표적인 한 연구에서, 연구자는 〈MGS〉 시리즈의 크레딧을 분석해 '내부'의 개발자 집단이 코지마와 자주 작업했다는 것을 밝히고는, '어째서, 어떻게 코지마만 눈에 띄는 일이 계속되는가?' 라는 의문을 품었다(Freybe, Ramisch and Hoffman, 2019, 16쪽).

이러한 의문은 이치에는 맞지만, 게임 연구에 대한 시야가 좁음을 드러내는 것일 가능성도 있다. 계속 같은 팀과 작업하는 것은 게임 업계에만 국한된 것이 아니라, 수많은 엔터테인먼트 업계에 공통된 것이다. 예를 들어 하워드 혹스Howard Winchester Hawks 감독은 윌리엄 포크너William Faulkner나 줄스 퍼스먼Jules Furthman 등의 작가, 혹은 캐리 그랜트Cary Grant나 월터 브레넌Walter Brennan 등의 배우와 빈번하게 작업했지만, 그럼에도 영화 연구가들은 작품들에 공통적으로 등장하는, 그들이기에 가능한 개성을 포착해낸다. 스태프의 공헌도를 측정하기 위해 영화나 게임의 크레딧을 분석하는 것은 제작의 규모, 작업의 분담을 아는 단서는 될 수는 있지만, 그 작업이 특정 팀의 개발자들 사이에서 어떻게 상호작용하고 취합되었는지까지는 알 수 없다. 그렇다고는 해도 코지마는 복수의 작품에서 굉장히 일관된 멤버와 함께 작업했기에, 〈MGS〉 시리즈에서 코지마의 역할은 오히려 이해하기 쉽다고도 할 수 있다. 코나미의 개발자를 대상으로 한 필드워크 등의 현장 조사나 개발 팀에 의한 상세한 개발 회고 회의(포스트모텀Postmortem)는 존재하지 않으나, 업계의 자기표현에 의해 기록된 제작 팀의 비화를 분석하면 시리즈가 어떻게 디자인·개발되었는지를 좀 더 잘 이해할 수 있을 것이다. 메이킹 북이나 인터뷰에 기록되어 있는 자기표현에도 편향된 해석과 브랜드 컨트롤이 어느 정도 포함되어 있으나, 개발자 자신에 의한, 주로 일본어로 한 발언을 분석하면 코지마가 팀 내에서 했던 역할, 팀 개개인의 멤버가 어떻게 일했는지 파악하기 쉬워진다.

따라서, 이 장에서는 〈MGS〉 시리즈에서의 코지마의 역할만이 아니라, 코지마 팀 멤버의 디자인과 발언에 대해서도 거론할 것이다. 코지마 팀이란 코나미의 개발 5부에 코지마가 끌어들인, 혹은 〈MGS〉 시리즈 개발 과정에서 팀에 합류한 베테랑과 신인이 혼재된 게임 개발자 집단을 가리킨다. [그림3]

서사, 비주얼, 게임성 등 복수의 모드가 있는 것은 〈MGS〉를 '멀티모달Multimodal(여러 가지 형태의 정보를 동시에 이해하고 처리하는 것-역주)한 접근법'으로 파악한 분석과 일치하며, 그러한 분석에서는 '언어적·텍스트적 큐가 영화적 요소나 엄청나게 구체적인 플레이 전략과 연결되어 있다'고 여긴다. (Stamenkovic 외, 2017, 22쪽) 즉, 코지마는 〈MGS〉 시리즈에서도 계속해서 합성적인 접근법으로 게임 디자인을 감독했으며, 영화나 장편 소설 이야기와 시청각적인 툴, 규

그림3 코지마 팀의 단골 멤버가 처음으로 팀에 합류한 작품과 훗날의 역할.

이름	최초의 코나미 타이틀/ 크레딧	훗날의 크레딧
마츠하나 요시카즈 松花賢和	〈스내처〉: 연출 조수, 프로그램, 커맨드 인터프리터	〈MGS 1~5〉: 조감독, 코디네이터, 프로듀서, 크리에이티브 프로듀서 〈피스워커〉 프로듀서 등
무라오카 카즈키 村岡一樹	〈스내처〉: 사운드 프로그램, 음악, 사운드 감독	〈MGS 1~5〉: 음향 감독, 프로듀서 〈피스워커〉 프로듀서 등
우에하라 카즈노부 植原一充	〈폴리스너츠〉: 커널, 화상 압축·해동 모듈, 효과 스크립트, 툴 제작	〈MGS 1~3〉, 〈메탈기어 애시드〉: 프로그램 감독 등 〈우리들의 태양〉: 테크니컬 슈퍼바이저
코레카도 유지 是角有二	〈폴리스너츠〉: 효과 스크립트, 시나리오 이식, 툴 오퍼레이터	〈MGS 1~5〉: 리드 프로그래머, 적병 사고 루틴 등 〈메탈기어 라이징〉, 〈메탈기어 서바이브〉: 프로듀서
오카무라 노리아키 岡村憲明	〈폴리스너츠〉: 필름 디지털화, 시스템 디자인·감수, 자막 음성 싱크로, 툴 제작, 무비 드라이버	〈MGS 포터블 옵스〉, 〈메탈기어 서바이브〉: 프로듀서 〈존 오브 디 엔더스〉, 〈두근두근 메모리얼 드라마 시리즈 1~2〉: 각본, 감독, 디렉터
노지리 신타 野尻眞太	〈폴리스너츠〉: 시나리오 이식, 툴 오퍼레이터	〈MGS 2~3〉: 디자이너 〈메탈기어 고스트 바벨〉, 〈메탈기어 애시드〉: 기획, 디렉터
신카와 요지 新川洋司	〈폴리스너츠〉: 메카닉 디자인, 비주얼 슈퍼바이저, 애니메이션 디지털 수정, 텍스처, 디스플레이 디자인, 작화 감독, 패키지, 포스터	〈MGS 1~5〉, 『존 오브 디 엔더스』, 〈존 오브 디 엔더스 더 세컨드 러너〉, 〈데스 스트랜딩〉: 캐릭터/메카닉 디자인, 작화 감독, 콘셉트 디자인 등

이름	최초의 코나미 타이틀/ 크레딧	훗날의 크레딧
사토 쿠미 佐藤久美	〈폴리스너츠〉: 모델링, 텍스처, 스켈톤, CG 애니메이션, 그래픽, 가슴 흔들림 감수	〈MGS 1~5〉, 〈존 오브 디 엔더스〉: 모델링, 애니메이터, 시네마틱 아티스트
후쿠시마 토모카즈 福島智和	〈메탈기어 솔리드〉: 각본, 시나리오·스크립트, 플래그 관리	〈MGS 2~3〉, 〈메탈기어 고스트 바벨〉, 〈메탈기어 애시드〉: 시나리오, 설정 고증
무라타 슈요 村田周陽	〈존 오브 디 엔더스〉: 각본	〈MGS 2~5〉, 〈데스 스트랜딩〉: 각본, 라이터, 리서치 〈존 오브 디 엔더스 더 세컨드 러너〉: 게임 디자인/감독

〈스내처〉, 〈폴리스너츠〉 등의 코지마의 어드벤처 게임과 마찬가지로, 〈MGS〉 시리즈가 가져온 혁신도 다음의 프로그레시브한 디자인의 4가지 측면을 지녔다.

- 동시대의 지정학적 이야기
- 영화에서 영향을 받은 스토리텔링
- 주제와 연결되는 게임성
- 놀고 싶어 하는 마음이 담긴 메타적 공간

칙화된 시스템의 인터랙티브한 구성 요소, 게임이라는 미디어를 메타적으로 파괴하는 연극적 장치를 조합해 반전 메시지와 의의를 플레이어에게 전하려 하고 있다.

이 장에서는 〈MGS〉 시리즈(특히 코지마가 감독한 최초의 네 작품)에 대해, 그의 프로그레시브한 게임 디자인의 이러한 측면을 논할 것이다. 그 네 작품이란 소니의 플레이스테이션 1, 2, 3용으로 제작되어, 솔리드 스네이크의 활약과 빅 보스 전설의 서장을 그린 〈메탈기어 솔리드〉(1998), 〈메탈기어 솔리드2 선즈 오브 리버티METAL GEAR SOLID 2: SONS OF LIBERTY〉(2001), 〈메탈기어 솔리드3 스네이크 이터METAL GEAR SOLID 3: SNAKE EATER〉(2004), 〈메탈기어 솔리드4 건즈 오브 더 패트리어트METAL GEAR SOLID 4: GUNS OF THE PATRIOTS〉(2008년)(이하『MGS1』, 〈MGS2〉, 〈MGS3〉, 〈MGS4〉로 표기)다.

모든 게임이 책 한 권 분량의 연구 대상이 될 법한 작품이며, 실제로 각 작품과 시리즈에 대해 서술한 서적도 존재한다(Burch and Burch-2015, Wolfe-2018, Brusseaux, Courcier and Kanafi-2018 참조). 이 장에서는 시리즈를 넓은 시야로 내려다보며 고찰하고, 대히트로 인해 예산과 기대가 높아지는 와중에 코지마와 그의 팀이 어떻게 그때까지와 다름없는 컨트롤을 발휘해 게임을 개발했는지를 서술할 것이다. 이 장 중 네 개의 절에서는 프로그레시브한 디자인의 네 가지 측면 중 하나의 예로 〈MGS〉 시리즈 중 하나를 들어 2D 그래피컬 어드벤처 게임에 쓰인 기획/각본의 감독 기법이 플레이스테이션의 3D 공간으로 옮겨지면서 어떻게 적용되었는지를 알아볼 것이다.

속편에 대한 비평적 실천으로서의 〈MGS〉

〈MGS〉 시리즈는 작품을 거듭할 때마다 개발 스태프의 숫자가 늘어났는데, 코지마는 대부분의 '정사' 작품의 기획, 각본, 감독을 직접 담당하는 것에 집착했기에 시리즈에 전체에 대한 통제권을 유지할 수 있었다. 그렇기에 코지마와 그의 팀은 항상 중요한 사회 문제나 사회적인 주제를 조사하고, 영화 트렌드를 받아들이고, 게임성의 핵이 되는 콘셉트를 재발명하고, 플레이어의 세계와 게임의 세계를 구별하는 기성 세계선에 대해 새로운 시각으로 접근하면서 시리즈의 신선함을 유지하고, 비디오 게임 시리즈 작품의 관습을 파괴해왔다. 〈MGS〉 시리즈는 어떤 의미로는 1990년대 후반에서 2000년대 후반까지 일본 스튜디오의 상업 게임 시리즈 개발의 상징 같은 것이었으나, 코지마는 전통적인 스튜디오의 관습에 저항하고 시리즈에 대한 특이한 접근 방식을 추구해왔다. 그러한 접근 방식은 자신과 팀의 개인적인 이야기/시청각적인 취향과 기호를 축으로, 혹은 좀 더 중요한 것으로 창발적인 놀이를 통해 사회적인 의미가 있는 메시지를 전달하고 싶다는 욕구를 축으로 해왔다.

〈MGS〉 시리즈 각 작품은 서사의 컨트롤과 의미 있는 플레이(깊은 주제가 있는 스토리와 영화적인 스타일)를 추구하는 코지마의 욕구와, 3차원 공간으로 옮겨진 인터랙티브한 요소(스텔스 베이스의 시스템과 메타적인 공간)의 균형 위에 성립되었다. 〈MGS〉 시리즈에서 코지마의 디자인은 구조화된 플레이 요소와 구조화되지 않은 플레이 요소를 조합해, 얼핏 보기에는 예스퍼 율이 '진행형' 게임이라 부르는 것에 해당하며, '플레이어가 게임을 클리어하려면 미리 정해져 있는 일련의 액션을 실행해야만 하는' 것처럼 보인다. 진행형 게임은 대부분의 경우 스토리 진행을 중심으로 엄격하게 디자인된 롤플레잉이나 어드벤처의 요소에 무게가 실려 있기 때문에, 스토리를 중심으로 게임을 구축한다는 코지마의 집착과도 부합한다. 하지만 〈MGS〉 작품의 플레이 체험은 '창발형' 시스템을 중심으로 전개되는 경우가 굉장히 많다. 창발형이란, '적은 숫자의 규칙이 조합되어 다수의 게임 배리에이션을 낳는(Juul, 2002, 324쪽)' 것이다. 창발형 게임(보드 게임, 격투 게임을 포함한 대전 게임)에서는 구조화되지 않은 플레이에 무게가 실리며, 플레이어마다 다른 플레이 체험이 탄생하기도 한다.

코지마의 스토리와 세계 구축에 관해서는 다양한 의견이 있지만, 본인은 자신의 게임의 '결합 조직'은 창발형 게임성이라고 말한다.

"그 순간을 걷는 것이 즐겁다거나, 총을 쏘는 게 즐겁다고 하는 것 같은, 게임의 액션에서 기인한 기본적인 것이 즐겁지 않으면 그만둬 버리죠. 그러니 저는 그런 게임성을 무엇보다도 중요하게 생각합니다. 〈폴리스너츠〉도 그렇지만, 스토리는 최초와 최후뿐이고 그 사이에는 다양한 이벤트, 게임성이 끼어있어서, 그걸 시간 축에서 세로로 연결했을 때 비로소 스토리가 되는 제작 방식을 사용하고 있습니다 (Konami, 1998, 5쪽)."

스토리와 '세계관(세계 구축)'은 이러한 요소에 의미를 갖게 만들기 위한 수단이지만, 코지마는 시스템과 메커닉스 그 자체가 즐겁지 않으면 플레이어는 게임을 계속하지 않는다고 주장한다. 〈MGS〉 시리즈 작품은 기본적으로 코지마의 어드벤처 게임과 유사한 구조를 지니고 있으며, 서사와 컷 신이 게임의 환경에 대한 인터랙트 기회와 교대로 반복된다. 코지마는 인터뷰에서 이것을 인정했으며, "말하자면 〈메탈기어 솔리드〉도 수법이 다른 것뿐이지 그리려는 것은 〈스내처〉나 〈폴리스너츠〉와 똑같습니다. 액션으로 스토리를 진행하느냐, 커맨드로 스토리를 진행하느냐가 다를 뿐이고, 최종적으로 플레이어가 느꼈으면 하는 주제는 똑같은 겁니다(Thearkhound, 2019)." 라고 말했다. 하지만 코지마가 〈폴리스너츠〉에서 이해한 것은 이러한 주제는 더욱 인터랙티브한 액션 시퀀스를 통하는 쪽이 감정적인 공명을 낳기 쉽다는 것이었다. 플레이어는 '액션이 있는 편이 더 감정이 이입되기 쉬운(Thearkhound, 2019)' 것이다.

그렇기에 〈MGS〉 시리즈는 어드벤처 게임의 '수수께끼와 메뉴 베이스' 게임성에서 벗어나 작품을 거듭할 때마다 오픈되어가는 3차원 공간과 플레이어가 다양한 방법으로 컨트롤하고 감정적으로 연결되는 캐릭터를 제공했다. 인터랙티브한 부분은 이야기의 장대한 컷 신에 끼어 있는데, 〈MGS〉 시리즈가 다른 AAA 시리즈와 다른 점은 스텔스 베이스의 시스템과 이야기가 가끔 상호 보완한다는 점이다. 게임 시스템은 이야기의 콘셉트의 **영향을 받아** 작품 별로 달라졌다.

시스템을 근본적으로 재구축하는 건 게임 속편이나 시리즈물에서는 드문 접근 방식이다. 어떤 리뷰어가 지적한 것처럼, '성공한 비디오 게임의 차기작은 속편이라기보다는 소프트웨어의 개량인 경우가 많다(Suellentrop, 2010).' 인기 게임 시리즈의 후계작은 전작의 코어 메커닉스나 시각적인 미를 재발명하는 것이 아니라 세련되게 다듬는 것이 일반적이다. 전작에서 성공한 방정식에서 크

게 벗어나버리면 시리즈의 기존 플레이어 층이 떨어져나갈 위험성이 있기 때문이다. ESPN의 〈매든 NFL(MADDEN NFL)〉, 2K Sports의 〈NBA 2K〉, 코나미의 〈위닝 일레븐WINNING ELEVEN〉, 〈파워풀 프로야구パワフル プロ野球〉 시리즈는 이러한 미묘한 개량이 현저하게 드러난다. 각 작품은 좀 더 세밀해진 선수의 신체적인 프로파일, AI 반응, 팀과 선수 데이터의 쇄신 등의 형태로 전작에서 업데이트되지만, 게임의 메커닉스는 극히 일부만 달라지며 게임의 룰은 프로 리그 룰에 실제로 변경이 있는 경우 외에는 건드리지 않는다. 물론 예외도 있는데, 예를 들어 닌텐도의 중핵인 〈슈퍼 마리오 브라더스〉 시리즈는 근본적인 혁신이 이루어지지만, 일반적으로는 전쟁 게임 시리즈(예를 들면 〈콜 오브 듀티CALL OF DUTY〉 시리즈)나 액션 어드벤처 게임 시리즈(예를 들면 〈언차티드UNCHARTED〉 시리즈), 롤플레잉 게임 시리즈(예를 들면 〈드래곤 퀘스트〉 시리즈)는 게임의 시대 설정, 장소, 캐릭터, 장비, 이야기를 일신하지만 전작에서 성공한 요소를 재정의하거나 그러한 세계를 구축하는 로직에 다시 문제를 제기하는 경우는 거의 없다. 또, 설명 대사, 컷 신, 환경 속에서 표현되는 이야기의 커다란 주제와 게임성이 반드시 합치하는 것은 아니며, 시리즈의 과거 작품에서 플레이어가 친숙했던 메커닉스를 세련되게 다듬는 것을 중시한다[1].

하지만 〈MGS〉 시리즈는 다르다. 코어 메커닉스와 스텔스 게임성은 모든 작품이 같지만, 코지마는 게임의 속편에 커다란 변화를 줌으로써 게임의 목적의식과 게임 회사들로 하여금 틀에 박힌 형식을 되풀이하게 만드는 소비자의 복잡한(마치 공범 같은) 역할에 근본적인 질문을 던지려 했다. 코지마 팀은 각 작품을 재발명할 때마다 상호 보완하며, 더욱 큰 주제와 메시지를 보강하는 이야기와 게임 요소를 도입해왔다. 그들은 MSX나 PC엔진용 어드벤처 작품에서는 '비디오게임의 경계선이란 무엇인가' 라는 질문을 던졌지만, 〈MGS〉 시리즈에서 던진 것은 '비디오게임 **시리즈**의 경계선이란 무엇인가' 라는 질문이었다. 〈MGS〉 시리즈 각 작품은 단순히 전작의 메커닉스와 시청각 요소에 작은 개량을 가한 것이 아니라, 동시대의 문제에 기반한 커다란 이야기, 주제, 플레이어가 음미하기를 요구하는 환경과 캐릭터, 작품을 거듭할 때마다 유연성이 증가하는 게임 그 자체의 룰과 시스템으로 선행 작품을 재창조한 것이다. 이 과정을 통해 코지마는 통제할 수 있는 놀이에서 즐거움을 얻는 근원에 대해 추궁하면서, 속편은 마땅히 이래야 한다는 플레이어들의 예상을 뒤엎는다.

플롯: 주제의 연결, 인터랙티브한 이야기, 시리즈 간의 관련성

코지마는 자신이 감독한 모든 〈MGS〉 작품의 각본을 단독 공동 집필했으며, 작품의 제작 프로세스는 시리즈를 통해 거의 달라지지 않았다. 그는 먼저 현실 세계의 문제에 입각한 명확한 주제를 지닌 '플롯(각본)'에 착수한다. 이전 장에서 자세하게 거론했던 것처럼, 이 수법은 〈폴리스너츠〉가 기원이다. 코지마는 〈MGS1〉의 기획서에 '반핵반전' 콘셉트를 명기했다. 게임 내의 분쟁의 중심에 있는 것은 핵무기가 세계에 확산되면서 생겨난 리스크('20세기 최대의 공포')이며, 폭력과 전쟁에 대한 플레이어의 의식을 향상시키는(Konami, 1998a, 147쪽) 것을 목적으로 했다. 반폭력 주제 및 문제 해결을 위한 비폭력적인 수단을 사용하는 것은 기계 병기 형태를 한 핵의 위협을 소재로 한 〈MGS〉 시리즈 전 작품에서 공통된 부분이다. 각 작품은 냉전 후의 국제 질서에서 그러한 병기가 가져올 인간적, 정치적인 결과를 그리는 서사를 통해 핵무기의 사용과 확산에 반대하는 주장을 펼치며, 게임성으로서도(이에 대해서는 후술한다) 폭력적인 해결책은 최후의 수단으로만 사용할 것을 독려한다.

또, 어떤 작품에든 동시대의 사회와 기술 문제를 좀 더 구체적으로 다룬 2차 주제가 존재한다. 〈폴리스너츠〉의 각본과 마찬가지로 〈MGS1〉도 미국의 정치사와 이데올로기를 축으로 현대의 지정학적인 사건들을 다루는데, 특히 '유전자'라는 주제가 강조되어 유전자 조작의 생명 윤리나 '유전학적인 운명에서의 탈피'(Kojima, 1998년, 147쪽)라는 아이디어를 탐구한다. 이것은 아마도 1990년에 개시되고 2003년에 완료된(인간 게놈의 모든 염기 배열이 해석되었다) 인간 게놈 계획(Kolata, 2013)에 대한 코지마의 걱정을 반영한 것으로 보인다. 이 계획은 암, 당뇨병 등 질병을 치료하는 데 도움이 되는 한편으로, 고용주나 보험회사가 유전자 정보를 악용해 개인을 차별할지도 모른다는 우려도 있었다(Greely, 1993, 264~265쪽). 1996년에 포유류로서는 최초로 성체의 체세포를 통한 클로닝에 성공한 '복제양 돌리Dolly the Sheep'가 탄생하자 생명 윤리에 관한 비슷한 논쟁이 일어났다(Hutchinson, 2019, 157~162쪽). 이러한 우려는 게임의 플롯에도 반영되었다. 〈MGS1〉에서는 미국의 공작원 솔리드 스네이크가 섀도 모세스라는 알라스카의 외딴 섬에 있는 핵폐기 시설로 보내지는데, 그의 임무는 봉기한 특수부대 폭스 하운드로부터 두 사람의 인질을 구출하고 폭스 하운드가 핵 공격 수단을 지니고 있는지 확인하는 것이다. 섀도 모세스에 잠입한 스네이크는 섬에서 핵무기가 개발되고 있다는 것, 정부가 연구소에서 유전자를 개량한 슈퍼 솔저를 만들고 있다는 것을 밝혀낸다. 폭스 하운드의 리더는 솔리드 스네이크의 형제 리퀴드 스네이크(둘 다 클론)인데, 리퀴드는 리처드 도킨스Clinton Richard Dawkins의 '이기적 유전자' 학설을 지지하며 인간의 운명은 유전자 암호로 인해 정해진다고 믿는다. 이처럼, 〈MGS1〉의 스토리에는 냉전 시대의 화두로서 오늘날에도 유효한 핵무기 삭감이라는 주제와 당국이 개인의 유전자 정보에 자유로이 접근하는 것의 윤리적·법적 문제에 관한 주제가 융합되어 있다.

이러한 서사에는 핵무기와 유전자를 조합한 콘셉트/주제가 키를 쥐고 플레이어의 움직임을 인도하는 한편, 플레이어에게 더 큰 의미를 주고 사회 문제에 대해 생각하게 하고 싶다는 코지마의 오랜 소망도 드러나 있다. 〈MGS1〉에서 코지마는 게임을 단순한 장난감 이상의 것으로 만들고 싶다(게임이 장난감에 불과하다는 것은 지금의 일본에서도 여전히 주류 사고방식이다)고 강하게 바랐고, 게임을 사회의 변화, 개인의 변화를 위한 도구로 만들고 싶다고 생각했다. 이에 대해 코지마는 이렇게 설명한다.

'도움이 된다'는 건 지금의 게임에 빠져 있는 것이기에, 감동했다던가, 친구에 대해 생각했다던가, 효도해야겠다고 생각했다던가, 핵 문제에 흥미가 생겼다던가, 즐긴 후 뭔가 플러스가 되는 그런 요소가 들어간 게임이라는 걸 목표로 하고 있습니다. 〈메탈기어 솔리드〉로 말하자면, 주제는 반전반핵. 게임이기에 그 공간 안에서는 사람을 다치게 하는 걸 긍정해버리지만, 최종적으로는 그건 잘못된 것이라고 전하고 싶었습니다. 최근의 게임에는 그게 좀 부족한 게 아닐까요 (Konami, 1998, 5쪽).

코지마의 이 발언은 〈폴리스너츠〉에서의 체험 디자인(이야기의 목적은 플레이어를 감정적이자 지적인 상태로 유도하는 것)을 떠오르게 한다. 플레이어는 게임의 캐릭터나 세계에 감정을 이입하고, 현실 세계와 공통된 문제에 대해 생각할 것을 요구받는다. 코지마는 '20세기의 위협은 핵무기였지만 21세기의 위협은 유전자의 해독을 잘못된 방향으로 오용하는 것' (Muraoka, 1998, 35쪽)이라는 우려를 품고 있었다. 〈MGS1〉에서는 미국 정부의 장기말로 사용되는 유전자 개량 병사들을 다루는데, 이러한 파국적인 사건이 드라마틱하게 전개됨과 동시에 스네이크(와 플레이어)에게 자신의 운명을 극복할 능력이 있다는 반론도 제시된다. 이것은 플레이어 자신의 불안과 공명하도록 의도된 메시지이다. "예를 들어 운동을 잘 못하는 아이가 있고, 부모님도 운동을 잘 못한다고 해보죠. 운동회에 나가고 싶지 않다고 부모에게 말해도, 내 자식이니까 어쩔 수 없다는 말을 듣는 겁니다. 하지만 〈메탈기어 솔리드〉를 플레이하고, 역시 열심히 해서 운동회에 나가보자고 생각하게 되어준다면 말할 것도 없겠네요 (Konami, 1998, 5쪽)." 코지마의 이런 감동적인 말에는 사회를 반영한 게임 제작, 사회 문제를 어떤 방법으로 해결할 것인지를 플레이어에게 생각하게 하고 싶다는 오랜 소망이 드러나 있다. 핵전쟁의 위협이 집단적 기억에서 희미해지는 한편으로 유전자 치료나 유전자 조작이 악용될 가능성이 새로이 부상하고, 점점 더 정보 과잉 상태가 되어가는 사회 속의 개인이 힘을 잃는 것에 대한 우려에 대해, 〈MGS1〉는 국적, 환경, 유전 암호 따위가 사람을 운명의 노예로 만들 수는 없다고, 역사, 정치, 스스로의 주체성을 적극적으로 자각함으로써 규모는 작더라도 개인이나 집단으로서 저항할 수 있다고 호소한 것이다.

코지마가 이런 메시지를 전하기 위해 주로 사용하는 것은 소위 말하는 '설명 대사'다. 이것은 소설, 영화 같은 선형(리니어) 미디어에 자주 보이는 수법으로, 독자(시청자)는 내레이션과 캐릭터의 대사로 정보를 제공받는다. 〈MGS1〉의 주제가 되는 이야기의 태반은 미리 정해져 있는 컷 신으로 전달되지만, 컷 신의 대부분은 인터랙티브성이 없고, 종종 이야기의 주제가 과도하게 강조된다. 그러는 한편, 플레이어는 스네이크의 이소골(耳小骨)에 설치된 '코덱'이라는 나노 머신에 의한 무전 시스템을 통해 이 설명 대사보다 훨씬 많은 것들에 접근할 수 있다. 전작 〈MG2〉의 무전 통신과 비슷하지만, 〈MGS1〉에서는 스네이크와 다양한 서포트 캐릭터들의 통신 대화가 전부 음성화되어 별도 화면의 인터페이스에서 이루어진다.

스네이크의 상관인 로이 캠벨 대령이나 나오미 헌터 박사는 이 무전을 사용해 게임 스토리 안의 미션에 관한 중요한 정보를 스네이크에게 제공하며, 이것이 컷 신을 대신한다. 하지만 코덱이 군사 게임이나 우주 전투 게임의 미션 브리핑이나 지시와 명백하게 다른 점은 플레이어/솔리드 스네이크가 자발적으로 무전을 사용해 서포트를 요청할 수 있다는 점이다. 이러한 자유도 덕분에 무전 대화의 대부분은 플레이어가 스스로 '발견'해야 한다. 예를 들어 새로운 무기를 입수했을 때, 무기의 전문가인 나스타샤 로마넨코에게 연락하면 갓 입수한 장비와 그 사용방법에 대한 힌트를 얻을 수 있다. NPC와 이러한 대화는 완전히 임의로, 플레이어는 자신의 플레이 스타일에 맞게 체험을 조정할 수 있다. 액션 위주의 플레이를 좋아하는 플레이어는 무전 대화를 거의 완전히 스킵할 수 있으며, 세계, 적, 환경에 대해서 좀 더 알고 싶은 플레이어는 무전에 접속해 자세한 정보를 얻을 수 있다.

〈스내처〉의 '가우디'처럼, 무전 시스템은 〈MGS1〉의 세계관을 알기 위한 인터랙티브한 데이터베이스로 기능하며, 코지마의 어드벤처 게임에서 쓰인 스크립트 시스템이 몰입감 있는 3D 환경과 융합해 NPC의 깊이 있는 인간적인 일면을 밝힌다. NPC와의 대화 내용은 스네이크의 현재 위치나 장비에 따라 변하지만, 플레이어가 환경과 어떻게, 어느 정도 빈번하게 상호작용했는지에 따라서도 변한다. 이러한 대화의 태반은 게임 진행에 필수는 아니나, 플레이어 캐릭터인 스네이크가 게임 안의 캐릭터와 세계를 이해하는 데 큰 역할을 한다. 이 시리즈에 대해 어떤 리뷰어는 무전 통신을 '생명을 불어넣은 심장'이라 부르며, '외로운 늑대의 잠입 임무에 인간적인 따뜻함과 캐릭터성을 스며들게 한다(Edge Staff, 2015).' 라고 평했다. 어떤 여성 NPC와 무전 통신을 하면 게임을 세이브할 수 있으며, 그녀는 세이브할 때마다 중국의 옛 속담, 유명 영화의 인용구를 가르쳐준다. 일부는 게임 진행에 도움이 되는 조언이지만, 대부분은 영화 오타쿠끼리의 캐주얼한 대화 같은 인상을 준다. 나스타샤는 연락을 전혀 하지 않아도 되는 서포트 캐릭터이지만, 냉전사, 핵무기, 에너지 제조의 위험성에 관한 지식의 보고이기도 하다. 계속해서 연락하면 나스타샤와 그 가족이 체르노빌 원전 사고로 피폭당했음이 밝혀지며, 캐릭터에게 무거운 스토리와의 연결점이 생겨난다. 이것은 다른 방법으로는 알아챌 수 없는 요소다. NPC에게 끈질기게 연락할 때마다 다른 대사가 돌아오기 때문에 플레이어는 작가가 프로그램한 한계를 시험해볼 수 있다. 특정 액션을 한 후 NPC에게 연락하면 그때까지와는 다른 감정적인 반응을 보이는 경우도 있다. 여성용 화장실에서 무전을 사용하면 여성 NPC가 화를 내며, 어떤 에어리어에서 수많은 개를 공격하거나 죽이면 모든 NPC가 플레이어의 잔혹함에 부정적인 반응을 보인다. 이처럼 무전을 사용함으로써 NPC는 감정의 폭을 보여주며, 게임의 테마도 강화된다. 〈MGS〉 시리즈의 핵이 되는 메커닉스가 '대기'라면, '무전 통신'은 그에 버금가거나 필적하는 중요성을 지닌 메커닉스이며, 플레이어가 게임 세계에 대해 품는 호기심에 보답해주도록 디자인되었다.

코지마는 컷 신부터 진행상 강제로 보게 되는 무전 대화의 대부분까지 〈MGS〉 시리즈 전 작품의 각본을 썼는데, 임의의 무전 대화 대부분은 후쿠시마 토모카즈와 무라타 슈요 두 사람이 보좌했다. 후쿠시마는 1997년 7월에 코지마 팀에 합류했는데, 〈MGS1〉 제작에 참가한 것이 발매 1년 전이었기에 당초에는 그다지 공헌하지 못했다. 코지마의 말에 따르면, "후쿠시마에겐 애프터 레코딩 대본을 만들 때 도움을 받았습니다. '부모 살해', '겁약과 만용' 같은, 심한 단어가 나오는 건 그가 쓴 부분이네요(Kojima, 1998a, 156쪽)." 〈MGS2〉에서는 후쿠시마와 코지마는 집필 작업을 더 많이 분담하게 되었다. 후쿠시마의 말에 따르면, "굳이 말하자면 리얼타임 데모 부분은 감독(코지마)이 메인. 강제 무전 호출도 감독이었네요. 임의로 거는 무전은 전부 제가 담당했습니다(Kojima, 2002, 56쪽)." 코지마가 각본의 큰 틀을 잡고 후쿠시마가 그걸 조금씩 편집하는 시스템이 구축되었다. 그들은 각자 확인과 작업이 가능하도록 대량의 컴퓨터 파일을 공유했다. 두 사람은 합계 약 2500개의 파일을 제작했고, 게임 내 대부분의 컷 신과 무전 대화를 포함해 무수한 주제를 스토리와 캐릭터에 엮어 넣었다. 이 분업으로 코지마는 메인 스토리의 구축과 영화적 연출의 대부분을 통제할 수 있었고, 한편으로 후쿠시마와 무라타는 게임의 깊은 세계관과 설정에 공헌했다. 임의의 무전 대화에서는 작가가 '탈선'하는 경우도 많았고, 영화나 음악에 대해 캐릭터의 개인적 견해를 들음으로써 개발자의 취향과 관심사를 짐작할 수 있다.

〈MGS1〉(및 그 속편)의 각본은 이런 식으로 집필되었는데, 〈MGS〉 시리즈가 다른 액션 게임 시리즈와 다른 점 중 하나는 연속된 스토리라인을 채용해 변화하는 동시대의 사회적 분쟁과 씨름하려 한다는 점이다. 〈MGS〉의 어느 작품을 잡아도 같은 주제는커녕 완전히 똑같은 플레이어 캐릭터조차 존재하지 않으며, 각 작품은 변화하는 사회 정치 문제나 급변하는 기술 발전에 적응, 진화해가는 세계를 소재로 삼고 있다. 코지마가 모든 작품의 각본을 쓴 것은 좋은 면도 있지만 나쁜 면도 있다는 지적이 있는데, 일부 미디어는 '황당무계한 반전'이나 번역이 곤란한 '시원찮은 대사'를 비판한다(Schreier-2015, McCarthy-2008). 하지만 이 일관된 작가성 덕분에 복수의 작품에서 공통되는 주제를 지닌 폭넓은 이야기가 탄생했고, 시리즈로서 점점 더 복잡해지고 논쟁거리도 많아지는 동시대의 수많은 국제 분쟁을 소재로 하는 것이 가능해졌다. 어떤 속편이든 전작을 플레이하지 않아도 즐길 수 있지만, 선행 작품에서 뻗어 나온 다양한 실을 연결함으로써 좀 더 풍부한 플레이 체험을 얻을 수 있다.

〈MGS2〉는 〈MGS1〉의 아이디어 위에서 주제를 재구축함으로써 멋진 태피스트리를 짜냈다. 〈MGS2〉는 핵과는 또 다른 위협(인터넷 상의 정보 흐름을 통제하는 능력)을 내세워 새로운 주제를 다룬다. 그것은 '밈'이라 불리는 것으로, 우리가 다음 세대에 전하려 하는 문화적 정보를 의미한다. 또, 이 작품은 '액션 게임은 속편에서도 같은 캐릭터가 주인공'이라는 관습도 뒤집어버렸다. 플레이어는 스네이크를 거의 조작할 수 없으며, 대신 젊고 미숙한 '라이덴'이라는 캐릭터를 조작한다. 선전에서는 보여줬음에도 〈MGS1〉의 인기 히어로인 스네이크를 거의 조작할 수 없다는 점과 복잡한 플롯에 대한 불만도 있었지만, 이 주인공 변경도 플레이어의 취약한 상태를 더 잘 표현할 수 있는 캐릭터를 통해 플레이어를 세계와 강하게 묶어두고 싶다는 코지마의 소망이 표현된 것이었다. 시리즈의 어떤 속편이든 무언가 창조적인 혁신을 도입(Tschang, 2007)했지만, 코지마가 일관적으로 새로운 주제와 캐릭터를 도입하는 커다란 이유는 〈MGS〉 시리즈가 좀 더 큰 세계와 연결되어 있다는 생각 때문이다. 플레이어는 새로운 아이디어에 직면하고, 자신을 다른 시점에 두며, 변화하는 시스템을 능숙하게 사용할 것이 요구된다. 왜냐하면 이 세계에는 항상 새로운 문제가 존재하며, 그때까지와 같은 방법으로는 해결할 수 없기 때문이다.

이러한 찬반양론을 받아들이며 연령층이 높은 편인 플레이어의 교양을 신뢰한다는 점도 미군을 찬양하는 듯한 다른 군대 게임, 전투 게임 시리즈와는 선을 달리한다. 〈MGS〉 시리즈는 냉전 후 미국에 패권이 집중된 것을 계속해서 비판해왔으며, 특히 미국의 외교정책과, 그 정책이 전 미국 대통령 드와이트 D 아이젠하워Dwight David Eisenhower가 이름 붙인 '군산복합체(MIC, 정부의 지원을 받은 군과 방위청부업자/기업과의 공생관계)'로 인해 무제한적으로 지원받는다는 것을 비판하고 있다. 이 문제는 〈MGS1〉에서 직접적으로 언급되며, 엔딩 크레딧 직전에 다음과 같은 설명이 표시된다.

'1980년대, 세계에는 항상 6만 발 이상의 핵무기가 존재했다. 그 파괴력은 히로시마형 원폭 100만 발 분량에 상당한다. 1993년 1월 START2가 맺어져 미국·러시아는 서력 2000년 12월 31일까지 전략 핵탄두의 배치수를 각각 3000~3500발로 삭감하기로 동의했다. 하지만 1998년 현재, 세계에는

　　약 2만 6천 발의 핵무기가 존재한다.'

　　이것 역시 〈MGS1〉의 서사를 현실과 연결하는 성명이며, 게임 발매 당시 핵무기 확산에 대한 위기감이 없었음을 지적하면서 미국(과 러시아)이 조약 의무를 다하지 않았음을 은연중에 비판하고 있다.

　　〈MGS〉가 원래 복수의 작품으로 이루어진 이야기로 구상된 것은 아니지만, 모든 작품의 이야기는 전작에 기반하고 있다. 세미픽션 세계에서 군산복합체에 의해 일어난 혼란이 그려지며, 미래의 테크놀로지와 병기가 등장할 뿐만 아니라 실제 역사에서 일어난 일과 인물이 인용되어, 미국 외교 정책의 또 다른 역사가 제시된다. 〈MGS2〉의 기획서에는 플레이어가 싸우는 '악'은 미국 정부이며, '미국이라는 민주국가가 축적해온(중략) 고름이라고 해야 할 부분(Kojima, 1998b, 37쪽)'이라고 설명되어 있다. 〈MGS3〉의 미국 정부는 정치적 이익을 위해 자국의 영웅적인 병사들을 쓰고 버리며, 〈MGS4〉의 군산복합체는 미국 국외에서 끝없는 전쟁이라는 환경을 만들고 있다. 〈MGS4〉의 비판은 다소 우회적인데, 미국이라는 이름이 직접적으로 나오지는 않지만 중동에서의 전쟁이라는 이미지를 통해 2003년 미국의 이라크 침공을 떠올리게 한다. 코지마는 훗날 1970년대와 1980년대를 무대로 한 다른 게임 속의 역사를 통해 다시금 미국에 대한 직접적인 비판을 재개했으며, 특히 남미에서의 쿠데타 선동, 독재자 지원, 테러 용의자에 대한 관타나모에서의 물고문 등 국외 전술을 언급했다. 미국은 이러한 전술을 사용하여 자신들의 이익을 위해 이용해 타국 정부를 압박하거나 정보를 끌어내기도 했던 것이다. 이러한 언급이 쌓이고 쌓여, 미국(및 정도는 다르지만 냉전기의 다른 대국)이 새로운 기술, 병기, 은밀한 첩보 활동으로 전 세계에 영향을 미치며 권력을 유지하려는 것에 대한 통렬한 비판이 되었다. 코지마의 예리한 말재주는 미국의 국제적인 패권을 표적으로 하지만, 일부 연구자는 이러한 비판은 제2차 세계대전에서, 그리고 전후 국제 질서의 냉전 정치 상황에서 일본이 수행했던 역할에 대한 언급을 피하는 것이 아닌지 우려를 표하고 있다(Hutchinson, 2019, 213~217쪽 / Moore, 2017, 68~74쪽 참조). 어쨌든, 코지마는 이야기 안에서 플레이어 자신의 영웅적인 역할만이 아니라(특히 미국에 있는 수많은 〈MGS〉 팬들이) 국제 문제에 대한 자국 정부의 '영웅적' 역할에도 의문을 갖기를 바라는 것이다.

스타일: 믹스된 영향, 영화 같은 컷 신, 기록 영상

〈MGS〉 시리즈란 말을 들으면 아마 제일 먼저 떠오르는 것은 영화 뺨치는 연출일 것이다. 닌텐도의 게임보이, 소니의 PSP 등의 휴대기기용 작품들은 그래픽 노벨이나 라디오 드라마 등 다양한 미디어의 혼합에 중점을 두었기 때문에 이 평가가 항상 들어맞는 것은 아니지만, 코지마가 플레이스테이션용으로 감독해서 만든 작품은 모두가 '영화처럼 스펙타클하다'는 평가를 받아왔다. 〈MGS〉 시리즈의 리뷰나 소개문에서 영화 같은 연출을 언급하지 않는 것은 거의 하나도 없으며, 코지마는 '비디오 게임에 영화의 기법을 도입한 선구자(Taiyoung, 2012, 348쪽)'라는 표현도 자주 볼 수 있다.

〈스내처〉 시절부터 이미 코나미는 '코지마 작품'의 영화적 품질을 선전했고, 코지마 자신도 잡지의 영화 리뷰나 SNS에서 원래부터 영화 애호가임을 공언해 왔기에, 이것은 어떤 의미로는 당연한 일이다. 그렇다고는 해도, 게임을 '영화 같다'고 부르는 것은 애매한 표현이다. 왜냐하면, 영화 자체가 멀티모달 미디어이며, 대부분 서로 다르고 때로는 정반대라고도 할 수 있는 시청각적 스타일로 구성되어 있기 때문이다. 예를 들어 윌 브루커Will Brooker는 대부분의 게임은 할리우드 영화보다도 아트 시네마에서 영향을 받았다고 말했다. 화려한 몽타주가 아니라, 1인칭과 3인칭 시점의 슈터에서 볼 수 있는 것처럼, 지속적인 카메라가 많이 쓰이기 때문이다. (Brooker, 2009, 128쪽) 확실히 〈MGS〉 시리즈(및 코지마)는 작품별로 폭넓게 들어가 있는 시청각적인 영향이 눈에 띤다. 정확히 말하자면, 코지마와 그의 팀은 특정 영화의 스타일이 아니라, 하드웨어에 따라 가능해진 영화적인 제작 기법과 영화, TV의 장르적 인용에 영향을 받았다.

코지마는 다음과 같이 말했다. "연출이라거나 스토리라거나 인간 드라마가 확실한 걸 만들고 싶다, 그것이 저희 안의 영화적이라는 것입니다. 영화적 수법이란 얘기를 자주 듣는데, 딱히 영화를 추구한 것이 아니라 결과적으로 영화라는 엔터테인먼트에 가까워진 것뿐입니다(Konami, 1998, 5쪽)."

이 절에서는 〈MGS2〉의 오디오 비주얼의 제작에 대해 간단히 정리하면서, 어떤 기법이 쓰였고 그것이 시리즈의 시청각적 연출에 어떻게 반영되었는지를 고찰해볼 것이다.

먼저, 〈MGS〉 시리즈의 카메라 시점은 3인칭 슈터(TPS)와 1인칭 슈터(FPS)에서 혼합적으로 영향을 받았음을 볼 수 있다. 〈MGS〉 시리즈의 작품은 모두가 주로 TPS 시점이다. 전지전능한 신처럼 카메라가 플레이어 캐릭터인 스네이크의 배후에 떠 있으며, 환경 안을 움직여 스네이크를 따라다닌다. 시리즈의 후기 작품에서는 플레이어가 카메라를 조작할 수 있게 되지만, 〈MGS1〉에서는 제약이 많았다. 그렇기 때문에 코지마는 3가지의 서로 다른 전지적인 카메라 시점으로 액션을 '감독'했다. 그 3가지란 ①MSX2의 〈MG2 메탈기어 솔리드〉와 비슷한, 플레이어의 움직임을 추적하는 부감(위에서 내려다보는 시점-역주) 시점, ②에어리어에 따라 변화하는, 혹은 스네이크가 벽에 몸을 붙였을 때의 더욱 다이나믹한 시점, ③플레이어가 버튼 조작으로 호출하는 이동 불가능한 1인칭 시점이다. 이 '큐레이션된 시점'과 플레이어가 자유로이 변경할 수 있는 시점이 혼합됨으로써, 〈MGS1〉는 '8비트 기기의 초대 〈메탈기어〉의 아케이드 게임 감각과 〈MGS2〉 이후의 잘 만들어진 시뮬레이션 사이의 전환점'(Stanton, 2015a)이 되었다. 〈MGS2〉에서도 혼합적인 TPS 시점이 쓰였으나, 다이나믹한 앵글은 줄어들었고, 적을 노릴 때와 환경을 조사할 때 FPS 시점으로 전환되는 것으로 바뀌었다. 〈MGS2〉의 FPS 시점은 환경 내의 상세한 사항, 예를 들면 물방울, 먼지 입자, 렌즈 플레어 등을 필름 카메라라는 필터를 통해 밝혀냄으로써 게임의 장치를 느끼게 한다. 이러한 시점은 스포츠 시뮬레이션의 시청각적인 연출을 상기시킨다. 스포츠 시뮬레이션에서 '주요 기준이 되는 것은 스포츠 그 자체의 체험이 아니라, 스포츠의 TV 중계다.'(King and Krzywinska, 2006, 136쪽) 〈MGS〉 시리즈도 마찬가지로, 카메라는 액션 영화, 스파이 영화, 연속 TV 방송의 시점을 받아들이고 있으며, 그런 장르에 따르기 마련인 거친 시청각적 표현법을 많이 볼 수 있다.

캐릭터 디자인도 마찬가지로 시각적인 인용과 영향이 뒤섞여 있다. 코지마는 〈MGS〉 전 작품의 캐릭터를 신카와 요지와 협력해 디자인했다. 신카와는 코나미 입사 후 바로 코지마 팀에 참가한 일러스트레이터로, 〈MGS〉 시리즈의 캐릭터(와 메카닉) 디자이너를 맡았다. 신카와의 디자인은 코지마가 참가한 다른 어드벤처 게임과도 공통점이 있으며, 코지마 자신의 시각적·장르적인 흥미, 즉 할리우드 액션 영화와 일본의 SF 애니메이션과도 잘 어우러졌다. 제 2장에서 말한 것처럼 MSX2용 〈메탈기어〉 두 작품 속 솔리드 스네이크의 외모는 《터미네이터》, 《매드 맥스MAD MAX》 등의 액션 영화에서 차용한 것인데, 한편으로는 게임의 타이틀이기도 한 2족 보행 전차 메탈기어는 확실히 메카닉 애니메이션(거대 로봇 애니메이션)에서 영향을 받았다. 이러한 뒤섞인 영향은 더욱 독창적인 방향성으로 디자인된 캐릭터가 되어 〈MGS1〉에 계승되었다. 신카와의 말에 따르면, 솔리드 스네이크는 새롭게 스마트한 체격과 외모가 주어졌는데, 역시 장 클로드 반 담Jean Claude Van Damme, 크리스토퍼 워컨Christopher Walken 등 할리우드 스타에게서 영감을 받았다.(Hodgson, 1998, 142쪽) 한편, 적 캐릭터인 초능력자 사이코 맨티스,

사이보그 닌자인 그레이 폭스, 완전 전동화된 보행 메카닉 메탈기어 REX 등은 《고질라》 시리즈를 시작으로 하는 괴수 영화와 SF 애니메이션의 정석적인 내용을 답습하고 있다.

이런 이중의 영향은 〈MGS2〉에서 더욱 현저해진다. 바다라는 무대와 감정적인 캐릭터가 등장하는 로맨스 중심의 플롯은 제임스 카메론의 대 히트 영화 《타이타닉TITANIC》(2000)에서 착안한 것인데, 여기에 흡혈귀 같은 악역과 수륙양용 비행 메카닉도 등장하는 것이다. 신카와의 디자인은 두 가지 반대되는 비주얼의 힘을 융합시키는 데 빼놓을 수 없는 역할을 한다. 하나는 미국의 실재하는 군사 기술, 기관의 리얼리즘이고, 또 하나는 일본의 유명한 픽션 아티스트, 예를 들면 카와지리 요시아키川尻善昭(〈뱀파이어 헌터 Dバンパイアハンター—D〉나 아마노 요시타카天野喜孝(〈파이널 판타지〉)에서 영향 받은 환상적·SF적 아이디어이다. 신카와는 캐릭터의 전신을 그린 상세한 연필 스케치, 감정을 표현하기 위한 수채화, 차량과 메탈기어 RAY의 목업 등, 여러 기법을 이용해 디자인 견본을 제작했다. 모든 캐릭터에 대해서, 우선 신카와와 코지마가 기본적인 아이디어와 인물상에 대한 이야기를 나누고, 그 후에 신카와가 독자적인 해석을 집어넣는다. 코지마가 문제가 있다고 느낀 경우는 신카와가 다시 작업하고, 코지마가 승인할 때까지 이 과정이 계속된다. 이러한 대화에 의해 새로운 아이디어가 탄생하여 게임성이나 서사에 포함되는 경우도 많다. 〈MGS2〉 최후의 적 솔리더스 스네이크에게 파워드 슈트와 쌍검이라는 장비를 떠올린 것도 신카와다. 신카와는 '이전부터 파워드 슈트라는 걸 개인적으로 좋아했다(Kojima, 2002,

37쪽)'고 한다. 신카와의 디자인이 코지마에게 영감을 주는 경우도 있다. 〈MGS1〉에서 팔을 베이고, 〈MGS2〉에서 재등장한 악역 리볼버 오셀롯의 디자인에 신카와가 사이버네틱스 의수를 추가했을 때, 코지마는 거기서 한 걸음 더 나아간 설정을 떠올렸다. "어느 날 감독이 '그 팔은 리퀴드(스네이크)의 팔이야'라고 말하는 거예요(웃음). 뭐, 그쪽이 재밌으니까 상관없지만 말이죠(Kojima, 2002, 41쪽)."

캐릭터는 그 후 게임의 3D 환경에 삽입하기 위해 3D 모델링용 컴퓨터 프로그램으로 매핑된다. 특히 주목해야 할 것은 이 모델이 리얼타임 컷 신에서도 사용되었다는 점이다. 당시에는 대부분의 게임이 CG 애니메이션 부서나 스튜디오에서 제작한 무비 컷 신을 사용했다. 그런 무비는 품질은 굉장히 높지만, 무비와 게임 세계의 환경 체험 사이에 차이가 생겨버리는 경우가 있다. 또, 중요한 스토리텔링을 스튜디오에 관여하지 않은, 애초에 게임 개발에 관여하지 않은 사람들에게 완전히 외주로 맡겨버리게 되는 것이기도 하다. 코지마는 자신의 팀이 할리우드의 일류 CGI에 이길 수 없다는 것을 잘 알고 있었지만, 그럼에도 컷 신을 직접 제작하기를 고집했다.

"그럼 외주분들한테 부탁하면 되지 않냐는 얘기가 나오는데, 그건 싫어요. 왜냐하면 역시 그게 제일 재밌는 부분이니까요(웃음). 콘티만 그리고 그걸로 작별하는 건 너무 슬프잖습니까. 카메라 워크라거나 렌즈의 미묘한 상태 설정 같은 걸 우리가 직접 하고 싶은 거죠. 하지만 우리끼리 할 시간은 없다, 해낸다고 해도 퀄리티가 낮을지도 모른다. 그래서 그

결과로 나온 게 폴리곤 데모인 겁니다. 이게 이유 중 하나입
니다(Konami, 1998, 5쪽)."

코지마 팀은 〈MGS1〉에서 게임 내의 엔진을 사용한 컷 신을 연
출했고, 이 기법을 이후의 모든 〈MGS〉 작품에 계승시켰다. 그때까
지 제작했던 어드벤처 게임과 마찬가지로, 〈MGS2〉의 컷 신도 전
부 콘티가 작성되었는데, 〈MGS2〉에서는 콘티를 스캔해서 컴퓨터
로 옮겼다. 3DCG 디렉터인 미즈타니 타카시水谷崇는 이를 'Web 콘
티('그림 콘티'라 부르는 것으로, 콘티라는 말은 continuity(연속성)에서 유래
했다)'라고 부른다(Kojima, 2002, 100쪽). 미즈타니와 2D 디자인 디렉
터 사이토 쥰타로齋藤淳太郞는 패널을 클릭하기만 하면 신의 연출에
필요한 애셋Asset과 기법(캐릭터, 환경, 카메라 앵글, 서있는 위치 등)을 팀
안의 누구나 확인할 수 있는 시스템을 구축했다. 코지마와 미즈타
니는 몇 주에 걸쳐 실제 배우들의 모션 캡처를 지도했고, 그 데이터
를 3DCG 캐릭터 모델에 매핑해 디지털 환경에 추가했다.

이 수법으로 코지마 팀은 인터랙티브한 플레이와 선형 서사 사이
에 시각적 연속성을 만들어냈고, 컷 신에 의한 이야기 진전을 컨트
롤할 수 있었을 뿐 아니라 게임 플레이와 스토리를 이어주는 로딩
시간도 단축할 수 있었다. 게임 내의 엔진을 사용해 컷 신을 렌더링
Rendering함으로써 코지마 팀은 협력을 통해 기술적인 제약을 극복
하고 시각적인 일관성과 효율로 몰입감을 만들어낼 수 있었다.

이렇게 완성된 신은 당시 플랫폼 기술의 한계뿐 아니라 당대 할
리우드와 일본 영화계의 액션 연출 기법을 반영하는 형태로 편집

되어 있다. 〈MGS1〉에서는 캐릭터의 얼굴 폴리곤 숫자가 적었기 때문에 컷 신은 대부분이 기껏해야 5초 정도의 샷으로 구성되어 있었으며, 정지한 캐릭터가 장시간 표시되는 것을 피하기 위해 고속 몽타주 기법이 빈번하게 사용되었다. 하지만 플레이스테이션의 기술이 진화해 성능을 발휘할 수 있게 되면서 표현 형식도 진화해 컷 신에서 강조하고 싶은 것을 개발자가 직접 선택할 수 있게 되었다. 플레이스테이션2의 그래픽 처리 능력 향상의 은혜를 입은 〈MGS2〉에서는 더욱 상세하게 렌더링된 캐릭터의 풍부하게 표현된 모델을 롱 샷으로 보여줄 수 있게 되었다. 액션 시퀀스에는 역시 고속 몽타주 기법이 채용되었는데, 당시의 인기 영화의 기법, 예를 들어 오시이 마모루의 《GHOST IN THE SHELL/공각기동대》, 워쇼스키 Wachowski의 《매트릭스MATRIX》 같은 90년대 SF 스릴러에 영향을 받은 슬로우 모션 시퀀스도 삽입되었다. 〈MGS1〉이 성공한 덕분에 영화 업계의 인재를 기용할 수도 있게 되었는데, 예를 들자면 주제와도 연결되어 있는 오프닝 크레딧은 카일 쿠퍼Kyle Cooper(《세븐 SEVEN》, 《아이언맨IRONMAN》)가 디자인했다.

미즈타니는 키타무라 류헤이北村龍平(《아즈미あずみ》, 《미드나잇 미트 트레인The Midnight Meat Train》)와 다른 타이틀에서 협력했던 것도 크게 도움이 되었다고 말했다. 중력을 거스르는 듯한 키타무라의 카메라 앵글과 정교한 스턴트도 〈MGS2〉의 풍요로운 액션 신과 동작에 영향을 미쳤다.

음악과 성우의 역할

이러한 다층적인 영화적 영향은 컷 신의 청각적인 요소, 특히 성우의 연기와 음악에도 드러난다. 코지마와 사운드 디렉터 무라오카 카즈키는 사운드 디자이너 오가와 타카마츠小川高松(《백 투 더 퓨처Back to the Future》, 《마이애미 바이스Miami Vice》)를 사운드 이펙트 담당으로, 그리고 액션 영화 《리플레이스먼트 킬러The Replacement Killers》(Fuqua, 1998)의 악곡을 들은 것을 계기로 해리 그렉슨 윌리엄스Harry Gregson-Williams를 음악 담당으로 기용했다. 무라오카의 말에 따르면, 그들이 그렉슨 윌리엄스에게 끌렸던 이유 중 하나는 저예산으로도 고품질의 사운드를 만들 수 있다는 점이었다고 한다. "영화로서는 저예산이고, 음악에도 돈을 많이 쓰지 않았습니다. 당연히 라이브 오케스트라 같은 건 쓰지 않았죠. 하지만 퍼커션Percussion의 역동적인 느낌 같은 게 굉장히 잘 드러나 있어서, 이거 괜찮은데 싶었죠(Kojima, 2002, 122쪽)."

영화 음악 작곡가인 그렉슨 윌리엄스에게 영상 없이 작곡하는 건 새로운 경험이었으나, 코지마와 음악 프로듀서 무라나카 리카村中りか는 음악이 게임 내에서 어떻게 쓰이는지("30초 정도의 '스니키Sneaky'한 음악을 보내줄 수 없을까?")를 메일로 전달했고, 그렉슨 윌리엄스는 좀 더 정확한 음악 용어를 써서 답장을 보냈다("그럼, 상당히 다운된 템포에 긴장감이 있고, 미니멀한 느낌이려나"). 이처럼 셋이서 게임 내의 음악을 어떻게 배치할 것인지를 결정해 나갔다(Yarwood, 2021).

이러한 협동 프로세스는 게임의 음악 녹음 작업에도 활용되었다. 코지마는 이번 작품에서도 애니메이션 업계의 베테랑 성우(오오츠카 아키오大塚明夫, 이노우에 키쿠코, 호리우치 켄유堀內賢雄 등)를 기용했고, 가능한 많은 성우를 동시에 하나의 부스에 모아서 코지마가 '팽팽하게 맞서기'라 부르는 걸 하게 했다. 이것은 성우들이 실제로 상대와 연기하면서 서로의 대사를 끌어내는 것을 의미하며, 이 흐름 속에서 본인들도 깨닫지 못하고 생각지도 못한 좋은 결과가 탄생하는 경우가 많다(Kojima, 2002, 126). 일본의 인기 성우는 굉장히 바쁘기 때문에, 1주일 안에 여러 개의 프로덕션에서 예약이 들어와 있는 일이나 스케줄 중간에 짬을 내서 혼자서 녹음하는 경우가 꽤 있다. 녹음 세션의 준비 기간은 거의 없었고, 스튜디오에 도착한 그날 처음으로 자신의 대사를 알게 되는 일도 속출했다. 이것은 애니메이션 업계의 품질이 획일화된 것과 관련 있으며, 성우는 역할이나 세계에 맞춘다기보다는 성우 자신의 확립된 퍼스널리티를 기반으로 기용되는 경우가 많았다. 이것을 피하기 위해 코지마는 부스 안의 지시를 사운드 디렉터에게 맡기고, 자신은 녹음 전후에 성우들과 회식을 하는 식으로 그들이 연기하는 역할에 대해 대화를 나누었다[※2].

긴 컷 신의 중요한 기능

사내에서 제작된 신의 중요한 2차적 요소로, 뉴스 영상이나 다큐멘터리 영상 등에서 실제 기록 영상을 삽입한 점을 들 수 있다. 이러한 영상은 CG 세그먼트 사이에 삽입되며, 주로 캐릭터가 중요한 대사를 말하는 중에 음성 없이 재생된다. 삽입된 현실 세계의 영상은 플레이어를 게임 세계에서 분리시키며, 컷 신 안의 컷 신으로 기능한다. 이 기법은 실제 역사와 게임 역사를 혼합시키는 이야기 장치로서 기능하며, MSX2용 초기 〈메탈기어〉 시리즈에서도 사용되었지만 그때는 실제 게임 안에 삽입된 것은 아니었다. 〈MG2〉에서는 설명서에 병사나 전장의 기록 사진이 사용되었고, 가공의 역사 연표에 포함되어 있다. MSX라는 시스템은 성능에 한계가 있었기 때문에 코지마는 파라텍스트를 통해 게임의 세계관을 넓혔던 것이다.

〈MGS1〉에서는 핵미사일 실험, 핵 폐기 시설, 실험실, 군사 작전, 그리고 히로시마 원폭 투하에 대한 흑백 뉴스 영상과 컬러 뉴스 다큐멘터리 영상이 뒤섞여서 반복 삽입된다. 레이젤 허친슨은 〈MGS1〉에서의 기록 영상 사용은 후카사쿠 킨지深作欣二 감독의 《의리없는 전쟁仁義なき戰い》(1973)과 공통점이 있다고 말했다. 후카사쿠의 영화에서는 히로시마의 야쿠자 항쟁과 전후 미국에 의한 점령 시의 정치적·군사적 폭력이 믹스드 미디어 기법으로 대비되어 있다. 코지마의 흑백 영상 삽입도 그와 마찬가지로, '1945년 일본에서 일어난 일이 얼마나 비인도적이었는지' 호소하며, 그러는 한편으로 컬러 영상은 '저널리스트의 보도 같은 감각을 주어, 일반에는 거의 알려지지 않은 업계의 내부 사정을 보는 것처럼 느껴진다(Hutchinson, 2019, 180쪽).' 〈MGS2〉의 컷 신에도 마찬가지로 실사 영상이 삽입되어 있으나, 게임의 무대인 세기가 끝나는 날의 뉴

욕에서의 라이브 영상과 TV 뉴스 영상이 주로 사용되었다. 코지마는 플레이어 캐릭터를 현실 세계에 연동시켜, 게임에 등장하는 가상의 악당들과 배경들을 미국과 미국이 정보화 시대인 현재 차지하고 있는 지위에 대한 심각한 우려와 연결한다. 이러한 매끄럽지 못한 기록 영상이 컷 신의 '실시간' 현대 CG와 나란히 병치됨으로써 〈MGS〉 시리즈의 기반인 현실 세계의 역사와 문제가 강조되는 한편, 대중 매체가 거의 보도하지 않은 비밀 정보에 '접근'하는 것만 같은 감각을 준다.

이러한 컷 신의 시청각적인 디자인은 심사숙고 끝에 결정된 것이지만, 비판이 없는 것은 아니다. 게임 디자이너 리처드 루스 Richard Rouse는 비디오게임의 컷 신 과잉 사용을 비판하며 플레이어를 '진행상의 능동적인 역할'에서 '수동적'인 역할로 바꿔 '그냥 앉아서 보기만 하게 만들어버린다(Rouse, 2005, 208쪽).' 라고 지적했다. 〈MGS〉 시리즈 최초의 10년 동안 컷 신의 숫자와 길이는 작품을 거듭할수록 늘어났고, 그것이 쌓이고 쌓여 리뷰어와 유저들의 반발을 초래했다. 〈MGS4〉에 대한 어떤 부정적인 리뷰는, '이것은 인터랙티브한 세그먼트 사이에 끼워 넣은 무비의 집합체'이며, '어떤 의미로는 거의 게임이라 부를 수도 없다' 라고 평했다.[3] (Schiesel, 2008) 그 외에도 각본이 너무 장황하고, 캐릭터의 대사는 '우스꽝스럽고', '어처구니없고 기묘'해서 코웃음이 난다'는 비판도 있다. (GameSpy, 2003) 하지만 제임스 뉴먼James Newman이 지적한 것처럼, 긴 컷 신에는 여러 가지 중요한 기능이 있다. 하나는 플레이어 캐릭터의 동기를 명확히 하고, 무대 설정, 장소, 세계의 분위기를 전달하는 기능이며, 또 하나는 현실 세계에 있는 플레이어에게 실용적인 지도와 제안, 즉 아바타의 조작 방법, 무기의 사용 방법, 메뉴나 인터페이스의 옵션 사용법을 가르쳐주는 기능이다. 이두 가지 측면은 컷 신이 사실 플레이어에게 높은 수준의 참여를 요구한다는 것을 보여주는데, 여기서 제공되는 정보에 주의를 기울이지 않으면 게임을 효율적으로 진행할 수 없게 될 가능성이 있다. 〈MGS〉 시리즈의 주제에 있어 가장 중요한 것으로서, 컷 신은 액션에서 벗어나 휴식을 제공하는 공간으로 기능한다. 다른 게임과 마찬가지로 컷 신이 단순히 긴장이나 스트레스를 주는 순간에서 해방되는, 보수로서 주어지는 휴식 시간인 경우도 있지만, 〈MGS〉 시리즈에서는 컷 신으로 인해 발생한 휴식 시간은 '자신의 행동 퍼포먼스를 음미하는 비판적, 성찰적인 공간을 만들어내는' 것이며, 플레이어가 '자신의 체험을 (재)구축하거나 그것에 의미를 부여해 여행이나 퀘스트 속에서 자신의 위치를 찾을'(Newman, 2004, 89~90쪽) 것을 촉구한다. 컷 신이 지닌 이러한 기능은 〈MGS2〉의 문맥에서는 특히 중요해서, 플레이어는 스스로를 자신이 조작하고 있는 스네이크(또는 라이덴)의 입장에 두고, 용병이자 미국 정부의 꼭두각시이기도 한 자신들의 역할에 대해 의문을 갖기를 촉구한다.

이야기를 진행시키기 위한 컷 신을 집중적으로 삽입하는 수법은 좋든 나쁘든 상업적인 액션 게임, 어드벤처 게임에는 표준이 되었으며, 〈MGS〉 시리즈는 다른 게임이 영화적 접근으로 크게 기울어지는 데에 적지 않은 영향을 미쳤다. 퀸틱 드림의 〈헤비 레인〉, 〈디트로이트: 비컴 휴먼Detroit Become Human〉, 돈노드 엔터테인먼트DON'T NOD Entertainment의 〈라이프 이즈 스트레인지LIFE IS STRANGE〉 시리즈, 슈퍼매시브 게임즈SUPERMASSIVE GAMES의 〈언틸 던UNTIL DAWN〉 등은 플레이어의 선택에 의해 스토리가 분기하며 다양한 컷 신이 흐르는 인터랙티브한 드라마로, 호화로운 영화적 완성도가 세일즈 포인트이다. 영화적인 접근법에 가장 많은 영향을 받은 게임 스튜디오는 아마도 〈언차티드〉, 〈더 라스트 오브 어스THE LAST OF US〉 시리즈를 만든 너티 독NAUGHTY DOG일 것이다. 특히 〈더 라스트 오브 어스〉(2013)는 〈MGS〉에서 큰 영향을 받았으며, 고품질 성우 연기, 배우를 원안으로 삼은 모델링, 실제 장소 등의 요소를 차용하고 있다. 또, 〈MGS〉 시리즈의 스텔스 메커닉스와 게임성에도 강하게 영향을 받았다.

▌ 시스템: 환경, 아바타, 인터페이스의 개념적인 게임성

MSX2용으로 개발된 〈메탈기어〉 2작품은 참신하고 비폭력적인 스텔스 메커닉스에 중점을 두고 있었으며, 이런 게임성은 〈MGS〉 시리즈에도 계승되었다. 데릭 눈Derek Noon과 닉 다이어 위더포드 Nick Dyer-Witheford의 말에 따르면, 이 시리즈는 '적에게 들키지 않은 채 이동하고, 숨바꼭질을 하고, 위장하고, 회피하고, 속이고, 움직이는 적을 그저 마구 쏘기만 하는 것이 아니라 선수를 치는(Noon and Witheford, 2010, 78쪽)' 것에 중점이 놓여 있다. 게임 그 자체가 이러한 플레이 스타일을 유도하고 있으며, 적에게 발견되면 압도적으로 불리한 상황에 놓여 결과적으로 라이프가 감소하고, 운이 좋으면 적이 포기하지만 최악의 경우는 살해당하고 만다. 발견에 수반되는 페널티를 받지 않도록 신중하게 적을 피해야만 한다는 부분에서 스릴이 느껴진다. 제2장에서 설명했던 것처럼 이것은 '절차적 레토릭'의 예이며, 비폭력적인 플레이가 암시적으로 추천된다. 또, 적극적인 공격을 삼가도록 유도하는 스텔스 메커닉스 덕분에 반전(反戰)이라는 주제가 더욱 돋보인다. 즉, 플레이어는 단순히 게임의 컷 신(플레이어 캐릭터가 실제로 취하는 행동과 일치하는 경우도, 그렇지 않은 경우도 있다)에서 수동적으로 주제를 받아들이기만 하는 것이 아니라, 게임의 미션이나 환경 속에서 그러한 주제를 능동적으로 실천하는 것이다. '비폭력적 플레이'라는 기본 개념은 〈MGS〉 시리즈의 모든 작품에 공통되는데, 작품을 거듭할수록 새로운 주제들이 추가되고, 서사는 더욱 복잡해지며, 게임 속의 어포던스도 증가함으로써 보완되어왔다. 각 작품의 이야기에 추가된 주제에 주력하기 위해 절차적 레토릭도 확장되었다. 〈MGS〉 시리즈의 게임성의 특징은 이야기의 주제와 게임성이 일치하도록 작품별로 시스템이 재구축되었다는 점에 있다고 할 수 있다.

주제와 일치하는 게임성이라는 접근법은 코지마가 대대적으로 말해 온 개념이다. 특히 2009년 게임 개발자 회의(GDC)의 기조 강연에서 자신들은 기존의 스텔스 시스템을 끊임없이 재발명함으로써 플레이어가 자신의 방식을 고집하게 되지 않도록 하고 있다고 설명했다. 이 강연에서 그는 〈메탈기어〉와 〈MGS〉 시리즈의 '입체적인 게임 디자인'에 대한 두 가지 중요한 접근을 거론했다. 첫 번째는 〈MGS1〉과 〈MGS2〉가 그랬던 것처럼, 기술의 진화에 의해 가능해진 기법을 사용해 새로운 스텔스 메커닉스를 탄생시키는 것이다. 예를 들어 플레이스테이션의 처리 능력과 저장 용량은 MSX에 비해 증가했기 때문에 〈MG2〉의 서사와 게임 요소에 3D 카메라 앵글, 녹화된 영상, 성우, 플레이어 캐릭터의 1인칭 시점을 추가할 수 있었다. 이것은 속편의 명칭에 포함되는 '솔리드'라는 이름의 유래이기도 하며, 단순히 주인공의 이름을 의미할 뿐만 아니라 3D 폴리곤이기에 가능한 새로운 '입체적임'도 의미한다. 이러한 접근 방식은 〈MGS2〉에도 해당되는데, 플레이스테이션2가 출시되며 처리 능력이 더욱 좋아지면서 적 AI의 '현실감'이 향상되었으며, 더 많은 숫자의 적이 등장하고 부대 단위로 협력하게 되었다. 또, 환경은 그림자, 조명, 날씨 효과 등 실시간 물리 요소도 생성할 수 있게 되었다. 코지마 팀은 새로운 플랫폼의 기술에 따라 더 많은 애셋을 제작하고 좀 더 공을 들인 환경을 만들었으며, 이것이 스텔스 게임성의 범위와 난이도를 확장시켰다.

두 번째 접근은 기존 기술로 만들어진 선행 스텔스 메커닉스를 세련되게 다듬는 것으로, 예를 들어 MSX2용 〈MG2〉는 새로운 룰과 시스템을 추가하는 것이 중시되어 적 NPC의 순찰 범위 확대, 레이더 맵 등 새로운 인터페이스 도입, 포복 등 다양한 액션 추가가 이루어졌다. 이 시기 코지마는 MSX2의 성능에 정통해 있었기에, 팀은 새로운 플랫폼의 처리 능력에 의존하지 않고 〈MG2〉의 게임성을 개선할 수 있었다. 이러한 접근은 〈MGS3〉의 개발에도 쓰였는데, 이 절에서 중점적으로 다룰 것이다. 〈MGS2〉 제작 후, 코지마 팀은 계속해서 플레이스테이션2용 속편을 개발하라는 지시를 받았는데, 코지마가 종래의 속편들처럼 만들고 싶어 하지 않았기 때문에, 속편은 플랫폼 기술 향상의 은혜를 받지 못한 채 전작과 크게 다른 작품이 되었다. 〈MGS3〉는 처음부터 재구축해야 했지만 당시의 코지마에게는 자신만의 팀과 디자인 프로세스가 있었으며, 동료들의 경험을 활용할 수 있는 환경이 정비되어 있었다.

〈MGS3〉의 시스템 디자인에는 속편을 만들 때 코지마가 직면했던 과제와 그에 수반되는 스케일 확대가 드러나 있다. 시리즈의 규모가 커짐에 따라 팀도 커져, 〈MGS1〉 때 20명 정도였던 코지마 팀은 〈MGS4〉 때는 200명 가까이 늘어나 있었다. 〈MGS1〉에서 초대 플레이스테이션으로 옮기고 하드웨어의 처리 능력과 저장 용량이 향상되었던 당시, 코지마는 여러 부분에 대한 '프로그램 검사 표(디버그 시트)'를 쓰면서 높은 감독 능력을 유지하고 있었다. 이것은 게임의 다양한 측면에 대한 피드백과 개선점을 메모 용지에 적어 팀에게 넘겨주는 것으로, 검사 표에는 게임 밸런스부터 카메라 앵글, 환경 내의 아이템 배치에 이르기까지 모든 것이 기록되어 있었다. 코지마는 〈MGS1〉 개발 중에 1만 장 이상의 검사 표를 썼는데(Kojima, 1998a, 158쪽), 3D 공간으로 옮기고 게임 용량이 증가한 후에도 게임 시스템에 대한 그의 감독 능력이 발휘되었음을 알 수 있다. 이 프로세스는 후속 작품에서도 계속되었다.

그렇다고는 해도, 팀과 게임의 규모가 커짐에 따라 좀 더 연계가 잘 이루어지는 체제가 필요해졌다. 〈MGS2〉를 시작으로 코지마와 스크립트 디렉터 마츠하나 요시카즈(코지마 밑에서 오래 일했고, 훗날 프로듀서가 된다)는 서사와 시스템의 상호작용을 '스크립트 먼트Scriptment'라 부르는 작업 문서를 통해 정리하기로 했다. 이 것은 영화감독 제임스 카메론의 조어로, '세부 사항이나 대사가 적 힌 것'을 가리키며, 플롯과 각본의 중간 단계의 문서에 해당한다 (Cohen, 2008, 82쪽). 하지만 코지마가 말하는 스크립트먼트는 새로 운 의미를 지닌 조어로, 본인의 말에 따르면 제작 중인 게임의 바 이블 같은 것이다. '게임의 최초부터 최후까지가 포함된, 게임 속에 서 무엇이 벌어지는지, 캐릭터에게 무슨 일이 일어나는지, 캐릭터 가 내는 소리나 환경 속에 소리가 있는지 없는지까지 기록되어 있 다(Bramwell, 2004).' 스크립먼트는 서사에 대한 해설, 대사 대본, 게 임 시퀀스의 간결한 설명이 조합된 것으로, 그 후 팀의 다른 섹션에 서 살을 붙여나간다. '둠 바이블'(〈둠DOOM〉의 디자인 문서)과 마찬가 지로 플롯의 요약, 캐릭터의 내력, 기본적인 플레이 요소 등 통상의 게임 디자인 문서 같은 내용도 포함되어 있으나, 코지마의 스크립 먼트는 상세한 설정을 축으로 한 지속적인 프로세스이며, 코지마 나 팀 멤버들에게서 새로운 아이디어가 나올 때마다 살이 붙어 확 장되는 것이었다.

스크립먼트에 대한 협동 작업은 코지마가 대규모 팀에 적응하 기 위해 감독 방법을 재검토해야 한다고 인식한 결과 탄생한 것이 라는 측면이 강하다. 시스템과 게임 플레이 부분이 계속 확대되면 서 코지마의 통제력은 서서히 약해지고 있었다. 그렇기에 기본적 인 테마를 유지하면서도 환경이나 적 AI에 특화된 팀이 각자의 전 문 분야에 대해 커다란 권한을 가지게 되었다. 하지만 이러한 작업

플로우의 증가에도 불구하고, 마츠하나의 말에 따르면 '감독은 매일 반드시 대부분의 스태프에게 말을 걸었고(Kojima, 2002, 27쪽)', 팀 전체를 '보고' 있었다. 이 '본다'는 행위가 실제로 의미하는 것은, 예를 들어, 게임의 모든 측면에 직접 관여할 수는 없다 해도, 개발 전체를 둘러보며 게임의 각 측면을 담당하는 부문과 빈번히 소통하고 '감시'할 수 있었다는 것이다. 코지마는 다양한 부서에 아이디어를 요구했고, 전체적인 체험을 향상시킬 만한 것을 취사선택했다.

이러한 종류의 개발 관리, 스튜디오 조직이 코나미 특유의 것은 아니나, 코지마 프로덕션은 규모 있는 대기업에 소속된 스튜디오치고는 업계에서 특별한 지위를 지니고 있었다. 케이시 오도넬 Casey O'Donnell은 행위자 연결망 이론Actor-network-theory을 인용해 하나의 기업 안에 복수의 개발 스튜디오가 병존하고, 경쟁하며, 서로 다른 디자인 기법을 지니는 경우가 있다고 말했다. 사내 스튜디오 사이에는 '최소한의 협력 관계'가 있으며, 스튜디오마다 '다른 기법, 시스템, 기술, 프로세스, 내부 문화(O'Donnell, 2014, 178쪽)'를 지니는 경우가 많다. 이처럼 팀은 소속된 인간 개발자만이 아니라, 그들이 몰두하고 다뤄야만 하는 코딩 언어, 플랫폼 기술, 디자인 콘셉트 등 '인간 이외의 것'을 포함한 다양한 '노드'로 구성된 개별 네트워크로 생각하는 것이 좋다.

스크립트먼트와 프로그램 검사 표로 인해 코지마는 이 네트워크 안의 각 노드가 보고하러 오는 강력한 중심적인 노드 지위를 유지하고 있었으나, 네트워크 안의 각 노드는 독립적으로 행동하고, 분산된 주체성을 지닌다. 코지마의 역할은 중심적인 노드로서 각 부분을 지도하고 게임의 시스템을 서사의 주제에 다시 연결하는 것이었다. 개발 스태프는 일관된 피드백 그룹을 통해 시스템을 추가/변경하며, 코지마는 그것을 승인하지만 한층 더 개량하기를 요구했다. 당연히 이 시스템이 의견 대립을 낳는 경우도 있었다. 프로그래머(훗날 프로듀서)인 코레카도 유지는 〈MGS4〉의 프로모션용 다큐멘터리 인터뷰에서 이 점을 언급했다. 코레카도의 말에 따르면, 코지마는 감독으로서 게임의 서사와 게임성의 개량을 추구하지만, 프로그래머의 역할은 게임의 메커닉스와 퍼포먼스를 '안정'시키는 것이다. "의사소통을 하면서 제일 타협하기 좋은 부분을 발견해야 합니다." 라고 코레카도는 설명했다. 이 발언에서 알 수 있듯, 상업 게임의 개발은 어떤 의미로는 교섭의 프로세스이며, 디렉터/디자이너의 이상과 프로그래머가 버그, 글리치, 발매 지연을 일으키지 않고 현실적으로 구현할 수 있는 한계의 싸움이다.

이전 절에서 〈MGS〉 시리즈의 서사적 설명 방식, 영화 같은 스타일, 대사 디자인에 대해 설명했으므로, 본 절에서는 시리즈의 스텔스 플레이를 구성하는 규칙화된 시스템에 대해 알아볼 것이다. 이 플레이 부분은 환경, 조작, 인터페이스 등 3가지 상호 관련된 구성 요소로 나뉜다. 코지마가 감독한 〈MGS〉 시리즈 모든 작품은 이 3가지 요소(각각에 대해서는 후술한다)가 서로 어떻게 영향을 주고받는지를 고려하여 서사의 주제를 표현하고 강화하는 스텔스라는 게임 플레이 방식을 만들어낸다. 하지만 경직된 이야기나 컷 신을 제시할 때와는 달리, 코지마는 플레이어가 이 세 요소와 상호작용할 때의 유연성을 중시했다. 그는 이것을 "'1+1=2'라는 식이 있다고 해보죠. 답이 2라면, 제게는 '3-1=2'도 정답입니다. 예를 들어 〈메탈기어〉에서는, 문제를 해결하기 위해 반드시 3가지 이상의 방법을 준비했습니다(Shmuplations Zone of Enders)." 라고 설명한다. 이처럼 플레이어의 상호작용 유연성은 코지마 팀이 〈MGS〉의 절차형 시스템을 설계하는 접근 방식의 핵심이다. 이것이야말로 문제, 목적지, 적과의 조우에 대해 플레이어가 복수의 선택지를 자유로이 탐구할 수 있도록 하기 때문이다.

▍환경: 현장 연구와 몰입감

〈MGS3〉은 시대적 배경을 1960년대 냉전 시대로 설정함으로써 이전 시리즈들과 달라졌다. 대부분의 비디오 게임이 무기나 장비를 업그레이드하는 방식을 반복하면서 속편을 제작하는 데 비해, 〈MGS3〉는 반대 방향으로 나아가 선행 작품에서 친숙했던 플레이어 캐릭터 기술의 대부분을 제거해버렸다. 또, 시대 설정의 변경만큼 환경적 서사의 변화 역시 중요하다. 이제까지는 도시나 군사 시설이었던 무대가 녹음이 우거진 늪지와 정글로 바뀌었다. 또한 이 작품은 다시 한 번 관점의 변화를 제시하는데, MSX2판 〈메탈기어〉 시리즈의 주된 적 보스 캐릭터였던 '빅 보스'를 플레이어블 캐릭터로 등장시킨 것이다. 이 시점에서 빅 보스는 '네이키드 스네이크'라는 코드 네임으로 불리는 아직 미숙한 병사이며, 낯선 러시아 땅을 돌파해 핵무기를 파괴하고 '더 보스'를 암살해야만 한다. 더 보스는 미국의 전설적인 병사로, 스네이크의 스승이었지만 소련으로 망명했다. 스네이크는 식량을 확보하고, 정보를 모으고, 적을 피하면서 동시에 추적하기 위해 내면의 야성을 해방시켜 정글 환경 속에 스스로를 몰입시켜야 한다.

〈MGS〉 시리즈는 플레이어 캐릭터인 스네이크(또는 라이덴)이 광대해지는 환경을 탐색하고, 미션 목표를 달성하는 것을 주요 골자로 한다. 이러한 환경은 현장 연구를 기본으로 구축되어 있으며, 코지마 팀의 핵심 인원들은 게임 내에 등장하는 지역의 이미지를 구체화하기 위해 특정 장소를 방문해 자세한 사항을 메모하고 사진을 촬영했다. 현장 조사의 일환으로 MSX2용 〈MG2〉 개발 시에도 가까운 산에서 서바이벌 게임을 진행했는데, 그때의 목적은 환경을 이해한다기보다는 적의 움직임을 재현하는 것이었다. 이것은 게임의 소개문이나 특집 광고 기사 등 코나미의 보도 자료에도 기록되어 있다. 현장 연구는 게임의 설정을 구축하기 위한 시각적 애셋을 확보함과 동시에 개발 팀이 '진짜' 환경을 재현하고 있다고 어필하는 두 가지 역할을 한다. 예를 들어, 〈MGS1〉과 〈MGS2〉의 특별 한정판에 들어 있는 책자에는 게임에 등장하는 오브젝트의 외견과 환경의 인상을 재현하기 위해 LA의 포트 어윈, 뉴욕의 월 스트리트, 하수 처리나 컨테이너선에 관련된 시설 등 중요한 로케이션을 방문했던 것이 소개되어 있다. 〈MGS3〉는 구소련의 열대우림이 무대이기 때문에, 코지마는 개발 팀을 데리고 아마미오오시마奄美大島와 야쿠시마屋久島로 향했다. 이 두 섬은 일본 남부에 위치하며, 풍부한 상록수림과 식물 군락으로 잘 알려져 있다. 120명의 개발 스태프가 그곳에 5일간 머물며 각각의 직무에 맞는 정글 서바이벌을 체험했다. 사운드 디자이너는 야생동물의 울음소리를 녹음했고, 아트 디자이너는 풍경과 식물을 촬영했으며, 레벨 디자이너는 '숲 속을 나아가면 나아갈수록 절망적인 기분을 느꼈다(Konami, 2005b, 70쪽).'

그들이 절망한 것도 무리는 아니다. 기존 〈MGS〉 시리즈의 매끈한 텍스처나 정돈된 구조물에 비하면 열대우림이라는 설정은 개발자의 상상력을 시험하는 커다란 도전이었던 것이다. 모든 〈MGS〉 시리즈 작품에서 개발 스태프는 복잡하고 야심찬 환경을 한정된 기술로 표현해야 하는 시험에 들었다. 환경에 이렇게 적극적인 것은 2D 탑 뷰 시점인 MSX2용 작품부터 시작됐지만, 3D 폴리곤 그래픽스로 이행함에 따라 2차원 맵의 2차원 공간에 있었던 것을 3차원 공간에 재개념화하는 방법을 개발해야만 했다. 당초 코지마는 이것을 문자 그대로 실행했는데, 레고 블록으로 게임의 '세트'를 만들고 디지털 카메라로 촬영한 화상을 PC로 옮겼다. 이 세트는 단순한 모형이 아니라 3차원 공간 속에서의 시점과 움직임을 이해하기 위한 아날로그 가이드가 되었다. 〈MGS2〉는 이러한 아날로그 프로세스를 부분적으로 계승하면서도 VRS라 불리는 컴퓨터 프로그램을 도입하였다. 이로써 샘플 에어리어가 디지털화되어, 스태프는 게임의 특정 구간을 실험해볼 수 있게 되었다. 또, 플레이스테이션 2의 향상된 처리 능력 덕분에 환경 내의 디테일을 훨씬 세밀하게 묘사할 수 있게 되어, 바 카운터의 술병을 하나하나 노리고 쏠 수도 있었다.

〈MGS2〉와 같은 레벨의 몰입감이 있는 인터랙션을 유지하면서, 훨씬 광대한 〈MGS3〉의 환경을 표현하는 것은 레벨 디자이너에게는 어려운 문제였다. 타협책으로 게임의 프레임 레이트가 60FPS에서 30FPS로 변경되었고, 사이즈, 스케일, 다양성을 위해 그래픽의 디테일이 희생되었다. 이로 인해 광대한 공간을 재현할 수 있게 되긴 했지만, 바위, 덤불 등은 수작업으로 배치해야만 했으며, 막대한 작업량이 필요했다. 배경 담당 리드 아티스트인 키무라 미네시木村峰士는 "완성에 이르기까지 전 작업 중 절반은 텍스처의 연결부를 지우는 일이었다고 할 수 있죠(Konami, 2005b, 71쪽)." 라고 말했다. 위화감을 없애기 위한 이런 노력으로 인해, 〈MGS2〉의 완성도 높은 폐쇄적인 환경과는 대조적으로 광대함이 느껴지는 〈MGS3〉의 환경이 실현되었다. 또, 디자인 팀은 감소된 디테일을 보완하기 위해 비, 눈, 안개, 불과 이것들이 미치는 영향을 자연환경에 포함시켰다. 게임 속의 환경은 독립된 에어리어로 분할되었으나, 각 에어리어는 게임 속의 거리로 100미터를 넘는 길이를 지녔으며, 야쿠시마 삼림의 인상과 다양성이 재현되었다. 이로 인해 플레이어가 게임 속 세계를 돌파하는 데 선택할 수 있는 전략의 폭이 넓어졌다. 또, 몰입감 있는 정글의 인상을 강화하는 요소로 다양한 야생동물—개구리, 뱀, 악어, 염소 등—이 게임 지형의 변화에 맞춰 등장한다. 그러한 동식물은 단순한 배경이 아닌데, 플레이어 캐릭터인 스네이크는 게임 도중 동물을 죽이고 먹어서 스태미나를 회복해야 한다. 즉, 환경의 시각적인 요소가 살아남기 위해 주의를 기울여야만 하는 중요한 인터랙션 형식이 된 것이다.

광대해진 환경은 〈MGS1〉과 〈MGS2〉에서 디자인상의 제약에 대처했던 것과도 연결된다. 〈MGS1〉, 〈MGS2〉 모두 어떤 의미로는 MSX2용 〈메탈기어〉 작품의 퍼즐 같은 디자인과 비슷하며, 예를 들어 앤서니 버치Anthony Burch는 〈MGS1〉에서 눈 위를 걸으면 적이 발자국을 쫓아오지만, 다른 에어리어는 눈이 거의 없기에 이 사실을 안다 해도 규칙화된 시스템에 대한 대처법을 익힌 상태에는 도움이 되지 않는다고 지적했다. (Burch, 2015) 각 환경에 고유한 요소가 있고, 다른 환경에는 그것이 존재하지 않은 경우가 많았던 것이다. 그렇기에 플레이어는 항상 새로운 도전을 해야 했지만, 그때까지 게임 안에서 배운 교훈과 스킬이 반드시 쓸모가 있는 것은 아니었다.

한편, 〈MGS3〉에는 게임 전체에서 일관되게 활용할 수 있는 어포던스에 무게를 두는 확고한 디자인 방침이 채용되었다. 플레이어는 포식자이며, 상호작용 요소에 주목해 각 환경을 신중하게 조사해야만 한다. 박쥐, 토끼, 벌집은 전부 스태미나의 원천이 되며, 풀더미, 늪, 바위, 나무, 벼랑에 삐져나온 바위, 절벽은 모두가 은신 장소로도 이용할 수 있다. 예를 들어 어떤 에어리어에서 스네이크는 3명의 경비병이 순찰하는 다리를 건너야만 한다. 환경의 특징을 이용해 다리를 건너 다음 에어리어로 가는 것도 가능하고, 경비병의 머리 위의 나뭇가지에 매달려 있는 벌집을 쏴서 경비병 한 명을 공포에 질려 도망치게 할 수도 있다. 그 후 다리 측면에 매달려서 다른 경비병 몰래 지나가는 것도 가능하며, 다리의 로프를 쏘면 균형이 무너진 경비병이 다리에서 떨어진다. 가장 난폭한 방법이지만 총을 난사해 경비병을 전부 쓰러트려도 된다. 최후의 방법은 가장 난이도가 높다. 에어리어에 복수의 환경적 특징이 삽입되어 비폭력적인 플레이라는 주제가 강화되어, 인내, 관찰, 창의 연구라는 폭력 이외의 방법을 활용해 앞으로 나아갈 것을 촉구한다. 그렇게 하는 것이 탄약과 라이프의 절약으로도 연결되며, 폭력 이외의 방법으로는 해결할 수 없는 싸움에 대비할 수 있다.

환경에 대해 차분하게 고찰한다는 아이디어는 게임의 구석구석에까지 구현되어 있으며, 플레이어가 조우하는 에어리어의 특징은 이후에 등장하는 에어리어에도 영향을 미친다. 예를 들어 어떤 에어리어에서 대기 중인 헬리콥터를 파괴해두면 이후 에어리어에서 앞으로 나아가기 쉬워지기도 하며, 식량창고나 무기고를 폭파해두면 이후 순찰 루트에 나오는 병사가 약해지거나 공복 상태가 되기도 한다. 이런 것들은 반드시 플레이어에게 설명되는 것은 아니며, 호기심이 보답 받는 형태로 되어 있다. 단, 그런 파괴 행위는 근처에 있는 경비병의 주의를 끌게 되므로, 플레이어는 현재의 위험과 미래의 안전에 대한 리스크/리워드를 저울에 올려놓아야만 한다.

사망해서 처음부터 다시 하고 싶지 않다고 생각하게 함으로써 반전·비폭력이라는 주제가 강화되지만, 그것만이 아니라 스텔스를 베이스로 한 에어리어는 각 작품의 이야기가 지닌 2차적인 주제를 강화하는 역할도 한다. 예를 들어 〈MGS1〉에서 스네이크가 핵탄두 보관 시설에 들어가면 플루토늄이 유출될 우려가 있다는 이유로 무기를 일체 사용할 수 없게 된다. 또, 같은 에어리어를 몇 번이고 왕래하면서 메탈기어를 정지시키는 코드를 입수하는 장면도 있는

데, 사실 이것은 폭스 하운드의 테러리스트들이 설치한 함정으로, 메탈기어를 기동시키기 위한 장기말로 이용당했다는 것이 판명된다. 이때는 스네이크의 혼란과 플레이어의 혼란이 일치된다. 허친슨은 이런 서사적 미스 디렉션과 메커닉스적 제한의 조합을 시리즈에 있어서 플레이어의 주체성의 '루트 변경Rerouting'이라 부르며 '스네이크와 마찬가지 프러스트레이션Frustration(불만, 좌절감-역주)과 신념을 품음으로써, 플레이어와 스네이크의 일체감이 증가한다(Hutchinson, 2019, 218쪽).' 라고 지적했다. 이런 환경상의 제한은 〈MGS1〉의 '반핵'과 '자유주의'라는 주제와 플레이어의 감정을 연결시키는 역할도 한다. 무기 사용이라는 유용한 게임 메커닉스를 갑자기 금지당한 것에 대한 플레이어의 프러스트레이션은 위험한 핵물질을 비축한 미국 정부에 대한 스네이크 자신의 혐오감과 겹쳐진다.

〈MGS3〉의 '죽음의 강'이라는 환경은 반전·비폭력이라는 서사적 주제와 메커닉스적 제한이 특히 더 잘 맞물려 있으며, 플레이어의 짜증과 자기 성찰을 끌어낸다. 이 에어리어는 게임 종반에 등장하며, 이 시점에서 플레이어 캐릭터인 네이키드 스네이크는 수많은 적을 쓰러트리거나 혹은 회피해 왔다. 스네이크는 허리까지 잠기는 깊이의 강 속에서 나아가고, 불이 붙은 맹그로브(홍수림)가 머리 위에 터널을 만들고 있다. 전쟁의 지옥 같은 이러한 이미지는 프랜시스 포드 코폴라Francis Ford Coppola 감독의 《지옥의 묵시록Apocalypse Now》이나 올리버 스톤Oliver Stone 감독의 《플래툰PLATOON》에서 묘사된 베트남 전쟁의 정글을 떠오르게 한다. 여기에 갑자기 죽은 자와 교신할 수 있는 보스 캐릭터 영매 병사 더 소로우가 나타나고, '네가 죽인 이들의 슬픔Sorrow을 넌 알아야 해.' 라고 말한다. 플레이어는 다시금 스네이크를 조작할 수 있게 되고, 강을 거슬러 올라가는데, 이번에는 더 소로우와 망령들이 플레이어 앞에 나타나 가까이 다가온다. 각각의 망령은 플레이어가 게임 속에서 죽여 온 적을 나타내며, 닿으면 스네이크가 라이프를 잃는다.

즉, 이 에어리어는 그 시점까지 플레이어가 게임 속에서 얼마나 폭력적인 플레이를 해 왔는지를 나타내는 직접적인 예증(例證)으로 기능하는 것이다. 적과의 교전을 피해 진행해 온 플레이어는 짧은 시간 안에 클리어할 수 있지만, 많은 적을 죽이고 온 경우에는 엄청나게 오랜 시간이 걸리고, 최대 100개체의 망령이 나타나 고난이도의 집요한 플레이를 강요당한다. 이 에어리어보다 앞에서 볼 수 있는 몇몇 컷 신에서도 캐릭터의 대사와 반전 영화를 방불케 하는 미학을 통해 반전·비폭력 주제를 전하지만, 죽음의 강의 환경 디자인, 그리고 플레이어의 진행 방식에 따른 보수와 페널티가 변화함으로써 더욱 강력하게 전해진다. 플레이어는 자신의 폭력적인 플레이를 반성할 수밖에 없기 때문이다. 코지마는 이 장면이 일본의 문화·종교적 신념을 상기시킨다는 점도 언급했으며, '삼도천'을 풍자한 것으로 생각해 건너고 싶어 하지 않는 플레이어도 있다고 말했다. 뱀, 물고기, 새 등의 동물 망령이 등장하는 것은 동물도 인간과 마찬가지로 윤회한다는 불교의 가르침에 기반한 것이라 말하는 연구자도 있다(Hutchinson, 2019, 221~222쪽). 스네이크는 정글 환경에서 스태미나를 회복하고, 살아남기 위해 동물을 죽여 먹어야만 하는데, 과도한 포식행위가 용납되는 것은 아니라는 뜻이다.

아바타: 적 캐릭터와 플레이어 캐릭터

〈MGS3〉를 개발하면서 코지마 팀은 야쿠시마와 아마미오오시마의 삼림에서 현장을 촬영하거나 동물의 울음소리를 녹음하기만 한것은 아니었다. MSX2용 〈메탈기어〉 시리즈에서 서바이벌 게임을 실천했던 것처럼, 시리즈의 군사 고문/SWAT 훈련 담당인 모리 모토사다毛利元貞의 지도하에 2일간에 걸쳐 군사 시뮬레이션 훈련을 받은 것이다. 모리는 그때까지의 〈MGS〉 시리즈에서도 군사 시뮬레이션을 실시했으며, 스태프에게 적의 행동 및 이동 패턴을 가르쳤다. 〈MGS2〉에서는 적의 움직임이 더욱 교묘해졌으며, 병사들이 부대 단위로 소음을 조사하거나, 방을 수색하거나, 플레이어 캐릭터와 교전하게 되었다. 모리는 우선 개발 스태프들이 코나미 사내의 복도에서 SWAT 팀의 행동을 흉내 내게 했다. 그 후에는 프로 배우들을 기용해 모션 캡처가 이루어졌으며, 그런 디테일이 게임 속적의 움직임에 조합되었다. 〈MGS3〉의 서바이벌 환경을 체험하기위한 군사 시뮬레이션에서는 위장복을 입은 스태프가 숲속에서 서로의 움직임을 추적하고, 인스턴트 라멘으로 영양을 보급했다. 모리 자신도 스태프들 하나하나에게 몰래 접근해 자고 있을 때 '살해'했다. 게임의 환경 디자인에 쓸 시청각 애셋 수집을 위해 숲에서 캠핑을 했다는 체험담도 마찬가지로, 이러한 일화도 〈MGS〉 시리즈의 디자인 요소의 프로모션에서 '체험'이 어떤 역할을 했는지를 이해하는 데 도움이 된다. 이러한 체험이 〈MGS3〉의 적 AI 개선에 필요했는지는 일단 제쳐 두고, 개발 팀은 각 작품을 위해 일부러 적 아바타의 움직임을 '체험'하여 전작을 뛰어넘고자 했다. 그리고 코나미는 그런 스태프의 노력을 최대한으로 활용해 현실성 향상을 목표로 하는 〈MGS3〉의 도전을 선전했다.

물론 적의 현실적인 움직임이 〈MGS〉 시리즈에만 있는 것은 아니며, 수많은 전쟁 게임에서도 적 아바타는 플레이어의 움직임에 반응해 행동한다. 〈MGS〉의 적 병사가 다른 게임과 다른 점은 비전투 시 병사들의 과장된 반응이다. 〈MGS〉의 적 병사 AI를 담당했던 코지마 팀의 리드 프로그래머 코레카도 유지에 따르면, 시리즈의 AI는 적을 '예능인'으로 만드는 것을 목표로 했다. 수상한 소리가 난 지점을 일부러 보러 가거나 하도록 프로그램되었기에 플레이어는 적을 우왕좌왕하게 만들면서 즐길 수 있다. 스네이크가 발견되면 이번에는 적이 태클을 거는 쪽이 되어 '뭐하는 거냐!' 하면서 추격해 온다. 일반적인 인식과는 정반대지만, 코레카도에 따르면 적 AI는 똑똑한 편이 더 간단히 만들 수 있다고 한다. "유저분들이 뒤얽혔을 때 즐거운 AI를 목표로 만들었습니다(「Nikkan Spa!」, 2013)." 즉, 〈MGS〉 시리즈에서는 리얼한 적 AI 제작에 세심한 주의를 기울이는 한편으로, 유연하고 창발적인, 또 단순하게 재밌는 게임으로 만들기 위해 적의 비현실적인 행동도 마찬가지로 중시했다는 것이다. 〈MGS〉의 적은 극단적으로 현실적이라기보다는 극단적으로 유연성이 있으며 다양한 도발에 반응하기에, 플레이어가 이것저것

실험해 보거나 적의 행동의 한계를 시험해보기를 재촉하는 형태로 디자인되어 있다.

적 AI의 반응이 풍부해지고 행동 범위가 늘어난 한편으로, 스네이크의 능력도 확장되었다. 〈MGS3〉의 적은 부대 단위로 움직일 뿐만 아니라, 〈MGS1〉에 비해 육체 능력도 강화되어 다수의 전투 동작이 추가되었으며, 무엇보다 시야가 거의 현실적인 수준까지 넓어졌다. 확실하게 숨지 않으면 적이 멀리 있더라도 발견될 가능성이 있으며, 적은 플레이어가 있는 곳을 찾아내기 위해 천천히 에어리어를 조사한다. 탐지 능력이 상승하고 행동이 다양해진 적과의 밸런스를 맞추기 위해 개발 스태프는 모리와 협력해 근접전투술CQC이라 불리는 세련된 육체 전투 시스템을 도입했다. 이것은 실제 육체 전투 기술에 기반하고 있으며, '지근거리에서의 갑작스러운 폭력을 특징으로 한다.' (Military Wiki)〈MGS3〉의 CQC는 스네이크가 적에게 몰래 다가가 붙잡으면 개시되며, 그 후 버튼을 누르거나 아날로그 스틱을 조작하여 몇 가지 움직임이 파생된다. CQC 버튼(○ 버튼)을 강하게 누르면 적의 목을 베어버리며, 왼쪽 아날로그 스틱을 밀면 적을 지면에 메다꽂고, 스틱을 누르면 적을 심문해 정보를 입수할 수 있다(오리지널 판에서의 조작 방법).

CQC 시스템은 적을 죽이지 않고 굴복시킬 수 있다는 것뿐 아니라 플레이어를 스네이크의 감정 상태에 더욱 강하게 연결하는 데도 효과적이었다. 이야기의 무대가 1960년대로 옮겨졌기 때문에 손을 쓰는 전투를 전면에 내세움으로써 시대의 변화가 표현되었으며, 그와 동시에 '인간은 누구나 시대의 산물이다.' 라는 핵심 주제도 보강되었다. 스네이크와 마찬가지로 플레이어도 과거의 시대라기보다는 원시적인 환경을 재현하기 위해 디자인된, 제한이 있는 어포던스에 의해 형성되기 때문이다. 또, 오리지널 판 〈MGS3〉의 CQC 시스템은 격렬한 전투 중의 패닉과 혼란을 효과적으로 전달한다. 이 시스템은 플레이스테이션의 감압식 아날로그 버튼을 활용하여 버튼을 누르는 세기에 따라 실행되는 액션이 달라진다. 심문 같은 복잡한 액션을 실행하려면 복수의 버튼을 다른 세기로 동시에 누르는 조작을 마스터해야 하며, 적이 플레이어의 구속에서 도망치려 하면 컨트롤러가 진동한다. 플레이어가 적을 잡아 심문할 생각이라 해도 갑자기 다른 적에게 발견되기라도 하면 조작을 실수해 구속 중인 적의 목을 베어버리는 경우가 있다. 심문으로 얻을 수 있는 정보는 유익할지도 모르지만, 플레이어는 적에게 발견되거나 실수로 적을 죽여 버릴지도 모른다는 스트레스에 제 발로 걸어 들어가 견뎌야만 한다. 이처럼, CQC 시스템은 궁지에 몰렸을 때 나타나는 생과 사의 아슬아슬한 경계선을 표현할 뿐만 아니라, 긴박한 상황 하에서 적의 목숨을 빼앗지 않고 은밀 행동을 하는 것이 얼마나 어려운 일인지 잘 전달한다.

〈MGS〉 시리즈의 모든 적을 같은 방법으로 대처할 수 있는 것은 아니며, 어느 작품이든 보스 캐릭터가 적 AI의 정점에 군림한다. MSX2용 〈메탈기어〉 시리즈의 개성 풍부한 캐릭터들의 후신인 〈MGS〉 시리즈의 보스 캐릭터는 이야기의 중요한 순간에 쓰러트려야 할 악역으로서 스네이크 앞을 막아선다. 그들은 서사에 깊이 연관되어 있으며, 배경 스토리와 모놀로그가 풍부하게 준비되어 각각의 성격과 스네이크나 미국 정부에 적대하는 동기 등이 표현된다. 보스 캐릭터는 플레이어의 게임 메커닉스 숙련도를 시험하는 장애물로도 기능하는데, 통상적인 적 병사보다도 많은 라이프와 세련된 움직임, 큰 대미지를 입히는 능력을 겸비하고 있다. 그들의 기발한 형태와 특성은 코지마가 어린 시절 보았던 특촬 방송의 악역에서 영감을 받은 것이다. 그렇기 때문에 전쟁 게임에 나올 법한 적 전투원과 달리 굉장히 화려하고, 이상할 정도로 재빠르고, 초월적인 무기와 염동력 등 비현실적인 능력을 사용하고, 특유의 전투 스킬을 지녔다. 플레이어가 게임을 진행하기 위해서는 보스의 움직임과 공격 패턴을 재빨리 간파하고, 틈을 보아 공격해야만 한다.

〈MGS3〉의 보스전은 시리즈 중에서도 특히 복잡하다. 초자연적인 스킬을 지닌 노령의 스나이퍼 '디 엔드'와의 싸움은 게임의 테마인 서바이벌과 '환경에 녹아들기'가 특히 더 강조되는데, 좁은 환경에서의 반사 신경이 요구되는 다른 보스전(리볼버 오셀롯, 더 피어, 볼긴 대령 등)과는 달리, 디 엔드와의 싸움은 스텔스와 위장을 사용한 다양한 방법으로 접근할 수 있다. '디 엔드'전은 3개의 다른 에어리어에서 진행되며, 에어리어를 이동하는 플레이어를 노회한 스나이퍼가 추격해 온다. 플레이어는 엄폐물 뒤에 숨어가며 스나이퍼 라이플의 1인칭 시점으로 나뭇잎의 흔들림이나 적의 무기에 반사되는 빛에 의존해 정밀 사격을 해야 한다. 디 엔드는 장소를 바꾸며 다른 에어리어로 이동하기 때문에 이 방법을 쓰면 다시 그를 발견한 후 저격해 라이프를 제로로 만들 때까지 몇 시간이 걸릴지도 모른다.

좀 더 적극적인 방법으로 디 엔드의 잠복 지점을 특정해 직접 공격하는 것도 가능하다. 디 엔드는 공격할 때마다 도망치며, 속임수와 잠복으로 스네이크의 허를 찌르려 한다. 하지만 가끔 멈춰서서 호흡을 가다듬으려 하기에 최종적으로는 몰아붙일 수 있다. 그 외에도 완전히 스텔스 방식인 선택지로, 차폐물을 이용해 배후에서 몰래 디 엔드에게 접근하여 제압하고 탄약과 의복을 빼앗는 방법도 있다. 이 스텔스 메커닉스는 플레이어 캐릭터가 디 엔드와 직접 교전하는 스테이지만이 아니라 이전의 장면에서도 활용할 수 있다. 휠체어에 탄 디 엔드가 상호작용이 가능한 컷 신에 잠깐 등장하는 장면이 있는데, 원거리에서 조준해 저격하면 그 자리에서 사살할 수 있으며, 오래 걸리는 보스전을 완전히 스킵하는 것도 가능한 것이다.

게임 디자인의 일환으로써 코지마가 게임기 본체까지 주의를 기울이고 있음을 나타내는 기발한 해결책도 있다. 플레이스테이션 2 본체의 시계를 1주일 후로 진행시키면 디 엔드를 늙어죽게 할 수 있는 것이다. 말하자면, 게임기 그 자체가 디 엔드를 '죽인' 것이다. 디 엔드와의 보스전은 목표 달성 수단에 극단적인 유연성이 주어져 있는 좋은 사례임과 동시에 게임의 스토리에 있어서 서바이벌이라는 테마와 서사적 세계 내외의 환경이 강조되는 사례이기도 하다.

스네이크와 플레이어의 감정

이러한 전투의 중심에는 플레이어가 조작하는 아바타인 솔리드 스네이크, 혹은 네이키드 스네이크가 있다. MSX2용 작품부터 등장한 스네이크는 장르영화 스타를 모델로 했으며, 이 디자인 철학은 이후 〈MGS〉 시리즈에도 계승되었다. 스네이크는 스파이, 무협, 액션 영화의 스타를 조합해 디자인되었는데, 특히 커트 러셀이 연기한 스네이크 프리스킨(존 카펜터 감독의 액션 영화 《뉴욕 탈출》(1981)의 주인공)에게 영향을 받았다. 조작 가능한 아바타인 스네이크가 초인적으로 보이는 것은 플레이어가 게임 내의 모든 적을 능가하는 수많은 어포던스와 시점을 지니고 있기 때문이다. 적 병사와 비교하면 플레이어는 여러 무기와 장비를 전환할 수 있으며 액션을 복수의 시점(1인칭 시점, 3인칭 시점, 부감 시점)으로 볼 수도 있는 등 압도적인 우위에 있다. 적 AI는 작품이 계속되면서 진화했지만, 그럼에도 스네이크는 수많은 툴과 시점을 자유로이 사용하며 적보다 빠르게 움직이고, 멀리까지 내다보며, 재빠르게 반응할 수 있다. 스네이크보다도 많은 능력을 지닌 것은 보스 캐릭터뿐인데, 그들은 스네이크보다 빠르게 움직이거나, 더욱 정확하게 사격하거나, 더 많은 무기를 장비하고 있기도 하다. 그렇기에 보스전이 스릴 넘치는 것이지만, 그럼에도 플레이어에게는 라이프를 회복하거나, 숨거나, 예측 가능한 루트에서 벗어나 움직이는 등 우수한 어포던스가 대량으로 준비되어 있다.

어떤 상황에도 대응할 수 있는 스네이크는 여러 가지 의미로 미국 액션 히어로의 스테레오 타입에 딱 들어맞는(단련된 육체, 무기에 정통, 여성과의 들뜬 듯한 대화, 전장에서의 용기) 주인공인데, 시리즈가 진행되면서 이러한 스테레오타입의 대부분이 뒤집힌다. 〈MGS1〉의 이야기에서는 스네이크가 사실은 전설적인 영웅의 클론(미국 정부에 의해 만들어진)이며, 슈퍼 솔저 군단을 만들기 위해 막후의 기술 관료들에 의해 만들어진 수백 명의 클론 중 하나라는 것이 밝혀진다. 솔리드 스네이크 최후의 싸움이 되는 〈MGS4〉에서 그는 급속한 노화로 인해 실의로 가득한데, 피로해 보이는 애니메이션과 자조적인 대사로 쇠약해졌음이 빈번하게 묘사된다. 스네이크는 엘리트이면서도 전쟁 때문에 피폐해진 퇴역 군인을 상징하며, 초인적인 위업을 달성했음에도 비인간적인 싸움 탓에 마음에 상처를 입었다. 그는 '안티 액션 히어로'로 차가운 외모 뒤에 인간성과 약함을 숨기고 있으며, 그것이 용병으로서의 신체적·심리적인 부채 의식을 드러낸다.(Harzheim, 2016, 180쪽)

　게임의 복잡한 조작 방법은 플레이어를 스네이크라는 캐릭터와 연결해주는 기능이 있지만, 플레이어가 스네이크와 똑같은 감정 상태라는 것은 서사도 그만큼 복잡해진다는 것을 뜻한다. 플롯의 뒤틀린 전개, 반전, 스네이크를 컨트롤할 수 없게 되는 시퀀스 등이 최종적으로 플레이어의 프러스트레이션으로 연결된다. 이 프러스트레이션이 가장 확실히 드러나는 것이 〈MGS2〉이며, 이 작품에서는 스네이크가 아니라 미숙하고 감정적인 '라이덴'이 플레이어블 캐릭터가 된다. 라이덴은 제어와 숙달을 바라는 플레이어를 사사건건 방해하는 캐릭터처럼 보인다[5]. 태너 히긴Tanner Higgin이 말한 것처럼 이것은 의도적인 디자인이며, 이런 프러스트레이션이 게임의 서사에 포함되어 있기 때문에 '플레이어는 〈MGS2〉의 지배와 정동의 로직에 빨려 들어간다(Higgin, 2010, 252쪽).' 스네이크의 프러스트레이션은 플레이어의 프러스트레이션이기도 하며, 스네이크나 플레이어 모두 상대는 전쟁의 추진자('애국자들')이자 게임의 설계자(코지마와 그의 개발 팀)이며, 지배 체제에 대한 무력감을 맛보게 된다.

프러스트레이션을 품은 플레이어와 캐릭터 사이의 감정적인 융합은 스네이크를 안티 액션 히어로로 기능하게 하는 데 가장 중요한 메커니즘이며, 이것은 〈MGS3〉의 라스트 보스전(네이키드 스네이크가 경애하는 옛 스승, '더 보스'와의 싸움)에 잘 드러나 있다. 더 보스는 스텔스와 근접 전투 전술이 우수한 강적으로, 그녀와의 전투는 엄청난 고난이다. 최후에 더 보스가 쓰러지고, 네이키드 스네이크는 그녀를 죽여서 임수를 완수해야만 한다. 카메라는 부감 시점으로 전환되고, 스네이크가 방아쇠를 당기기를 기다리며 천천히 후방으로 빠진다. 게임은 플레이어에게 버튼을 눌러 더 보스를 죽이도록 강요하며, 플레이어를 스네이크의 머릿속, 손 안에 둔다. 또 하나의 관점은, 이 행위는 플레이어를 스네이크의 공범자로 만드는데, 어떤 리뷰어가 쓴 것처럼 "플레이어는 강제로 최후의 일격을 날림으로써 설령 다른 선택지가 없었다 해도 '그때, 그렇게 했다면'이라는 물음이 계속 남게 된다(Stanton, 2015b)." 다른 관점으로 보면, 여기서 플레이어의 주체성을 빼앗기는 것은 임무를 완수하기 위해 경애하는 더 보스를 죽여야만 하는 상황에서 스네이크가 자신의 주체성을 잃는 것과 일치한다. 플레이어가 스네이크와 공범이 됨으로써, 또 그 공범성이 통제 불능의 상황에서 무언가를 강요당한다는 게임의 주제와 호응함으로써, 더 보스의 살해는 플레이어에게 강렬한 경험이 되고 깊은 프러스트레이션을 남긴다. 결국 우리는 '시대의 산물'인 것이다.

인터페이스: 메뉴와 관리

스텔스 메커닉스가 작용하는 것은 게임의 이야기 속 환경에서 스네이크를 조작할 때만이 아니다. 게임 시스템의 부차적인 요소로, 플레이어는 정보와 장비에 접근하기 위해 이야기 밖의 인터페이스도 관리해야 한다. 인터페이스의 일부는 환경에 오버레이(화면에 별도의 표시창이나 아이콘이 겹쳐 표시되는 것-역주)로 표시되지만, 다른 화면을 통해 액세스해야 하는 것도 있다. 오버레이 표시되는 인터페이스의 예는 〈MGS3〉에서 스네이크의 상태를 표시하는 체력 바와 스태미나 바가 있으며, 이렇게 화면상에 표시되는 요소들의 집합을 헤드업 디스플레이HUD라고도 부른다(Wilson, 2006). 플레이어는 HUD를 주시함으로써 자신이 게임 오버가 될 것 같은지를 판단할 수 있다. 체력 바는 대부분의 액션 게임에서 볼 수 있는 일반적인 요소지만, 〈MGS〉 시리즈에서는 자연스러운 형태로 플레이어와 스네이크를 연결하는 요소가 되었다. 〈MGS3〉에서는 게임 시작 시 체력 바가 짧게 설정되어 있는데, 이로써 젊고 미숙한 병사라는 플레이어의 상태가 표현된다. 체력 바는 보스전을 클리어하면 늘어나며, 게임 종반에는 '더 보스'와 같은 수준이 되어 게임을 통해 플레이어가 성장했다는 것, 그녀와 어깨를 나란히 할 수 있는 존재가 되었음을 나타낸다. 〈MGS4〉에서는 노병이 된 스네이크의 스태미나 바가 기력 게이지로 대체되었는데, 스네이크가 전장에서 스트레스를 느끼거나, 혹은 코믹하게도, 컷 신이나 회화 도중에 서포트 캐릭터들에게 나이를 가지고 놀림을 당하면 감소한다.

다른 화면의 인터페이스는 플레이어가 정보를 입수하기 위해 액세스하는 메뉴로 구성되어 있다. 이것은 게임 내에서 공간적으로 표현되지 않는 정보를 시각화해 플레이어에게 제시하기 위한 '메타 표현' 인터페이스라 불리는 것으로 분류된다. (Fagerholt and Loretzon, 2009, 51~52쪽) 〈MGS〉 시리즈의 메타 표현 인터페이스는 게임의 디제시스적 세계를 매체화하는 것이 많으며, 이것이 두드러지는 예가 무전 통신이다. 플레이어가 다른 화면을 열면 디지털 수치 표기, 캐릭터 애니메이션용 박스(여기에 화자의 정지 화상, 애니메이션이 표시된다), 그리고 화면 아래 절반에 대화 텍스트가 표시된다. 전술했듯이, 무전 통신은 이야기를 진행시키는 음성 컷 신으로도 기능하며, 그 외에도 적이나 환경에 관한 힌트, 배경 정보를 입수하기 위해 정기적으로 액세스하게 된다. 이야기에 정보를 더하고 싶을 때나 플레이어가 에어리어를 나아가는 데 도움이 필요한 경우, 무전 통신은 지식의 도랑을 메우는 데 큰 역할을 한다.

〈MGS〉 시리즈에서 환경에 녹아들어 적을 완전히 회피하려면 HUD와 메타 표현 인터페이스 양쪽을 적극적으로 구사할 필요가 있다. 이에 대한 알기 쉬운 예가 '솔리톤 레이더'이다. 이 레이더는 HUD의 오른쪽 위에 사각형으로 표시되며, 주변의 에어리어 환경만이 아니라 적의 위치(하얀 점)도 표시해준다. 솔리톤 레이더는 MSX2용 〈MG2〉에서 쓰인 동체 반응 레이더에서 발전할 것으로, 이것 덕분에 플레이어는 게임 화면만으로는 알 수 없는 정보를 입수하고, 새로운 3D 환경의 내려다보는 형태, 등척형(等尺型, 아이소메트릭Isometric) 시점에 익숙해질 수 있다. 예를 들어 레이더 상에서 적을 표시하는 점에서 방사되는 삼각형 '시야 콘'은 적의 시야와 적이 보고 있는 방향을 나타내는데, 이러한 정보는 게임 속의 적에게는 주어지지 않는다. 이 레이더에는 환경 그 자체의 시점을 능가하는 정보를 플레이어에게 제공해버린다는 디자인상의 결함도 있다. 실제로 적의 움직임을 관찰하고 경계 페이즈를 발생시키기 않기 위해 '플레이어의 주의는 솔리톤 레이더와 환경 사이를 끊임없이 왔다 갔다 하게' 된다(Ash, 2015, 100쪽).

〈MGS3〉에서는 솔리톤 레이더가 폐지되고 이야기 세계의 환경에 대해 훨씬 더 많은 주의를 기울여야만 하는데, 동시에 적을 회피하는 것이 굉장히 어려워졌다. 그렇기에 코지마 팀은 정글이라는 설정을 살려 스네이크가 위장해 환경에 녹아드는 2차적인 메타 표현 인터페이스를 만들었다. 플레이어가 메뉴 화면을 열면 환경 텍스처나 색깔에 맞는 위장 리스트가 표시된다. HUD에는 솔리톤 레이더 대신 위장 퍼센티지가 표시되며, 플레이어가 얼마나 환경에 잘 녹아들어 적에게 발각되기 어려운 상태가 되었는지 표시된다. 퍼센티지가 높으면 환경에 훌륭하게 녹아든 것이며, 낮으면 원거리에서도 발견되지 쉬워진다. 그 외에도 스네이크의 스태미나가

저하하거나 부상을 입은 경우를 위해 식사와 치료용 메뉴가 있으며, 이것은 인터페이스를 게임의 더 큰 서사적 주제의 보완 재료로 사용했음을 나타낸다. 솔리톤 레이더의 폐지는 게임의 배경이 더 앞선 시대가 되었기 때문에 수반된 기술적 후퇴를 나타내며, 기술도 '본능'에 의존해야만 하는 정글이라는 무대 설정에도 어울린다.

위장이라는 아이디어는 종래의 게임성에 다양성과 긴장감을 더하고 사냥과 추적이라는 게임의 컨셉에 잘 어울린다는 점에서 실로 참신했다. 하지만 실제 플레이에서 위장을 사용하려면 세심한 주의가 필요한데, 플레이어가 일단 디제시스적 세계에서 벗어나 비디제시스적 세계인 위장 선택 화면에서 적절한 유니폼을 선택할 필요가 있기 때문이다. 끊임없이 변화하는 지형에 적응하기 위해 플레이어는 위장 메뉴와 메인 화면을 끊임없이 왔다 갔다 하게 된다. 이것은 〈MGS〉 시리즈에서는 자주 볼 수 있는 프로세스로, 메뉴와 장비 관리가 플레이의 커다란 측면을 이룬다. 〈MGS1〉과 〈MGS2〉에서는 다양한 장비의 관리가, 〈MGS3〉에서는 식료품, 상처 치료, 위장이, 〈MGS4〉에서는 다양한 무기를 해금해 장비하는 것이 중심이 된다. 시리즈 후기의 작품에서는 이러한 메뉴 옵션부터 스네이크만이 아니라 군대 운영의 거점이 되는 바다 위 군사 기지 전체까지 관리 가능해진다. 플레이어 캐릭터인 스네이크의 건강부터 마더 베이스Mother Base의 시설까지, 이러한 관리 요소는 시리즈의 서사적 범위와 플레이어의 선택지가 확장됨에 따라 핵심적인 메커닉스가 되었다.

스네이크가 게임 속에서 앞으로 나아감에 따라 전투의 선택지와 강력한 무기가 더 많이 주어지게 되므로, 관리 메커닉스는 시리즈 전체를 꿰뚫는 비폭력이라는 커다란 주제와 아이러니한 형태로 연결된다. 마틴 로스Martin Ross는 "이 시리즈는 무기와 전쟁을 찬미한다. 살상력이 높은 무기가 풍부하게 준비되어 있다는 점, 주인공이 기본적으로 원 맨 아미One Man Army라는 것이 그 증거다(Ross, 2017, 163쪽)."라고 말했다. 적이 지원군을 부를 수 있기 때문에 플레이어의 과도한 폭력이 페널티를 받게 된다는 점에 변함은 없으나, 이제 막 손에 넣은 무기를 무방비한 병사에게 사용해 보고 싶다는 유혹은 점점 더 커져 간다. 더 많은, 더 우수한 폭력의 선택지에 거스르기는 어렵다. 하지만 굳이 비폭력적인 수단을 선택해 이러한 유혹에 저항하는 플레이어의 능력 그 자체가 〈MGS〉 시리즈의 플레이에 도덕적인 성격을 부여한다. 허친슨은 폭력적인 플레이에 대한 선택은 "플레이어 자신의 폭력적인, 혹은 비폭력적인 행동에 중점을 두고 있으며, 디자이너에 의해 시사된 윤리적, 도덕적인 분별에 깊이가 주어진다(Hutchinson, 2019, 220쪽)."라고 말했다. 이런 선택을 의식하게 함으로써 플레이어가 스스로의 행동의 결과를 깨달을 가능성도 높아진다. 무기를 쓰게 하는(제조하게 하는) 선택에 유연성을 줌으로써 〈MGS〉 시리즈는 폭력의 유해한 측면을 전면에 내세우고 플레이어에게 다른 해결 방법을 찾도록 촉구하는 것이다. 동시에 반전이라는 시리즈의 주제를 받아들일지 받아들이지 않을지 선택하게 함으로써 플레이어는 자신의 선택의 무게와 마주할 수밖에 없게 되며, 플레이에 도덕적인 주체성이 탄생한다.

또, 플레이어의 도덕률을 비폭력적인 방향으로 인도하는 최후

의 인터페이스로, 게임을 클리어한 후 플레이어의 퍼포먼스를 평
가하는 랭크 시스템이 있다. 이 랭크는 클리어까지 걸린 시간, 세
이브 횟수, 그리고 무엇보다도 적을 회피한 수와 적을 죽인 수가 기
준이며, 최고 랭크인 '빅 보스'는 적을 한 명도 죽이지 않고, 또 적에
게 한 번도 발각되지 않은 플레이어에게 주어진다. 이 랭크 시스템
은 비폭력은 '약자의 길이 아니고', '어렵고 시간이 걸리지만 최후
에는 보답을 받는다는 접근이며, 장시간의 훈련과 자제가 필요한
(Stamenkovic 외, 2017, 16쪽)' 것이라는 논리를 구축한다. 게임의 최후
에 표시되는 이 인터페이스는 숙련도를 비폭력적인 플레이로 정의
하며, 플레이어로 하여금 완전한 평화주의를 통해 이를 달성하도
록 장려한다.

메타성: 반복과 메타

〈MGS〉 시리즈의 시뮬레이션 시스템이 플레이어를 스네이크의
감정과 환경에 깊이 몰입시키는 한편, 시리즈 각 작품은 게임 그 자
체라는 미디어에 주목하게 하는 메타적 기법으로 이 몰입감을 파
괴한다. 전술했듯이, 코지마 작품에서 볼 수 있는 메타성은 플레이
어를 게임의 디제시스적 흐름에서 분리시킨다는 비판을 받기도 하
지만, 실제로는 플레이어의 세계를 게임의 환경까지 확장하는 역
할을 해낸다. MSX2 시절처럼 작품의 사용 설명서와 패키지에 머물
지 않고, 〈MGS〉 시리즈는 이 메타성을 창조적인 방향으로 구현한

다. 각 작품은 비디제시스적 세계인 미디어 형식, 플랫폼, 파라텍스트를 의도적으로 받아들여, 게임의 이야기 세계의 환경과 비이야기 세계의 공간을 연결하고, 확장하며, 모호하게 만든다.

〈MGS〉 시리즈가 받아들인 것 중 가장 두드러지는 비디제시스적 세계의 요소는 플레이어가 게임을 플레이하기 위해 사용하는 장치이다. 전술했듯이, 코지마는 커리어 초기부터 게임을 영화와는 다른 합성적인 미디어로 여겼다. 그는 하드웨어 자체도 게임의 연장으로 받아들였으며, 〈MGS〉 이전의 작품에는 플레이어가 인터페이스 밖의 컴퓨터 키를 눌러 퍼즐을 풀어야만 하는 장면도 포함되어 있었다. 코지마가 (PC가 아니라) 처음부터 게임기용으로 디자인한 첫 번째 작품에서는 플레이스테이션 본체의 컨트롤러를 게임 내 강적과의 싸움에서 해결 수단으로 활용했다. 이것이 가장 확실하게 드러나 있는 것이 〈MGS1〉의 사이코 맨티스와의 보스전이다. 사이코 멘티스는 싸우기 전에 플레이어의 메모리 카드에 저장된 데이터에 접속해 '마음을 읽음'으로써 초능력을 과시한다. 별로 세이브를 하지 않은 플레이어에게는 '세이브를 자주 하지 않는군. 대담하다.'라고 코멘트하며, 다른 코나미 게임의 세이브 데이터가 있으면 그러한 게임이나 장르에 관한 코멘트('악마성 드라큘라를 좋아하는 모양이군?※6')를 한다. 심지어, 사이코 맨티스는 게임 세계 밖에도 힘을 행사할 수 있다는 것을 보여주기 위해, '컨트롤러를 바닥에 놓아봐라.'라고 플레이어에게 지시한 다음 '염동력으로 움직여 주지.' 라고 말하며, 몇 초 후에 진동 기능으로 듀얼 쇼크 컨트롤러가 진동한다. 사이코 맨티스와의 싸움은 플레이어의 능력이 시험받는 진정한 시런이다. 사이코 맨티스는 전투 중에 스네이크의 공격을 전부 피하며 플레이어의 마음을 읽는 것처럼 행동하는데, 그의 초능력을 무효화하고 대미지를 입히려면 컨트롤러를 물리적으로 접속 단자에서 분리하고 다른 단자에 연결해야 한다. 게임기를 건드리지 않고 사이코 맨티스에게 이기는 방법도 있지만, 코지마는 게임에 대한 개념을 화면 밖까지 확장하는 플레이어가 보답을 받도록 이 전투를 디자인했다.

여기서는 게임기라는 기술적 장치가 고려의 대상이 되었는데, 〈MGS〉에서는 이에 그치지 않고 다른 기술적 미디어가 지닌 가능성까지 재현되었다. 예를 들어 사이코 맨티스와의 전투 중 갑자기 화면이 새카만 '비디오' 화면으로 전환되며 플레이스테이션과 TV의 접속이 끊어진 듯한 연출이 들어간다. 하지만 잘 보면 화면 오른쪽 위에 빛나는 녹색 글자로 표시되어 있는 것은 '비디오'가 아니라 '히데오'다. 이런 순간은 TV 화면마저도 게임 디자이너에 의해 조작될 가능성이 있다는 것을 시사하며, 플레이어를 시스템 그 자체와 대치시킨다. 〈MGS2〉의 주인공인 라이덴은 〈MGS1〉의 군사 시뮬레이션에서 훈련을 받았다는 스토리가 있기에 이러한 상황이 다수 존재한다. 게임의 어느 시점에서 조언자인 로이 캠벨 대령이 AI 구축물이었다는 것이 판명된다. 이 AI에 불량이 발생한 것은 플레이어가 너무 오랜 시간 플레이했기 때문이라면서 '지금 당장 게임기의 전원을 꺼라.' 라는 무전을 몇 번이고 되풀이한다. 그 직후의 격렬한 전투 시퀀스에서는 화면이 갑자기 축소되어 플레이어 캐릭터가 사망했을 때의 화면이 표시된다. 하지만 잘 보면 이것은 사이코 맨티스 전의 '비디오/히데오'화면과 마찬가지 트릭이라는 것을 알 수 있다. '게임 오버'화면에는 'Mission Failed(미션 실패)'가 아니라 'Fission Mailed'라고 적혀 있으며, 플레이어는 축소된 화면 속의 아바타를 계속 조작할 수 있다. 게임이 지시하는 대로 게임기의 전원을 *끄거나* 리셋하는 플레이어는 거의 없을 테지만, 게임의 디제시스에 대한 이러한 방해는 게임 중의 긴박한 순간에 플레이어가 대응해야만 하는 새로운 장애가 되어, 디자이너가 게임기 본체와 공모해 플레이어를 방해하는 것 같은 감각을 준다.

이러한 사례에서 볼 수 있듯이, 이러한 장애를 해결하는 방법은 통상적인 게임 체험과는 크게 동떨어져 있다. 통상적인 게임은 거의 반드시 플레이어가 게임의 디제시스 속에서 문제를 해결할 것을 요구하기 때문이다. 코지마가 이러한 순간을 이용해 게임 디자이너로서 자신의 존재감을 게임의 액션에 삽입하는 방법은 실로 독특하다. 물론 어떤 의미로는 단순한 자기과시욕에 불과할지도 모르지만, 디자이너의 존재감을 강조하고 비디제시스적 플레이를 호소하는 것에는 더욱 심오하고 중요한 역할이 있다. 그것은 플레이어에게 디자이너와 대화하도록 하고, 디자인의 한계를 탐구하도록 촉구하는 것이다.

어떤 측면에서 보면 이러한 메타적인 플레이는 〈MGS2〉에서 묘사되는 게임 그 자체의 주제(기술에 대한 의존과 정보 조작이 사회에 주는 영향)에 대한 주석이다. 스티븐 콘웨이가 말했듯, 게임이 플레이어에게서 컨트롤러를 빼앗으려 하는 것은 게임(과 기술적인 시스템)이 항상 '자율적으로 붕괴할 위험이 있다'는 것을 시사하며, '유저는 (문

자 그대로) ’미친‘ 기술에 농락당해 무력해진다(Conway, 2010, 150쪽).’

또 다른 측면에서 보면, 코지마와 〈MGS〉의 디자이너들은 플레이어에게 게임을 기존의 디제시스적인 플레이의 틀을 넘어서서 탐구하도록 하고자 한다. 마틴 로스는 플레이어와 디자이너 사이의 이러한 놀이 욕구로 가득한 순간을 ‘예외 상태’라고 적절하게 표현했으며, 플레이어는 ‘게임(시스템)의 관습적, 도구적 지식을 넘어 환경을 고찰하고, 생각하고, 실험하는 것을 되풀이(Ross, 2017, 169쪽)’ 할 필요가 있다고 말했다. 이러한 접근은 ‘자극적인 갈등’을 낳는데, 이는 게임이 플레이어에게 자유와 프러스트레이션 양쪽을 동시에 선택할 수 있도록 허용하는 방식을 가리킨다(Ross, 2017, 170쪽). 이로 인해, 플레이어는 더 광범위한 행동과 플레이 체험의 어포던스를 누리게 된다. 경계선을 넓히는 메타 플레이를 통해 이데올로기적 개념을 탐구한다는 콘셉트는 〈MGS〉 시리즈의 ‘메타성에 의한 이데올로기(Hutchinson, 2019, 208쪽)’라고도 부를 수 있다.

이러한 다양한 관점들은 하나같이 〈MGS〉 시리즈가 플레이의 물질적 조건을 전면에 내세우고, 기술과 플레이어의 관계에 이의를 제기한다는 점을 강조한다. 이런 면이 특히 더 두드러져 보이는 것이 솔리드 스네이크 이야기의 완결편인 〈MGS4〉로, 시리즈 전 작품 중에서도 가장 셀프 메타적이다. 솔리드 스네이크의 이야기를 마무리 지으면서 코지마 팀은 세련되고 새로운 이야기 세계를 구축했을 뿐만 아니라, 10년 이상 지속된 시리즈를 플레이한 플레이어의 체험도 표현해냈다. 〈MGS4〉는 〈MGS2〉의 5년 후, 나노 머신으로 제어되는 슈퍼 솔저를 거느린 민간 군사 회사(PMS)가 세계 경제를 지배하는 근미래를 무대로 하고 있다. 솔리드 스네이크는 리퀴드 스네이크를 암살하기 위해 최후의 임무를 받고 이름도 없는 중동의 전장으로 보내진다. 클론인 그의 몸은 급속도로 노화되어, 아직 42세임에도 70대 같은 외견을 보인다. 이것은 과거 〈MGS〉 작품의 장면이나 장소를 상기시키거나 재방문하는 일련의 반전을 위한 설정이다. 이 복잡함은 플롯 외부에도 영향을 미치며, 〈MGS4〉에는 과거 작품에 등장한 캐릭터들, 시청각 요소, 과거 작품이 발매된 하드웨어 등에 대한 언급과 코멘트가 포함되어 있다. 이러한 메타적인 주석은 게임 업계에 대한 이데올로기적인 비판과, 게임의 속편이 빠지기 쉬운 영속적인 반복을 탈피하기 위한 대책과도 연결된다.

〈MGS4〉는 AI 시스템의 보급으로 유지되는, 무력 충돌 끝없이 이어지는 미래를 그리고 있으며, 속편에는 으레 붙기 마련인 반복이 이야기와 게임 플레이에 반영되어 있다. 메릴, 에바 등의 캐릭터가 재등장하는 한편, 라이덴, 죠니 사사키, 리퀴드 오셀롯 등의 캐릭터들은 과거 작품의 요소와 아이디어의 집합체(각각 사이보그 닌자/그레이 폭스, 오타콘, 리퀴드 스네이크/리볼버 오셀롯)이다. 〈MGS4〉의 보스 캐릭터인 여성만으로 구성된 BB(Beauty&Beast) 부대도 과거 작품의 보스 캐릭터에서 따 온 요소의 재현이다. 스크리밍 맨티스는 그 전형적인 예로, 그녀의 이름은 사이코 맨티스(〈MGS1〉)에서 차용한 것이며, 성격은 〈MGS3〉의 더 피어와 더 페인에서, 전투 능력은 사이코 맨티스, 뱀프(〈MGS2〉), 더 소로우(〈MGS3〉)에서 차용한 것이다. 그녀와의 전투는 사이코 맨티스전의 메타적인 측면을 상기시킨다.

스크리밍 맨티스는 화면을 검게 만들 뿐 아니라 게임을 '리셋'한 것처럼 보이게 만들 때도 있는데, 이때는 화면이 재기동해 코나미의 로고(실제로는 KONAMI를 본따서 KOJIMA라고 적혀 있다)가 몇 초간 표시된 후 다시 전투로 돌아간다. 서포트 캐릭터는 무전으로 스네이크에게 '힌트'를 주는데, 사이코 맨티스전과 마찬가지로 컨트롤러를 단자2에 꽂으라고 조언하지만, 플레이스테이션3는 무선 컨트롤러를 사용하기 때문에 컨트롤러 단자가 없다는 것을 깨닫는 연출이 들어간다.

과거 작품에 대한 이러한 언급은 게임을 플레이하는 플레이어와 플랫폼의 존재만이 아니라 시리즈의 게임의 디제시스에 메타적인 장치를 도입하는 방향성에도 주의를 돌린다. 또한 스튜디오와 플레이어가 동일한 경험을 약간만 변형시켜 재활용하는, 지금은 게임 업계에서 익숙해진 파생성도 강조된다. 이것은 〈MGS4〉에서의 애셋 재활용에서 확실히 드러나는데, 〈MGS2〉에서 차용한 탱커Tanker 설정부터 〈MGS3〉를 상기시키는 정글 등 많은 '재사용'된 환경이 등장한다. 〈MGS1〉의 무대였던 섀도 모세스는 스네이크가 다시 방문해야 하는 장소로 〈MGS4〉에 물리적으로 재등장하는데, 시설은 황폐해졌으며 에어리어 안에는 무인기가 초계 중이다. 무인기의 프로그래밍된 순찰 루트는 옛 작품 속 적들의 한정된 시야를 떠오르게 한다. 다양한 비디제시스적 장치가 직접적으로 언급되며(예를 들어 카메라를 특정 방향으로 전환하면 스네이크가 '그립군……부감 카메라다!' 라고 중얼거린다), 시설에 들어가면 〈MGS1〉의 엔딩 테마가 흐르고, 덤으로 화면 위에 작사·작곡자의 이름과 곡명까지 표

시된다. 스네이크가 섀도 모세스 안으로 이동하면 시각적·청각적
인 플래시백이 발생하며, 〈MGS1〉의 대사('감시 카메라......' 등)가 재생
된다. 이러한 플래시백은 게임 내의 컷 신에도 군데군데 등장하며,
플레이어가 버튼을 누를 때마다 과거 작품의 장면이(옛날과 같은 그
래픽 표현으로) 재생되면서 스네이크(와 플레이어)의 기억을 일깨운다.
〈MGS1〉의 초반 내용 그대로 스네이크가 섀도 모세스에 잠입하는
꿈처럼, 플레이어가 실제로 탐색할 수 있는 플래시백도 있다. 여기
서는 캐릭터의 대사와 행동이 재조합되고 되풀이되며 게임의 환경
도 마찬가지로 재활용, 재사용, 나아가서는 재플레이된다.

코지마는 인터뷰에서 낡은 게임 애셋을 〈MGS4〉에서 사용한 것
은 '메탈기어 시리즈를 사랑하는 사람들에 대한 서비스'라고 말했
다. 그는 20년에 걸친 〈메탈기어〉 시리즈가 집대성된 이 작품으로
플레이어가 '자신이 10년 전 무엇을 했는지를 생각'하고 '자신의 인
생을, 자기 자신을 돌아봐주기를(Garratt, 2007)' 바랐다. 이러한 '팬
서비스'는 시리즈 작품에서 쉽게 볼 수 있으며, 시리즈의 오랜 플레
이어는 과거 작품의 지식으로 보상을 받는다. 코지마 작품에는 항
상 과거 작품에서 가져 온 짧은 텍스트 등 '이스터 에그'가 들어 있
는데, 스네이크가 섀도 모세스로 돌아가는 것은 플레이어도 추억
의 게임으로 돌아가는 것이며, 스네이크와 플레이어 모두가 기억
을 회상하는 입장에 놓인다. 스네이크의 경우는 옛 임무를, 플레이
어의 경우에는 10년 전 〈MGS1〉을 플레이한 체험의 기억을. 재활
용된 섀도 모세스에서의 체험은 각자의 예전 플레이 체험을 떠올
리게 하며, 스네이크와 이 시리즈는 플레이어의 숫자만큼 존재하

게 된다.

하지만 코지마는 동시에 〈MGS4〉의 이런 감상에 주의를 환기시키려 하는데, '(이런 요소들을)미래를 향해 넘어서 갔으면 좋겠다(Garratt, 2007).'라고 호소하기도 한다. 스네이크의 늙은 모습은 과장되긴 했지만 의미 있는 형태로 '시간의 경과'를 나타내고 있으며, 플레이어와 마찬가지로 스네이크도 예전과 같지 않다. 과거와 똑같이 같은 장소를 다시 방문하는 것은 둘 중 어느 쪽이든 이젠 불가능한 것이다. 녹슬고 폐허가 된 시설 내부가 보여주듯이 그렇게 하는 것은 바람직하지 않을지도 모른다. 스네이크는 옛날처럼 유연한 영웅이 아니며, 조작성은 초대 플레이스테이션용 작품보다 훨씬 향상되었음에도 정기적으로 멈춰서 호흡을 가다듬거나 스트레칭을 해서 등을 펴야만 한다. 즉, 스네이크는 지금까지보다도 한정적인 어포던스만을 가지고 있으며, 플레이어는 스네이크의 한계를 이해하고 자신의 플레이에 조합해야만 한다. 제임스 폴 지James Paul Gee는 이것을 '플레이어의 스토리'라고 부르며, 플레이어는 〈MGS4〉에서 스네이크를 어떻게 플레이(재플레이)할 것인가에 따라 '특정 종류의 인간'이 된다고 말했다. '어떻게 플레이할 것인지는 스네이크의 목표와 플레이어의 목표만으로 정해지는 것이 아니라 '우리 둘'이 하나가 되어 결정한다(Gee, 2009)'는 것이다. 이처럼 〈MGS4〉에서 코지마의 팬 서비스는 그 이상의 의미가 있다. 본 적 있는 애셋을 조합해 추억을 떠올리게 할 뿐만 아니라 게임과 게임의 시리즈에 항상 있기 마련인 반복을 이용해 플레이어 자신이 어떻게 형성되어 왔는지에 대해 생각하게 만들기 때문이다.

플레이어와 마찬가지로, 스네이크와 〈MGS〉 같은 게임 시리즈도 시리즈를 구성하는 작품에 따라 형성되며, 제약을 받는다. 이러한 사고방식은 〈MGS4〉에 광범위한 메타성을 도입함으로써 깊이 탐구되었는데, 프로모션용 소재와 다양한 파라텍스트에도 새로운 것을 탄생할 때 과거가 얼마나 큰 짐이 되는지 표현되어 있다. 〈MGS4〉의 일본 광고용 포스터에는 늙어버린 스네이크가 그려져 있으며, 이것은 전형적인 액션 게임이나 시리즈의 다른 작품들의 그것에서 영웅적으로 묘사된 스네이크의 이미지와는 다르다. 스네이크는 등을 젖히고, 고통스러운 표정을 짓고 있다. 게임의 캐치프레이즈는 '흩어지다(Dissolve, 散る)'로, 포스터 위쪽, 스네이크 근처에 배치되어 있다. 스네이크의 하반신은 이 캐치프레이즈대로 흩어지고 있으며, 그 파편이 게임 내의 아이템, 무기, 아바타 등 수백 개에 달하는 실루엣으로 변화한다. 코지마의 설명에 따르면 이것은 스네이크의 몸속에 있는 씨앗(DNA)가 튀어나와 신천지에서 열매를 맺는 이미지를 표현한 것이라고 한다. 하지만 이 이미지는 대부분의 게임 시리즈의 주인공과 마찬가지로, 스네이크가 시리즈 과거 작품의 캐릭터, 어포던스, 경험 등 무거운 짐을 품어 왔다는 것으로 해석할 수도 있다. '게임의 캐릭터가 자기 자신을 되풀이하는 운명에 있는 것처럼', 게임 시리즈의 디자이너 또한 플레이어와 업계의 기대에 부응하여 이전에 성공했던 방정식을 재현할 것이 요구된다(Stanton, 2015c).

코지마 히데오의 유전자

혁신에 대한 갈등과 욕구는 게임의 특별판에 동봉된 메이킹 영상에서도 볼 수 있다. 《코지마 히데오의 유전자小島秀夫の遺伝子》라는 제목의 이 36분짜리 다큐멘터리는 〈MGS4〉와 코지마 프로덕션(코지프로コジプロ)의 프로모션용으로 제작되었다. 코지프로는 2005년에 발족된 코나미의 개발 팀으로, 코지마 팀의 멤버로 구성되었으며 코지마 본인이 이끌었다. 〈MGS4〉 제작 기간 중 코지프로는 〈MGS4〉에 집중했으며, 200명 이상의 멤버가 참여했다. 이 메이킹 영상은 게임의 메타성을 디자이너들의 제작 현장에까지 넓힌 것이다. 다큐멘터리 안에서는 코지마를 스네이크로 비유하며, 게임 제작의 최종 단계, 소위 '크런치Crunch' 기간에 높아져만 가는 시리즈에 대한 기대에 부응해 게임을 완성시키려 분투하는 '부대'를 이끄는 모습이 그려진다. 몇몇 신에서는 코지마가 품질보증 테스터처럼 게임을 플레이하고, 스태프용 검사 표를 쓰고, 그것을 구현하게 하고, 각 부서를 돌면서 자신의 피드백을 직접 전하는 모습이 보인다. 코지프로의 멤버들도 헌신적으로 일하지만, 막판 수정 때문에 고생하기도 한다. 그러한 수정은 게임 코드의 안정성을 해칠 우려가 있기 때문이다. 코지마와 팀은 게임을 개선하면서도 발매일을 맞출 있는 타협점을 발견하기 위해 협력하며, 장인의 품질을 유지하면서도 팬/업계의 기대에 부응하기 위해 노력을 아끼지 않는다. 막대한 업무량에도 불구하고 몇몇 스태프는 개발 최종 단계로 향하는 프로세스를 즐긴다고 발언했으며, 다양한 개발 스태프들의 인터뷰를 통해 제작의 최종 단계에서 게임을 조금씩 좋게 만들어

나가며 '힘'을 발휘하는 모습이 그려진다. 그들은 리더의 일에 대한 태도와 불굴의 완벽주의 정신에 격려를 받아, '뭐든지 시험'해 볼 수 있다. 다큐멘터리의 마지막에 코지마는 시리즈를 젊은 세대의 크리에이터에게 맡기면서, 자신은 한 걸음 물러나 '새로운 메탈기어의 탄생을 같이 보고 싶다.' 라고 말했다. 이것은 메탈기어의 유전자가 다음 세대로 계승되는 것을 시사한다.

이 다큐멘터리는 게임의 배후에 있는 작가들을 전면에 내세우기 위해 만들어졌으며, 코지마와 코지프로의 스태프, 시리즈의 제작자들을 일관된 품질의 수호자로 강조한다. 개발 스태프가 시리즈의 과거작이나 그보다 더 이전의 〈폴리스너츠〉라는 타이틀에 참여했었다는 것도 몇 번이나 언급되며, 개발 팀, 코스트, 작업량이 증가했음에도 불구하고 〈MGS4〉는 비평적, 상업적으로 커다란 성공을 거두어온 핵심 스태프에 의해 만들어진 탁월한 유산의 일부라는 것을 보여준다.

또, 이 다큐멘터리에서는 코지프로가 게임을 통해 플레이어와 계속 대화하고 싶어 한다는 것도 알 수 있다. 코지마와 스태프들은 고집, 프로 의식, 단순한 즐거움이 뒤섞인 정신으로 게임을 제작하며, 작품이 점점 상업화되어가는 와중에 개인의 작풍과 작가적인 특징을 작품에 반영함으로써 정열과 배려를 보인다. 플레이어의 눈으로 보는 코지프로는 신격화되었고, 스태프는 코나미의 단순한 직원 이상의 존재가 되었다. 시리즈가 성장하며 수많은 변화를 겪어왔음에도 불구하고, 〈MGS4〉는 MSX2나 PC엔진용으로 코지마가 제작했던 어드벤처 게임의 장인 정신을 물려받았으며, AAA급 상업 게임이라는 제약 하에서도 혁신과 실험을 계속해서 시도하는 작품이라는 위치를 점한다. 이 다큐멘터리는 코지프로가 게임의 경계선을 넓히고, 서사적, 미적, 기술적인 진화를 계속 이루어왔다는 수십 년에 걸친 담론을 재확인할 수 있는 것이었다.

분산형 주체성

〈MGS4〉의 메이킹 영상은 〈MGS〉 시리즈의 디자인 분석을 마무리하기에 어울리는 착지점이다. 이 다큐멘터리가 한 바퀴 돌아서 이 장의 첫 부분과 지금까지 인용해왔던 개발 팀의 발언과 연결되며, 코지마를 감독으로서 적극적으로 선전하려 한 코나미의 대응과 코지프로가 세련보다 혁신에 무게를 두고 〈MGS〉 시리즈를 구축해온 것을 연결해주기 때문이다.

이 장이 서서히 코지마에서 멀어지고 다른 개발 스태프나 파라텍스트가 〈MGS〉 시리즈를 어떻게 만들어 왔는지에 대해 논하는 것처럼 보이는 것은, 어떤 의미로는 의도적인 것이었다. 시리즈가 인기를 얻음에 따라 개발 팀도 예산도 커져갔다. 코지마가 디자이너에서 디렉터, 프로듀서, 코나미 스튜디오의 부사장으로 승진하는 것에 맞춰 시리즈에 대한 코지마 개인의 권한도 변화했다. 코지마의 직책도 늘어나 초기의 어드벤처 게임 때처럼 게임 개발의 모든 측면에 대해 영향을 미칠 수 없게 되었다. 〈MGS2〉 이후, 코지마는 다른 부서를 감독하는 관리자로 서서히 역할이 바뀌었고, 개발 전체에 피드백을 제공하는 한편 각 부문은 스스로 문제의 해결책을 찾아 창조적인 표현 방법을 모색했다.

완전한 통제권을 잃은 후에도 코지마는 〈MGS〉 각 작품에 큰 영향력을 발휘했는데, 게임의 서사, 컷 신, 캐릭터 디자인에 대해 대량의 조언을 했으며, 게임의 주제와 일치하는 시스템 창조에 집착했다. 이것은 그가 MSX2나 PC엔진용 게임을 소규모 팀으로 제작하던 시대로부터 이어지는 정신의 흔적이다. 무전 대화의 감수와 컷 신의 집필을 코지마가 담당함으로써 〈MGS〉 시리즈는 동시대의 사회 문제와 걱정거리를 투영하고, 플레이어에게 그러한 문제에 대한 해결책을 발견할 것을 촉구했으며, 영화 등 다른 미디어 형식에 대한 코지마의 취미 및 기호가 게임의 영화적인 미학에 영향을 주어 스타일리시한 매력을 형성했다. 그는 주제의 변화와 시청각적인 변화를 보완하기 위해 각 작품의 시스템을 계속해서 재구축하는 것에 집착했다. 이것은 플레이어가 단순히 받기만 하는 것이 아니라 아이디어와(그 아이디어가 게임을 조작할 수 없게 하든, 폭력을 사용할 것인지 말 것인지에 대한 도덕적 선택에 대해 생각하게 하든)실제로 교감하면서 감정적인 차원을 느껴주었으면 한다는 소망의 표현이기도 하다. 각 작품은 소재, 플랫폼, 파라텍스트에 대한 메타적 언급과 '팬 서비스'로 인해 디제시스적 환경에 현실 세계의 문맥을 가져오고, 〈MGS〉 시리지의 팬인 플레이어에게 자기 자신의 역사에 대해 생각하게 한다. 〈MGS〉 시리즈는 작품을 거듭하면서 길고, 크고, 호불호가 갈리는 작품이 되었으나, 코지마는 그럼에도 이러한 메타적인 어포던스를 통해 플레이어와 개인적인 대화를 시도한다.

〈MGS〉 시리즈가 코지마 개인의 특이성을 보여주는 한편, 시리즈가 일반 대중에게 주목을 받은 덕분에 업계의 정보 개시도 진행되어, 각 부서가 어떻게 공헌했는지도 밝혀졌다. 이것으로 알 수 있는 것은 코지프로가 코지마의 디자인 기법을 흡수, 내면화하여 상업 스튜디오의 게임 개발이라는 구조와 제약의 범위 내에서 작업하면서도 동시에 그것들을 파괴하려 시도하고 있다는 점이다. 스테파니 볼룩과 패트릭 르미외는 이러한 접근법에 대해 "〈메탈기어〉는 게임이라기보다는 플랫폼으로 기능하고, 특정한 가능성을 유효화함과 동시에 무효화해 왔다(Boluk and LeMieux, 2017, 139쪽)."라고 정리했다. 이러한 긍정과 파괴, 유효화와 무효화의 정신은, 지난 장에서 보았다시피 코지마 팀/코지프로가 제작한 어드벤처 게임의 연장이라 생각할 수 있다. 〈MGS〉 시리즈는 전략 첩보Tactical Espionage 액션이라는 스텔스 메커닉스를 강조하지만, 환경, 적 AI, 플레이어 캐릭터의 아바타, 나아가서는 메뉴 인터페이스까지 대담한 변화를 받아들여 각 작품마다 극적으로 다른 플레이 체험을 만들어냈다. 코지프로의 분산형 주체성은 서로 다른 부분들의 노드 여기저기에서 발생해 코지마의 비호 아래 집합해 기능하지만, 동시에 각각의 창조적인 방향성에 따라 활동한다. 이로 인해 〈MGS〉 시리즈의 개발에서 코지마는 또다시 프로그래머와 아티스트에게 부탁할 수밖에 없었지만, 초대 〈메탈기어〉 때와는 다르게 〈MGS〉 개발 네트워크의 중심적인 노드가 되어 더 많은 리소스, 인재, 창조적 재량권을 코나미에게서 이끌어낼 수 있었다. 코지마의 승진은 그 자신이 사내에서 성장했음을 의미할 뿐만이 아니라 뜻을 함께

하는 동료들이 코지마를 이해하고, 지지하며, 오랜 세월이 흘러도
게임을 개발하고, 프로그레시브한 디자인 기법의 중개자가 되었음
을 의미하기도 한다.

5장

라이브 옵스Live Ops라는 구조

─시스템과 환경

〈MGS4〉로 솔리드 스네이크의 이야기는 완결되며, 역대 플레이스테이션에서 정사로 취급되는 네 작품(과 스핀오프)이 전개된 〈MGS〉 시리즈의 방향성에도 하나의 매듭이 지어졌다. 코지마는 작품마다 새로운 게임 시스템을 도입하고 시리즈를 계속 재발명했으나, 복잡하게 뒤얽힌 스토리 전개와 선형 구조에 대해서는 비판도 있었다.

특히 〈MGS4〉는 유저와 비평가 사이에서 호불호가 갈렸다. 군산복합체와 현대 중동의 전쟁에 대한 코지마 히데오의 주장을 환영하는 자도 있었지만, '단편적이고 스트레스가 쌓이는 게임', '플레이 시간의 8할 정도가 무비(Welsh-2008, Kohler-2008)' 라고 느끼는 사람도 있었다. 〈MGS4〉의 초반은 시리즈 전체로 봐도 굉장히 복잡한 환경이 특징이었는데, 플레이어를 그러한 환경으로 안내하면서도 나중에 재탐색할 여지는 거의 없었다. 그 외에도, 안개로 뒤덮인 거리에서 스파이를 추적하는 등 유연성이 부족한 메커닉스나 정해진 루트로 추적자들에게서 도망쳐야 하는 바이크 추격전 등 제한이 많은 플레이도 있었다. 영화 같은 컷 신에도 유독 열중했는지, 종래 작품들과 비교해도 긴 컷 신이 플레이 시간의 대부분을 점거했다[※1].

영화 같은 스토리텔링에 대한 강한 의존도는 〈MGS4〉가 적어도 4개(MSX2용 작품을 포함하면 더 많아진다)의 작품에 걸친 시리즈의 클라이맥스라는 문맥으로 생각해야 할 것이다. 이것은 PC엔진으로 이식할 때 추가된 〈스내처〉의 최종장이, 인터랙티브 요소가 거의 들어 있지 않은 형태로 PC-8801/MSX2판에 남아 있던 수수께끼의 대부분을 해결했던 것과 비슷하다. 〈MGS4〉에서는 시리즈의 수많은 이야기와 주제의 실들이 연결되어 있지만, 그렇다고 해도 그 체험은 좀 더 영화적인 방향으로 비대화되었다. 또, 과거작에 비해 인터랙티브성이 결여되어 있으며, 특히 〈MGS3〉의 시뮬레이션 같은 서바이벌 메커닉스에 비해 그러한 경향이 더욱 두드러진다는 것은 틀림없다.

코지마의 휴대기기용 작품

코지마는 플레이스테이션의 세대가 바뀔 때마다 적어도 한 작품 이상의 〈MGS〉 신작을 디자인 및 감독했고, 차세대 기종의 확대된 시청각적 표현과 놀이의 가능성을 마음껏 활용해왔는데, 〈MGS2〉 발매 후에는 휴대기기용 게임의 프로듀스 및 디렉션에도 참가했다. 이러한 작품군은 코지마가 플레이스테이션용으로 만들었던 작품들만큼 주목받지 못했고 논의되는 경우도 적지만, 실제로는 코지마의 프로그레시브한 디자인 기법에 새로운 아이디어를 수없이 불어넣었다.

휴대기기용 게임은 처리 능력이 한정된 본체를 위해 만들어졌으며, 플레이어를 끌어들이기 위한 장대한 컷 신이나 현실적인 표현 형식에 의존할 수 없었다. 또, 휴대용이라는 사정상 장시간에 걸친 서사나 중단이 불가능한 미션에는 어울리지 않았다. 이러한 제약으로 인해 휴대기기용으로 제작된 코지마의 작품에서는 〈MGS〉 시리즈의 대명사가 된 과도한 영화적 표현이 아니라, 휴대기기이기에 가능한 현장감, 플레이어마다 다른 플레이 스타일에 대응하는 커스터마이징이 중시되었다. 이러한 요소는 훗날 코지마 프로덕션이 플레이스테이션4(이하 PS4)용 시뮬레이션 타입 게임 제작으로 돌아갔을 때에도 영향을 주었다.

이번 장에서는 〈MGS4〉 이후 코지프로의 디자인 프로세스와 중점의 변화에 대해 논할 것이다. 코지마는 그 후에도 사회적, 정치적 서사와 과거의 어드벤처 게임 같은 믹스드미디어 미학을 중시했으나, 동시에 그때까지보다는 훨씬 더 플레이어의 선택을 중심에 두고 주제에 따른 새로운 메커닉스와 새로운 메타적 공간을 받아들였고, 동시대의 온라인 게임에서 힌트를 얻어 플레이어가 통제를 벗어난 환경과 연결되어 주위의 변화에 적응해 게임을 진행해나가는 것을 중시했다. 또한 플레이스테이션용 게임 제작으로 돌아갔을 때는 광대한 오픈 월드 환경을 중심으로 더욱 자유도가 높은 탐색을 디자인했다. 그 결과, 〈MGS4〉 이후의 코지프로 게임은 MSX 시절부터 코지마 팀이 품고 있었던 테마와 시청각적인 관심의 대부분을 이어받으면서도 큰 변화를 도입해 플레이어(와 플레이어 커뮤니티)의 역할에 따라 경험의 방향성이 형성되었다.

이 장에서는 코지프로의 휴대기기용 오픈 월드 게임의 두 가지 디자인 콘셉트를 소개할 것이다. 둘 다 플레이어의 주체성을 강조하는 것으로, 하나는 시뮬레이션성, 또 하나는 **비동기적 사회성**이다. 또한 먼저 코지프로의 휴대기기용 게임이 플레이어 각각의 환경에 따른 유연성과 커스터마이즈성을 축으로 설계되었음을 보이고, 그러한 디자인 선택이 PS4용 오픈 월드 게임에(특히 코지마가 코니마 퇴사 후 독립 게임 스튜디오에서 처음으로 제작한 〈데스 스트랜딩〉에)어떻게 계승되었는지 논할 것이다. 비동기적 멀티 플레이를 도입하고, 상호 의존 사이클에 시뮬레이션과 사회성 메커닉스를 조합한 〈데스 스트랜딩〉은 코지마식 디자인의 진화를 보여주는 동시에 코지마가 코나미 시대에 제작한 어드벤처 게임, 스텔스 액션 게임의 프로그레시브한 디자인의 모든 특징을 물려받았다. 독립 후 코지마의 게임 디자인은 코나미에서의 오랜 경험에서 진하게 영향을 받았으며, 장르의 상식을 타파하고 싶다는 소망과 '플레이어가 통제할 수 있는 것'의 경계선을 넓히는 게임 체험을 창조하고 싶다는 소망을 드러내고 있다.

〈우리들의 태양〉
—환경을 게임 메커닉스로 받아들이다

전술했듯 〈폴리스너츠〉 발매 직전 코나미에서 코지마의 관리 업무는 대폭 늘어나 있었다. 코지마는 〈두근두근 메모리얼〉 시리즈의 스핀오프 작품들을 포함해 여러 게임의 프로듀서를 맡았으며, 〈MGS〉 시리즈의 타이틀을 감독함과 동시에 아케이드 리듬 게임 〈비트 매니아BeatMania〉의 이식, 메카닉 액션 게임 〈존 오브 디 엔더스〉 등을 담당했다. 코지프로의 여러 스태프가 감수로 참여했으며, 역시 프로그레시브한 디자인 기법이 다수 도입되었으나, 코지마의 디자인과 감독으로서의 역할이 제한되어 있었기에 구체적으로 어느 정도 관여했는지 파악하기는 어렵다.[2] 하지만 코지마가 원안에 크게 관여했던 타이틀이 하나 있는데, 바로 게임보이 어드밴스용으로 제작된 〈우리들의 태양〉이다.

〈우리들의 태양〉은 코지마가 디자인과 감독을 맡을 예정이었으나, 그 후 곧바로 〈MGS3〉의 감독을 맡게 되면서 프로젝트에서 멀어졌다. 하지만 게임의 콘셉트는 코지마의 원안을 기반으로 했다. 플레이어는 뱀파이어 헌터인 장고를 조작해 세기말적 세계 속의 던전을 탐색하고 언데드를 정화해나간다. 서사 곳곳에 코지마의 개인적인 영향이 보인다. 영화 관련 요소들을 살펴보자면, 플레이어가 언데드의 관을 묘에서 햇빛 아래로 끌어내는 행위는 세르지오 코르부치Sergio Corbucci가 감독한 마카로니 웨스턴 《장고DJANGO》(1966)의 주인공인 전 북군 병사 장고(프랑코 네로Franco Nero가 연기했다)가 관을 끌고 다닌 것의 오마주이다. 또, 코지마는 게임의 핵심인 '태양'이라는 모티브는 1950~60년대에 자란 세대에게는 특별히 큰 의미를 지닌다고 인터뷰에서 말했다. 1955년의 이시하라 신타로石原愼太郎의 소설 『태양의 계절太陽の季節』에서 묘사된 젊은이들의 방탕한 모습, 르네 클레망Rene Clement의 햇빛 가득한 서스펜스 영화 《태양은 가득히Purple Noon》, 나아가서는 1970년대 오사카 만국 박람회를 위해 오카모토 타로岡本太郎가 제작한 '태양의 탑' 같은 기념물 등 '태양' 모티브는 당시 대중의 상상력을 눈부시도록 아름답게 파악했다(Shmuplations, Boktai). 태양은 게임 서사상의 모티브이기만 한 것은 아니다. 〈우리들의 태양〉의 게임 카트리지에는 자외선에만 반응하는 센서가 탑재되어 있다. 게임보이

어드밴스의 휴대성과 의료기기용 특수 센서를 제조했던 코나미의 경험을 살린 것이다. 플레이어 캐릭터인 장고는 직사광선을 동력원으로 하는 무기를 사용하는데, 태양광이 없으면 던전 안에 산재해 있는 희소한 수정을 찾아야만 하며, 게임을 진행하기가 훨씬 어려워진다.

이로 인해 〈우리들의 태양〉은 플레이어가 휴대기를 '휴대'하지 않는 한, 혹은 최소한 집 밖에서 플레이하지 않는 한 페널티를 받는 이색적인 휴대용 게임이 되었다. 이것은 '게임 공간과 물리적 공간의 경계선을 모호하게 하여 플레이어의 환경을 게임 세계의 로직에 포함시킴으로써 플레이어의 숫자만큼 게임 체험을 창조한다.'라는, 코지마식 프로그레시브 디자인의 메타성과 일치한다. 코지마는 〈우리들의 태양〉에 플레이어 각자의 환경과 호응하는 독자적인 요소를 도입하고 싶었다고 말했다. '사는 나라, 지역, 계절, 플레이하는 장소, 시간대, 자세. 이로 인해 일상생활에 밀착된 놀이가 탄생한다(Kojima, 2020).' 특정 에어리어나 보스전의 난이도는 태양광이 있느냐 없느냐에 따라 좌우되기 때문에 목표를 완료하려면 일기 예보를 확인하거나 날씨가 회복되기를 기다리는 수밖에 없다. 또, 플레이어가 폭염 속에서 장시간 게임을 플레이하지 않게 하기 위한 배려인지, '오버 히트'라는 메커니즘이 구현되었다. 센서가 과도한 열량을 감지하면 장고가 일시적으로 무기를 사용할 수 없게 되는 것으로, 블루라이트 등 인공 광원을 센서에 비추며 밖에 나가지 않고 게임을 진행하려는 '꼼수'를 막는 교묘한 대책이 되기도 했다.

환경을 게임 메커닉스로 도입하는 아이디어는 혼돈스럽기는 하지만, 그 중심에 '현장감'이라는 콘셉트가 있었다. 플레이어는 단순히 디자이너가 준비한 레일을 따라가기만 하는 것이 아니라, 자신이 통제할 수 없는 독립된 환경 인자의 예측 불가능성을 파악해야만 했다. 이 아이디어는 게임 환경에 '숙달'하는 것이 중시되는 〈MGS〉 시리즈와는 대조적이라고도 할 수 있다. 〈우리들의 태양〉도 역시 선형 서사를 가진 1인용 게임이지만, 코지마는 이 '현장 체험'이 타인의 의사나 주체성을 인식해야만 하는 멀티 플레이 온라인 게임과 비슷하다고 말했다. "온라인 게임도 크리에이터가 틀을 만들어 놓긴 합니다만, 같이 플레이하는 상대에 따라 예측 불가능한 형태로 체험이 변화합니다. 그 '라이브'한 즐거움을 휴대용 게임에 도입해, 자신이 실제로 걸어 다님으로써 환경과 게임성 그 자체가 달라지는 그런 작품을 만들고 싶었어요(Shmuplations, Boktai)."

〈우리들의 태양〉의 플레이 체험은 주위 환경의 질에 크게 좌우되기 때문에 코지마 팀은 플레이어가 지구의 현재 생태계에 대해 생각하고 '태양에게 감사'하게 되기를 바랐다. 이것은 태양계가 멸망을 맞이하고 있다는 세기말적 설정에도 드러나 있다. 플레이어를 밖으로 끌어내는 것은 '은둔형 외톨이' 문제에 대한 장난기가 담긴 주장이기도 했다. 당시, 다양한 사회 불안에 쫓겨 밖으로 나가지 못하게 되는 '은둔형 외톨이'가 미디어에서 활발히 보도되고 있었다(Kondo-2001, Watts-2002). 코지마는 과거의 작품에서도 동시대의 사회 문제를 언급했고, 그에 대해 플레이어가 생각하고 행동하도록 촉구해왔다. 은둔형 외톨이에 대한 코지마의 해결책은 좀 더 직접적인 것으로, 껍데기에 틀어박혀 있는 플레이어를 끌어내 주위 세계와 마주보게 한다는 것이었다.

이 게임은 〈MGS〉 시리즈만큼 판매되지는 않았으나, 유저는 실외에서 게임을 한다는 독특한 역학을 호의적으로 받아들였다. 어떤 리뷰어는 "〈우리들의 태양〉은 밖으로 나가 샌프란시스코를 좀 더 잘 보기 위한 절호의 구실이 되었다." 라고 말했으며, 다운타운, 골든게이트 파크, 재팬타운 등 햇빛이 잘 드는 장소에서 플레이했음을 기록했다(Parish, 2013). 〈우리들의 태양〉은 다른 플레이어와 상호작용하는 게임은 아니었으나, 플레이어를 익숙한 공간에서 분리함으로써 어머니 대자연과 그 주위에 있는 지구상의 '타인'을 인식하게 했다. 나이언틱Niantic의 〈Ingress〉, 〈포켓몬GOポケモンGO〉 등 물리적 공간의 이동을 구조화한 '위치 정보 기반 게임 디자인(Takahashi, 2015)'을 선점했다고도 할 수 있다. 그 후, 코지마와 그의 팀은 휴대용 게임기이기에 가능한 '들고 걷기', '단시간 플레이'라는 성질을 의식해 실외에서의 '현장감' 요소를 휴대기기용 〈MGS〉 시리즈에도 도입했다. 코지마는 게임보이 컬러용 〈메탈기어 고스트 바벨METAL GEAR Ghost Babel〉(Konami, 2000)을 시작으로 〈MGS〉 시리즈의 휴대기기용 타이틀 7작품의 제작에 참여했다. 이러한 타이틀의 대부분은 코지마가 아닌 코나미의 다른 개발자가 디자인 및 디렉션을 담당했으며 메탈기어의 설정을 기초로 더욱 실험적인 콘셉트가 도입되었지만, 〈메탈기어 솔리드 피스워커〉(Konami, 2010)는 코지마가 직접 각본, 디자인, 감독을 맡았다.

〈피스 워커〉
—협력 플레이와 커스터마이즈성

코지마는 인터뷰에서 〈피스 워커〉를 감독할 생각은 없었지만 '무대는 코스타리카, 주제는 핵을 막는 것이어서 젊은 개발자들이 고생하고(Niizumi, 2009)' 있었기 때문에 참여를 결정했다고 말했다. 〈피스 워커〉도 반핵이 주제이며 〈MGS3〉의 캐릭터가 재등장하지만, 커스터마이징과 협력 플레이에 중점이 놓여 기존의 〈MGS〉 작품과는 크게 달랐다. 〈피스 워커〉는 휴대기기용으로 발매된 다른 〈메탈기어〉 작품의 아이디어와 시스템을 발전시켜, 거치형 게임기용 〈MGS〉 시리즈의 특징인 '광대한 환경'에서 벗어나 〈메탈기어 솔리드 포터블 옵스METAL GEAR SOLID: PORTABLE OPS〉(Konami, 2006)에서 채용했던 미션 중심의 진행으로 전환되었다.

캡콤의 〈몬스터 헌터MONSTER HUNTER〉 시리즈, 닌텐도의 〈포켓몬〉 시리즈, 도시 건설 게임인 〈심시티SimCity〉 시리즈 등에서 부분적으로 영향을 받은 〈피스 워커〉는 RPG의 디자인 요소를 전면에 내세웠다(Kollar, 2010). 스텔스와 적 회피라는 기본적인 콘셉트는 건재하지만, 플레이어는 작은 맵을 나아가며 중요 아이템을 모으고 대형 보스를 쓰러트린다. 기계로 강화된 보스들은 〈몬스터 헌터〉(CAPCOM, 200년)에 등장하는 보스처럼 거대하고 강력하며, 쓰러트리기 위해서는 충분한 체력, 인내, 스킬이 요구된다. 효과적으로 쓰러트리려면 다양한 무기와 업그레이드를 구사해야 한다. 미션 중에는 중요 아이템 이외에도 구출할 수 있는 포로나 '풀턴Fulton 회수 시스템'(대상자의 허리춤에 와이어가 달린 헬륨 풍선을 달아 항공기가 캐치하는 회수 시스템)으로 영입할 수 있는 병사가 등장한다. 풀턴 회수는 팽창식 풍선을 단 타깃이 비명을 지르며 날아가는 유머러스한 연출로 표현된다. 이러한 인간 타깃은 각각 능력차가 있으며 자신의 '파티' 멤버로 삼을 수 있다는 점에서, 〈포켓몬〉 시리즈에서 포켓몬을 붙잡는 행위와 비슷하다고도 볼 수 있다. 하지만 이 플레이의 핵심이 되는 것은 도시 건설이며, 미션 중에 획득한 보수는 게임 내의 '마더 베이스'라는 기지에 반영된다. 마더 베이스는 빅 보스/스네이크가 자신들의 용병 부대를 만들기 위해 사용하는 해상 시설로, 〈심시티〉(Maxis, 1989) 정도로 복잡하지는 않지만 마더 베이스의 건축·확장을 관리하는 것이 2차적인 게임으로 요소이며, 시뮬레이션 게임 같은 인터페이스 관리와 리소스 분배가 요구된다.

〈피스 워커〉에서는 플레이어가 이야기를 대폭 커스터마이즈할 수 있다. 그때까지의 〈MGS〉 시리즈는 환경 탐색이 중점이며 호기심 왕성한 플레이가 보답을 받았으나, 임의의 무전 대화를 별개로 두면 이야기 자체는 융통성이 없는 선형 전개였다. 소니의 플레이스테이션 포터블로 옮기면서 〈피스 워커〉는 장대한 영화 같은 컷신과 선형적 서사에서 벗어나 플레이어가 자신의 페이스로 이야기를 진행할 수 있는 구조로 전환되었다. 빅 보스와 동료들을 중심으로 한 선형적 서사(역동적인 모션 코믹을 통해 이야기가 진행된다)는 역시 존재하지만, 플롯 대부분과 배경 서사는 '카세트테이프'를 통해 전해진다. 카세트테이프는 미션 완료 후에 들을 수 있으며, 게임의 여기저기에서 들을 수 있는 숨겨진 무전 통신만큼은 아니지만 게임의 일시정지 화면을 통해서가 아니라 액션 사이의 약간의 시간에 스토리/로어가 밝혀진다는 점에서 현장감이 증가한다. 카세트테이프에서 게임의 진행 방법에 관한 힌트나 단서가 드러나며, 무전 통신과 같은 기능을 할 때도 있다. 〈피스 워커〉는 서사보다도 틈새 시간에 플레이할 수 있다는 것을 중시하지만, 액션과 정보 수집을 장으로 구별함으로써 자신의 페이스와 흥미에 맞게 게임의 세계관을 자유로이 탐구할 수 있다. 또, 그때까지의 〈MGS〉 작품에 비하면 리플레이성이 굉장히 높고, 메인 스토리를 클리어한 후에도 게임이 계속되어 적과 에어리어의 레이아웃이 리믹스/재배치된다. 스토리를 클리어해 게임의 메커닉스에 익숙해진 플레이어는 이렇게 새로운 구조 속에서 계속해서 게임을 즐길 수 있다.

〈피스 워커〉에서는 플레이어끼리 서로 협력하여 혼자서는 달성할 수 없는 미션을 클리어할 수 있다. 이것도 2000년대에 온라인 소셜 게임과 멀티 플레이 게임의 인기가 높아진 상황에 적응한 것이다. 하지만 코지마는 〈몬스터 헌터〉나 〈포켓몬〉처럼, 플레이어들이 같은 방에 모여 서로의 PSP를 접속해 마주보는 형태로 게임을 하는 좀 더 아날로그한 멀티 플레이 형식에 집착했다. 코지마의 말에 따르면, 당시 대부분의 협력 게임에서 플레이어는 서로 돕기보다 자신의 이익을 우선하는 경향이 있었다. 모르는 상대와 온라인에서 연결되는 것보다는 불편할지도 모르지만, 같은 공간에서 게임기를 접속하는 것은 이미 아는 사이라는 것이 전제이며, 그 결과 협력하기 쉬워진다. 〈피스 워커〉의 멀티 플레이는 당시 인기 있던 격투 게임이나 슈터 게임과는 달리 경쟁보다는 협력과 '공유'에 중점을 두었다. 코지마는 이에 대해 "플레이어끼리 서로 도우는 기쁨을 느껴주었으면 한다. (중략) 한쪽이 죽어가거나, 약해지거나 했을 때 구한다. 그런 행위를 통해 우정의 힘을 표현하고 싶다(Totilo, 2009)."라고 밝혔다.

이런 공유/타협 플레이는 다양한 형태로 드러나 있는데, 예를 들어, 평소라면 액세스할 수 없는 에어리어도 협력함으로써 도달할 수 있게 되거나, 적을 협공하거나, 시야가 좋지 않은 파트너의 관측수Spotter가 될 수도 있다. 탄약, 레이션, 장비를 플레이어끼리 공유할 수 있기에 다소의 실수도 허용되며, 쓰러진 동료를 '심장 마사지'로 소생시키는 것도 가능하다. 또한, '스네이킹 인Snaking in'이라 불리는 스킬을 통해 동료 플레이어에게 자신을 연결시킴으로써 상대의 숙련도 수준에 맞춰 게임을 진행할 수 있는데, 앞 열의 플레이어에게 이동을 맡기고 후열 플레이어는 사격에 전념하거나, 게임에서 일단 벗어나 파트너가 미션을 계속하는 동안 휴식을 취하는 것도 가능하다. 〈MGS〉 코믹 요소의 대명사인 골판지 상자는 이러한 다채로운 시너지의 상징이기도 하며, 플레이어들은 함께 '러브 골판지'에 들어가 몰래 이동하면서 라이프나 공격에 관한 기능을 이용할 수 있다.

시뮬레이션과 오픈 월드

〈피스 워커〉는 어떤 의미로는 〈메탈기어 솔리드V 팬텀페인〉(이하 MGSV)의 토대가 되었다. 〈피스 워커〉에서 도입된 미션 중심 구조, 협력 플레이, 중후한 캐릭터, 기지 업그레이드 등 커스터마이즈성이 높은 혁신적 요소는 『MGSV』에도 계승되었다. 〈MGS〉 시리즈는 〈MGS2〉부터 서서히 시뮬레이션 메커닉스로 이행하고 있었지만, 그럼에도 영화 같은 이야기나 환경 속의 진행을 막는 것(주로 도어 록과 키 카드)에 의해 구성된 선형적 구조를 지니고 있었다. 이에 비해 〈MGSV〉은 훨씬 유연한 구조를 지녔으며, 〈MGS〉 시리즈와 코지마의 프로그레시브한 디자인은 친숙한 스텔스 플레이를 오픈 월드 환경에서 더욱 자유로이 즐길 수 있는 방향으로 발전했다. 〈MGSV〉은 선형적 서사에 대한 의존을 줄이고, 시뮬레이션 메커닉스에 중점을 두었다.

곤잘로 프라스카Gonzalo Frasca는 재현에 뛰어난 많은 선형적 미디어 형식과는 달리 게임은 시뮬레이션을 통해 독자적인 수사적 가능성을 탐구하는 미디어라고 주장한다. 프라스카에 따르면, '시뮬레이션이란 원본 시스템의 행동 중 일부를 (누군가에게는)유지하고 있는 또 다른 시스템을 통해 (기반이 되는) 시스템을 모형화하는 것(Frasca, 2003, 223쪽)'이다. 이 정의에서 행동은 특히 중요하다. 시뮬레이션에서는 게임의 시청각적인 연출보다도 행동과 시스템(입력과 출력, 룰, 결과)에 중점이 놓이기 때문이다. 프라스카는 시뮬레이션 디자이너를 '심 어서Sim Author'라고 명명하며 이들이 '자신들의 시뮬레이션을 교육한다. 그들은 시뮬레이션에 룰을 가르치고, 시스템이 장래 어떻게 행동할 것인지에 대해 어느 정도 구상을 갖고 있지만, 사건들의 정확한 배열이나 결과를 확실히 알 수는 없다(Frasca, 2003, 229쪽).' 라고 설명한다. 1장에서 보았던 예스퍼 율의 게임 유형 개념으로 생각해 보면, 시뮬레이션 게임은 '진행형'이라기보다 훨씬 '창발형'인 게임이라 할 수 있다. 이러한 게임들이 서사 구조를 제공되는 경우도 있지만, 그 매력은 플레이어가 게임의 룰과 구조 그 자체에 즐거움을 발견하게 만든다는 점에 있다. 순수한 창발형 게임에는 전통적인 의미의 '끝'이 없으며, 플레이어의 흥미와 창조성이 지속되는 한 계속 즐길 수 있도록 디자인되어 있다.

이러한 제약 없는 플레이는 시뮬레이션이 공간을 위치시키는 방식에서 드러난다. 플레이어가 달성하는 목표, 습득하는 액션, 경험하는 이벤트, 또는 플레이어가 일체화하는 캐릭터를 중심으로 전개되는 게임과는 달리, 시뮬레이션은 복잡하고 인터랙티브한 공간을 중심으로 디자인되어 있다. 따라서 시뮬레이션은 플레이어가 공간에 관여하는 방식을 중점으로 이해하는 것이 바람직하다. 에스펜 올셋이 컴퓨터 게임을 '정의하는 요소'는 공간이라고 말했던 것처럼, 게임은 '본질적으로 공간의 재현과 교섭에 관계한다(Aarseth, 2001, 154쪽).' 이러한 공간은 플레이어의 행동을 제한하도록 디자인된 경우도 있지만 해방하도록 디자인된 경우도 있으며, '실험을 위한 환경'을 만들어낸다(Frasca, 2003, 225쪽). 가장 오픈된 경우 이러한 환경은 플레이어의 실험을 위한 놀이터가 되는데, 예를 들자면 〈그랜드 데프트 오토Grand Theft Auto(GTA)〉 시리즈 같은 도시형 샌드박스, 〈트로피코Tropico〉 시리즈 같은 도시 건설 시뮬레이션, 지형이 절차형Procedural으로 생성되는 모장 스튜디오 Mojang Studios의 〈마인크래프트MINECRAFT〉 등이 있다.

〈MGSV〉는 기존 〈MGS〉 작품들과 비슷한 선형적 서사와 포토리얼Photo-real(영화나 게임의 3차원 그래픽이 실사처럼 표현되었음을 나타내는 용어-역주)한 그래픽을 겸비하고 있는데, '제한된' 환경에서 1980년대의 아프가니스탄과 자이르(콩고 민주 공화국의 이전 이름-역주)라는 '오픈 월드' 환경으로 디자인이 변경됨으로써 모든 〈MGS〉 작품 중 가장 시뮬레이션성이 가장 높은 게임이 되었다. 게임 디자이너인 존 해리스John Harris의 말에 따르면, '오픈 월드 게임은 문자 그대로 플레이어가 '열린 세계'를 자유로이 탐색하는 게임이며, 그러한 게임들은 플레이어가 원하는 타이밍에 새롭고 흥미를 끄는 지역을 탐색할 수 있다는 점에서 공통된다. 플레이어를 새로운 에어리어로 강제로 이동시키는 힘은 존재하지 않으며, 오토 스크롤도, 스테이지의 인공적인 벽도 없다(Harris, 2007).' 대규모 멀티 플레이 온라인(MMO) RPG를 비롯한 수많은 게임의 오픈 월드에서 플레이어는 광대한 지형, 거리, 던전을 몇 시간씩 탐색하고, 적을 쓰러트리고, 보물을 모은다. 〈MGSV〉은 복합적인 접근 방식을 채용해 미션 선택 화면에서 목표를 선택하면 스네이크가 헬리콥터로 오픈 월드 맵의 특정 에어리어로 보내진다. 목표 달성 후에는 게임 맵을 계속 탐색할 것인지, 기지로 돌아갈 것인지 선택할 수 있다. 미션과 액션 신을 감독하는 코지마의 수완은 여기서도 드러나는데, 스네이크가 헬리콥터로 각 미션으로 향할 때 TV 방송 크레딧처럼 코지마와 다른 개발 스태프의 이름이 화면에 표시된다. 하지만 이러한 접근법은 '서사의 작가'라기보다 '심 어서'에 가까우며, 플레이어에게는 미션 완료 후는 물론 미션 중에도 '탈선'해서 샛길로 빠진다는 선택지가 주어져 있다.

이러한 샛길은 주로 환경의 밀도와 관련이 있으며, 스텔스 체험의 표면적인 리얼리티를 높이기 위해 환경에 마구 움직이는 구성 요소가 다수 포함되어 있다. 〈MGS3〉처럼 스네이크가 장비한 디지털 장비의 숫자는 적으며(아날로그 장비 쪽이 훨씬 더 많다), 목표를 완료하려면 적 순찰병의 보디랭귀지Body Language와 움직임을 분석할 필요가 있다. 〈MGSV〉는 대부분의 샌드박스형 시뮬레이션 게임과 달리 플레이어의 유연한 입력에 대응하기 위해 환경 자체는 놀라울 정도로 장애물이 적게 디자인되어 있다. 어떤 리뷰어는 이 게임에 대해 "성실한 디자인이다. 세계의 전부가 물리적인 존재로써, 원래 그래야만 하는 것처럼 반응한다. 실질적으로는 벽지에 불과한 3D 종이 소품과는 천지차이다(Stanton, 2015d)." 라고 평했다. 게임 속의 거의 모든 구조물은 안에 들어가 그것을 활용할 수 있으며, 플레이어는 미션을 위해 수많은 전략을 구사할 수 있다. 또한, 환경에는 실시간 효과, 예를 들면 날씨와 시간대의 변화가 있으며, 모래 폭풍이 불 때나 야간에 잠입할 때에는 맑은 날 오후에 같은 미션에 도전할 때와는 전혀 다른 전략이 요구된다. 플레이어는 같은 미션을 다양한 조건으로 시험하고, 일대를 탐색하고, 적의 순찰 루트를 기억하고, 이러한 요소들의 다양한 조합이 다양한 자극에 대해 어떻게 반응하는지 시험할 수 있다. 미션 달성 방법으로 채용된 선택지의 폭이 넓기 때문에 다리를 건너거나 포로를 납치하는 일들이 플레이 스타일에 따라 완전히 다른 체험이 된다. 환경에는 식물, 야생동물, 무기, 적병 등의 오브젝트가 곳곳에 뿌려져 있으며, 〈피스워커〉의 기지 건설 메커닉스와 마찬가지로 풀턴 회수로 수집할 수도 있다. 광대한 환경, 자극에 반응하는 오브젝트와 아바타, 플레이어의 폭넓은 어포던스의 조합으로 인해, 플레이어는 제임스 본드처럼 부드럽게 스텔스 미션을 수행하는 것도, 함정이나 미끼로 혼란을 일으키는 것도, 혹은 '미션'에서 완전히 벗어나 희귀 생물 수집에 몰두하는 것도 가능하다.

반전·반핵이라는 선택

플레이어 캐릭터인 스네이크는 환경과 맞먹는 유연함을 지녔는데, 환경과 상호작용하기 위해 믿을 수 없을 정도로 방대한 어포던스가 주어져 있다. 이러한 어포던스를 통해 플레이어는 큰 자율성을 가지고 더욱 제약이 없어진 게임을 자신의 취향에 맞게 인터랙트할 수 있다. 스네이크는 다양한 장비(총, 미끼, 연막탄 등)를 사용할 수 있을 뿐만 아니라 여러 가지 HUD(쌍안경, 맵, 게임이 슬로 모션이 되는 '리플렉스 모드Reflex Mode' 등)를 이용할 수 있어 적이 액세스할 수 없는 다양한 시야와 정보를 얻을 수 있다. 소라야 머레이Soraya Murray는 이 게임의 이데올로기적 해석 속에서 이러한 시각적인 레퍼런스를 '21세기의 전형적인 복합 관리 전략(Murray, 2018, 193쪽)'이라고 불렀으며, 플레이어는 이러한 기존 풍경을 사람과 문화가 살아 있는 장소로서가 아닌, 스네이크와 다이아몬드 독스에 의해 '착취당하고 훈육당하는 공간(Murray, 2018, 197쪽)'으로 보도록 훈련된다고 지적했다. 이러한 '포식자적Predatory' 시점은 캐릭터와 군대의 관리에 시뮬레이션성을 갖게 한 기지 건설 시스템에도 적용된다. 〈피스 워커〉에서 일련의 메뉴에 불과했던 마더 베이스는 〈MGSV〉에서는 스네이크가 직접 관리함과 동시에 이동하며 탐색할 수 있는 에어리어의 집합체로 구현되었다. 플레이어가 맵에서 더 많은 자원을 모아감에 따라 스네이크의 용병 조직이 배치된 해상 군사 시설 마더 베이스는 플레이어가 수집한 식물, 동물, 병사 등을 가시화하는 카탈로그가 되며, 스네이크는 그 전설적인 존재감으로 부하들의 사기를 높인다. 하지만 마더 베이스가 성장하면 마이크로 매니지먼트Micro Management의 복잡함도 증가한다. 더 많은 인원을 다른 부서에 할당하고, 자원을 모으기 위해 각지에 파견해야 할 필요성이 생김에 따라 최초의 달성감은 의무감으로 변해간다. 플레이어가 자랑해야 할 기념비는 '관리와 수집의 관료적 순응'으로 변모하고, 그것을 유지하고 성장시키는 것 자체가 목적이 되어버린다(Murray, 2018, 184쪽).

　그렇다고는 해도, 〈MGSV〉의 관료적인 시스템에 개발 스태프의 논평이 없는 것은 아니며, 가장 설득력이 있는 장면에서는 그 비인간적인 경향을 뒤엎는 선택지가 플레이어에게 제시된다. 예를 들어, 기지 건설의 멀티 플레이 요소로 플레이어가 서로의 마더 베이스에 침입할 수 있는 시스템이 있다. 플레이어는 기지의 인원, 포대, 시설을 적극적으로 관리해 습격을 방어해야 하는데, 핵무기 개발도 선택지로 제시된다. 냉전 시대의 핵 확산 논리에 따라 게임은 다음과 같이 핵무기의 파괴적인 에너지와 정치적인 힘을 설명한다. '핵분열 반응으로 만들어지는 방대한 에너지를 파괴로 전용한,

인류가 낳은 가장 강력한 대량 파괴 병기. 보유하는 것만으로도 위협이 되며, 라이벌의 보복을 억제하는 효과가 있다.' 핵무기 개발에는 몇몇 이점이 있지만, 상당히 큰 단점도 있다. 플레이어는 핵무기를 보유하거나 폐기함으로써 특별한 트로피를 획득하고, 적대하는 플레이어가 기지에 침입하는 것을 생각에 그치게 만들거나 저지할 수 있다. 또, 플레이어의 공격과 방어 수치도 향상된다. 하지만 다른 플레이어들이 쉽게 침입하지 못하게 되는 대신, 핵무기 개발에는 막대한 자금과 자원이 필요하며, 거기에 페널티로 5만 '데몬 포인트(일본에서는 잔혹도 등으로 불리는 숨겨진 패러미터)'가 가산된다. 이 포인트는 플레이어의 도덕적, 비도덕적인 행위를 평가하는 지표이다. 핵무기 개발과 보유에 엄청난 노력이 필요한 것은 과거 작품의 반전·반핵이라는 주제와 일치하며, 디자이너의 의도가 부각된다.

이 멀티 플레이 요소는 플레이어의 선택지가 게임 세계에 얼마나 강력한 변화를 가져오는지를 나타낸다. 자신의 핵무기를 폐기하고, 다른 플레이어도 그렇게 하리라 믿는다는 선택지 역시 주어지기 때문이다. 이 행위에 전술적인 이점은 전혀 없으며, 표면적으로는 상징적인 제스처에 불과하다. 그런 짓을 해봐야 적들은 마음대로 습격해올 것만 같다. 하지만 그럼에도 플레이어들은 그렇게 했다. SNS의 포럼이나 팬이 작성한 '누크(핵) 워처Nuke Watcher'라는 사이트를 사용해 자기 자신의 핵무기를 폐기하거나 다른 플레이어의 기지에 잠입해 그들의 핵무기를 폐기하기도 한 것이다. 플레이스테이션3 판 〈MGSV〉에서는 2020년 7월 27일에 게임 내의 핵무기 완전 폐지가 달성되어, 그것이 트리거가 되어 컷 신이 재생되었다(Sheridan, 2020). 이 컷 신에서 스네이크와 동료들은 최후의 핵무기 폐기를 축복하고, 핵이 없는 새로운 세계 질서를 지킬 것을 맹세한다. 21세기, 전 세계의 국가들이 핵무기 제조에 분주하고 군국주의가 퍼져가는 와중에 코지프로는 이러한 선택지를 도입했다. 컷 신의 마무리로 미합중국의 전 대통령인 버락 오바마의 2009년 발언이 인용된다. '이 위기를 저지하려 하는 우리의 대응은 국제적인 비확산 체제를 핵심으로 하지만, 앞으로 더 많은 개인이나 국가가 규칙을 깨게 된다면 언젠가 우리는 이 핵심을 유지하지 못하게 될 것이다.' 증대하는 군국주의는 2014년의 일본에도 영향을 미쳤다. 헌법 제9조의 해석이 변경되어 자위대가 '집단적 자위권'을 행사해 국경을 넘어 군사 활동에 참가할 수 있게 된 것이다(Martin, 2014). 〈MGSV〉의 멀티 플레이 개발에는 이러한 군사적인 배경이 반영되었다.

현실 세계에서 이러한 재무장이 이루어지고 있다면, 게임 속 가상의 핵무기 폐기 따위는 사소한 일로 느껴질지도 모른다(특히, 최후의 핵이 폐기된 직후에 플레이어들이 다시 핵무기를 만들기 시작했던 것을 떠올린다면). 하지만 설령 게임 내의 핵 군비 축소가 현실 세계에 직접적인 결과를 낳지 못한다 하더라도, 코지마의 체험 디자인은 플레이어에게 그 가능성에 대해 생각할 것을 요구한다. 코지마는 이렇게 말했다. "현실 세계에서 핵을 폐기할 수 없다 해도, 게임이라는 픽션 세계라면 핵무기를 만든 인류에 대치해 핵이 없는 세계를 선택한다는 전례 없는 '체험'을 제공할 수 있습니다. 이 체험을 통해, 플레이어는 반전·반핵의 진정한 의미를 이해하겠지요(Kojima, 2017)."

이러한 자세는 '게임 속과 현실 세계의 '체험'의 병행 관계가 무너짐
으로써 게임 플레이에 의미가 생겨난다(Hutchinson, 2019, 228쪽).' 라
는 레이첼 허친슨의 견해와 일치한다. 무기를 계속해서 비축해가
는 게임 디자인에(단시간의 일이라 해도) 플레이어가 반발하고 핵을
폐기함으로써, 사람들이 공통의 평화적 목표를 위해 협력할 수 있
을 것이라는 디자이너의 신뢰가 틀리지 않았다는 것이 증명되었
다. 여기서 중요한 것은 이 목표는 게임 내의 사건이나 서사를 통해
서만이 아니라 게임 밖 플레이어들의 조직력과 행동력을 통해 달
성되었다는 것이다. 코지마의 말을 빌리면, 〈MGSV〉의 플레이어들
은 '스스로 스네이크로부터 바통Baton을 이어받음으로써 전설의 순
환을 완성(Kikuchi, 2016)'시켰다. 시뮬레이션 공간과 현실 세계 양쪽
에서의 실험을 통해 플레이어는 공통의 대의를 위해 '영웅'으로서
집단적으로 스네이크와 동조한 것이다.

〈데스 스트랜딩〉에서의 단절의 수복

〈MGSV〉 발매 후 코나미와 코지마의 불화가 대대적으로 보도되
는 와중에, 코지마는 코나미를 퇴사했다(Ashcraft-2015, Greenbaum-
2021). 퇴사 후 코지마는 업계 인맥을 활용해 자신의 스튜디오(코지
마 프로덕션)를 설립하고, 독립 후 첫 작품이 되는 〈데스 스트랜딩〉에
대해 소니 컴퓨터 엔터테인먼트와 독점 계약을 맺었다. 오픈 월드형
협력 게임의 현장감과 커스터마이즈성이 코지마의 프로그레시브

한 디자인과 융합한 〈데스 스트랜딩〉은 서사와 시뮬레이션이 혼재하는 복합 체험 게임이다. '외로운 늑대'인 주인공에 초점이 맞춰져 있다는 점은 어느 정도 〈MGS〉와 공통되지만, 주제와 메커닉스는 크게 다르다. 플레이어 캐릭터는 전설적인 영웅도, 군사 전술의 달인도 아니며, 지극히 한정된 어포던스만을 가진 배달부이다.

〈데스 스트랜딩〉의 체험은 플레이어가 탐정이나 용병이 되는 종래의 코지마 작품과는 크게 다를지도 모르지만, 게임 디자인의 중심에 있는 것은 사회와 연결되는 서사와 주제의식이 강한 메타적인 메커닉스의 융합이라는 확고한 철학으로, 이는 코지프로의 전통이기도 하다. 〈데스 스트랜딩〉은 코지프로가 휴대기기용 게임과 오픈 월드 게임에 발전시켜 온 멀티 플레이 요소를 토대로 집합적인 플레이 핵심 요소로 추가했다. 완전무결한 체험을 위해서는 이 집합적인 플레이를 빼놓을 수 없다. 게임 체험은 다른 유저와 플레이하는 것으로 인해 크게 변화하며, 서사의 주제도 강화된다. 뿐만 아니라 생산적인 플레이를 위한 새로운 공간이 구현되었으며, 타인과의 집합적인 행동에 대한 실험적으로 접근할 수 있다. 또한, 이 작품도 동시대의 커다란 지정학적 분쟁에 대해 언급하며, 마찬가지로 장르 픽션, 믹스드미디어 미학, 환경과 시스템의 통합을 이용해 '연결'에 대해 플레이어가 생각하게 함으로써 게임 세계 안팎에서 적극적으로 변화를 일으킬 것을 촉구한다.

동시대성이 있는 이야기

지금까지의 작품과 마찬가지로, 〈데스 스트랜딩〉의 기획은 핵심이 되는 주제(이번 작품에서는 '연결')를 처음부터 염두에 두고 있었다. 코지마는 "지금 트럼프 대통령은 벽을 건설하고 있다. (중략) 영국은 브렉시트Brexit로 EU에서 이탈하려 한다. 전 세계에 벽이 만들어지고, 모두가 자신만 생각하는 것처럼 느껴진다(Powell, 2019)." 라고 말하며 전 세계의 국가들이 분단되어 있다는 감각에서 출발하여 〈데스 스트랜딩〉의 각본을 썼다고 밝혔다. 코지마는 트럼프의 '미국을 다시 위대하게Make America Great Again' 캠페인이나 2016년 영국이 국민 투표로 EU와 유럽 원자력 공동체에서 이탈을 결정했던 것을 극단적인 '개인주의' 시대의 상징으로 보았으며, 그것이 오프라인과 온라인 문화 전체에 퍼져 있다고 생각하고 있었다.

"온라인이란 건, 전 세계의 사람들이 직접적으로 연결되잖습니까. 그래서 익명인 걸 구실로 타인에게 매정한 말로 상처를 주고도 아무렇지도 않아 하는 사람들이 있죠. 게임에서도 인터넷으로 연결해서 뭘 하나 보면, 총으로 서로 쏘기나 하는 겁니다(Kikuchi and Hayashi, 2019)." 코지마가 여기서 암시하는 것은 2010년대에 SNS 플랫폼에서 부정적인 환경이 만들어지고 그것이 사회의 '유해한 거울(Simmons, 2016)'이 되었다는 주장이다. 〈데스 스트랜딩〉의 세계와 스토리는 정치적, 문화적 분단이라는 세계적 문맥에서 구상되었다.

물론 코지마가 게임에서 특정 정치가를 직접 언급한 것은 아니다. 그런 짓을 했다가는 잠재적인 유저층을 소외시켜버릴 가능성이 있으며, 더 큰 제도상의 문제를 과도하게 단순화할 위험이 있기에, 코지마는 항상 장르 픽션을 통해 우회적으로 표현해온 것이다. 분단과 고립이라는 테마를 받고, 게임은 '데스 스트랜딩'이라 불리는 괴현상의 습격을 받은 세기말의 미국이 무대이다. 이 천변지변 이후 세계에는 생사의 틈새에 사로잡힌 유령 같은 존재들인 BT(Beached Things)가 출현하게 되었다. 그들의 존재는 타임폴Timefall(닿은 자를 노화, 열화시키는 산성비)과 대소멸Void Out이라 불리는 거대한 폭발을 일으킨다. 나라의 인프라는 타임 폴과 보이드 아웃으로 인해 파괴되고, 살아남은 인구의 대부분은 노트 시티Knot City라 불리는 지하 콜로니로 피난했다. 이러한 쉘터가 신생 미국 도시 연합UCA에 남은 전부이며, UCA는 BT의 영향만이 아니라 테러리스트와 화물 도둑(뮬Mule) 등의 무뢰한들로부터 사람들을 지키고 있다.

노트 시티의 물자 보급은 배달업자들에게 의존하며, 플레이어는 그러한 배달부 중 하나인 샘 포터 브리지스Sam Porter Bridges를 조작해 각 노트 시티를 '카이랄 네트워크Chiral Network'라는 중심적인 에너지/정보망에 접속시키기 위해 황폐화된 미국을 횡단하는 여행을 떠난다. 샘을 포함한 배달부들은 브릿지 베이비Bridge Baby(BB)라 불리는, 아직 태어나지 않은 태아를 인공 포드에 넣어 휴대한다. 이 포드는 뇌사한 산모Stillmother 의 자궁을 본뜬 것으로, BB 또한 생과 사의 틈새에 존재하기에 BT를 감지할 수 있으며, 광대한 지형을 돌파할 때 도움이 된다. 샘은 '미국을 다시 연결'하기 위해, 붕괴된 네트워크와 인프라를 재구축하려고 하며, BB는 그런 샘과 연결된다.

〈데스 스트랜딩〉은 베네딕트 앤더슨Benedict Anderson이 제창한

‘상상의 공동체’로서의 국가라는 개념에 대한 응답이라고도 할 수 있다. 상상의 공동체란, ‘커뮤니티는 그 구성원들 사이의 상상 속 유대감에서 형성된다.’ 라는 사고방식으로, 국가는 상상된 공동체이며, ‘아무리 작은 국가라 해도 그것을 구성하는 사람들은 대부분의 동포를 알지도, 만나지도, 들어보지도 못했지만, 그럼에도 한 사람 한 사람의 마음속에는 공동의 성찬 ‘커뮤니온Communion’의 이미지가 살아 있다(Anderson, 1983, 6쪽).’ 〈데스 스트랜딩〉에서 이 상상 속의 유대감은 완전히 단절되었으며, 미국 사람들은 이미 자신들이 공동체의 일부라고는 상상하지 않는다. 게임의 테마는 미국 그 자체만이 아니라, 2010년대 후반에 미국, 유럽, 동아시아 일부를 시작으로 전 세계의 나라들을 석권했던 포퓰리즘Populism을 반영하고 있다. 각국에서는 고립주의와 배외주의가 점점 더 국가의 정체성과 연결되었으며, 국민들 사이에서 신뢰가 사라지고, 상상만으로는 국가를 유지할 수 없게 되었다. 〈데스 스트랜딩〉의 미국은 이러한 기능 부전의 상징이며, 샘은 공포와 불신에 삼켜진 국가의 제도와 국제적인 지위를 재구축하고, 나라를 다시금 ‘하나’로 만들어야만 한다. 즉, 게임의 주제는 단순하고 직접적이다. ‘굳건하고 실체적인 유대감이 없으면 공동체를 유지할 수 없다.’ 라는 것이다. 이에 따라 플레이어는 공공의 방치와 환경적 쇠퇴로 인해 붕괴한 물질적인 국가 인프라를 재구축하고, 문자 그대로, 그리고 비유로서의 ‘독’으로 고립된 시민들을 다시 연결해야 한다.

〈데스 스트랜딩〉의 서사는 가공의 미래의 미국을 무대로 하고 있으며, 코지마의 각본은 지금까지처럼 미국에 대한 비판, 특히 미국이 20~21세기에 걸쳐 정보나 인구를 통제하려 했다는 것에 대한 비판을 계속하고 있다. 하지만 〈데스 스트랜딩〉에서 미국을 구하는 것은 그대로 세계를 구하는 것이기도 한데, 인류가 코로나 바이러스 팬데믹에 직면해 수백만 명이 목숨을 잃고, 수천만 명의 사람들이 입원해 전 세계가 마비되자 이러한 아이디어는 더욱 통렬하고 불쾌한 선견지명을 띠게 되었다. 사람들은 바이러스로부터 스스로를 지키기 위해, 또는 국가의 격리 지시에 따르기 위해 자택에 고립되었고, 생활필수품을 공공 서비스와 배달 서비스에 의존하게 되었다. 몇몇 매스미디어는 코지마와 〈데스 스트랜딩〉이 물리적 연결이 단절된 세계에서 사람들이 연결을 위해 배달과 SNS에 의존하게 되는 미래를 예견했다고 주장했다(Nakamura-2020, Schnabel-2020). 하지만 현실적으로 생각했을 때 코지마는 현재 세계에 존재하는 고립을 정확히 표현한 것뿐이며, 팬데믹은 그 고립을 증폭시킨 것에 불과하다.

영화적 비주얼의 융합

〈데스 스트랜딩〉의 시청각적 요소는 코지프로의 특기인 스타일리시한 다양식성(多樣式性)을 통해 연결이라는 테마를 표현하고 있다. 〈MGS〉 시리즈 개발 과정에서 진화한 표현 스타일을 계승하고, 포토리얼 그래픽과 장대한 영화 같은 컷 신을 조합했다. 〈MGS〉는 사실적인 그래픽 표현을 추구하도록 게임 업계의 방향성을 선도했던 시리즈 중 하나이며, 지금은 이러한 선호도가 특별한 것은 아니게 되었으나, 코지마 팀은 〈데스 스트랜딩〉에서도 믹스드미디어 미학에 입각해 서사적 정보를 전달하려 한다. 플레이어는 '메일'을 읽고, 〈MGS〉의 무전 통신 같은 '트랜시버Transceiver' 통신을 듣고, 짐을 배달하는 중이나 액션 사이에는 Low Roar, Silent Poets 등의 음악 아티스트의 '악곡'을 들음으로써 이야기를 체험한다. 이러한 미디어 형식은 배경 서사, 미션의 힌트, 지시 등 정보의 원천으로 기능하며, 게임 내의 시퀀스를 보완한다. 서사를 전달하는 데 컷 신은 여전히 가장 우수한 형식이지만, 서사의 상당 부분은 〈피스 워커〉, 〈MGSV〉과 마찬가지로 컷 신이 아니라 게임 세계 여기저기와 게임 세계 밖의 메뉴에서 접근할 수 있는 텍스트, 음성 기반 미디어 아이템, 디바이스를 통해 전해진다.

캐릭터 디자인에도 영화와 게임의 융합이 보이며, 코지마가 MSX2용 초기 작품에서 제작한 실존 유명인을 본뜬 캐릭터를 연상케 한다. 이 작품의 캐릭터 디자인도 코지마와 함께 코나미를 퇴사한 신카와 요지가 작업했는데, 노만 리더스Norman Reedus, 매즈 미켈슨Mads Mikkelsen, 레아 세이두Lea Seydoux, 린제이 와그너Lindsay Wagner 등 유명 배우의 캡처는 대부분 코지마의 개인적 취향의 반영이다. 예를 들어 매즈 미켈슨과 레아 세이두는 제임스 본드 영화의 주요한 배역을 연기했고, 《소머즈》의 린제이 와그너는 어린 시절 코지마의 동경의 대상이었기에 카메오로 재등장한다(〈스내처〉의 제이미의 모델이기도 했다). 한편, 기예르모 델 토로나 니콜라스 빈딩 레픈Nicolas Winding Refn 등은 배우 경험이 거의 없지만 코지마와 개인적인 친분이 있었기에 캐스팅되었다. 델 토로는 호러 게임 〈P.T.〉 제작 시 코지마와 콜라보레이션을 진행한 적이 있었다. 이것은 코나미의 〈사일런트 힐SILENT HILL〉 시리즈의 'P.T.(Playable Teaser)'로 개발되었으나, 최종적으로는 취소되었다※3. 레픈은 자신의 미니 시리즈 《투 올드 투 다이 영Too Old to Die Young》(2019)에서 칼을 든 야쿠자로 코지마를 캐스팅했었으며, 이번에는 〈데스 스트랜딩〉의 캐릭터로 등장해줬으면 한다는 코지마의 요청에 응했다. 게임 세계 여기저기에 등장하는 수많은 조연도 코지마와 뭔가 개인적인 연결이 있는 인물들인데, 이를테면 오랜 세월에 걸쳐 코지마를 보조하고 공적인 장소에서 우정을 드러냈던 더 게임 어워즈The Game Awards의 총괄 프로듀서 겸 사회자인 제프 킬리Geoff Keighley(Barnett, 2020)도 출연했다. 또한, 일본어판 〈데스 스트랜딩〉에는 코나미 시절부터 코지마와 함께 작업해온 오오츠카 아키오, 이노우에 키쿠코, 미즈키 나나水樹奈々 등의 성우들이 캐릭터의 목소리를 담당했다. 게임 업계에서는 유명 연예인을 기용하는 경향이 널리 퍼지는 추세고 〈데스 스트랜딩〉도 그에 해당하지만, 배우인지 아닌지를 불문하고 개인적으로 관련이 있는 인물을 기용하는 것에 대한 고집을 보면, 게임의 주제인 '직접적인 연결'이 제작 단계에서도 반영되어 있었다고 할 수 있다.

〈데스 스트랜딩〉의 환경도 '새로운 시작'이나 '다시 연결되다'라는 주제를 전달하는 중요한 요소이다. 이 작품은 게릴라 게임즈 Guerrilla Games가 〈호라이즌 제로 던Horizon Zero Dawn〉 시리즈용으로 만들어져 '재활용'된 데시마DECIMA 엔진을 이용해 광대하고,

동적이며, 거대한 환경 효과로 인해 시시각각 변화하는 오픈 월드 환경을 구축했다. 그러한 환경 효과 중 두 가지(타임 폴과 보이드 아웃)는 원폭과 그에 부가되는 방사성 낙진을 떠오르게 해 코지마가 천착해온 반핵 주제와 연결되며, 핵으로 인한 홀로코스트가 언제 일어나도 이상하지 않다는 악몽 같은 시나리오를 만들어냈다. 흥미로운 것은 어떤 장소에서 보이드 아웃이 발생하면 그곳을 배회하던 BT도 전부 사라지고, 플레이어는 타임 폴과 BT를 두려워할 필요 없이 다시 태어난 에어리어를 자유로이 이동할 수 있게 된다는 점이다. 이것은 어떤 의미로든 핵에 의한 홀로코스트와 환경 재해를 긍정하는 것이 아니며, 〈데스 스트랜딩〉의 동적 환경은 《듄》, 《바람 계곡의 나우시카》 등 인간이 일으킨 환경 파괴에 대한 별의 회복력을 그린 묵시록적 픽션을 떠오르게 한다.

〈데스 스트랜딩〉의 환경을 구성하는 광대하고 황폐한 풍경은 표면상으로는 옛 미국인 것으로 되어 있으나, 흥미롭게도 〈폴아웃 Fallout〉, 〈바이오 쇼크BIOSHOCK〉, 〈더 라스트 오브 어스〉 시리즈처럼 마찬가지로 미국을 무대로 한 세기말적 게임에 흔히 등장하는 과거 미국 문명의 시각적인 상징물은 전혀 나오지 않는다. 코지 프로는 미국의 특정 장소가 아니라 아이슬란드의 광대한 경관에서 영감을 받았으며, 그 결과 미국은 미국인지 알 수 없는 형태로 묘사되었다(Fontaine, 2019). 미국은 이야기 장치로 남아 있지만, 문화적인 상징물이 전부 제거되었기 때문에 세계 구축이라는 관점에서 보면 '무(無)'에 가깝다. 따라서 플레이어는 원래 여기에 무엇이 있었는지 신경 쓰지 않고 자유로이 도로와 시설을 만들거나 삭제할 수 있다. 〈데스 스트랜딩〉의 미국은 장소로서의 미국이라기보다 이념으로서의 미국을 표현한다. 이념으로서의 미국은 (플레이어의) 공동체에 대한 필요와 요망에 따라 형상화되는 환경이며, 그 공동체는 항상 변화하고 진화한다.

저항으로로서의 롱테이크Long-take
―슬로우 시네마의 시점

〈데스 스트랜딩〉에는 코지마의 영화에 대한 열정과 영화로부터 받은 영향 역시 잘 드러나 있다. 〈MGS〉 시리즈는 1980~90년대의 할리우드 액션 영화에 대한 오마주로, 화려함과 큰 규모를 특징으로 한다. 반면 〈데스 스트랜딩〉은, 그러한 스펙타클이 아주 없어진 것은 아니지만, 현대 아트 시네마의 영향을 받아 고속 몽타주가 아닌 롱테이크Long-take 기법으로 컷 신을 연출하여 보다 명상적인 체험을 낳는다. 롱테이크란 한 컷에 카메라를 장시간 돌리는 기법을 말하며, 알프레드 히치콕의 서스펜스 영화에서 긴박감을 연출하기 위해, 혹은 로버트 알트만Robert Altman, 마틴 스코세이지 Martin Scorsese의 군상극 영화에서 사람들로 북적대는 환경의 에너지와 혼돈을 표현하기 위해 영화계에서는 예로부터 사용되었다. 롱테이크는 훌륭한 카메라워크를 전면으로 내세우며 관객의 몰입감을 높인다. 코지마가 감독한 후기 〈MGS〉 시리즈(특히 〈MGSV 그라운드 제로즈』/『MGSV 팬텀 페인〉)에서도 롱테이크가 사용되었고, 〈데스 스트랜딩〉에도 복잡한 롱테이크가 존재한다. 예를 들어, 게임 초반 소각장으로 시체를 옮기는 도중 샘과 시체 처리반 남자들이 BT의 습격을 받는 장면에서는 그들의 주위를 카메라가 역동적으로 선회하면서 눈에 보이지 않는 BT의 움직임을 5분이 넘는 시간에 걸쳐 쫓아간다. 이 긴 신은 캐릭터의 혼란과 패닉을 실시간으로 전달하며, 컷이 삽입되지 않기 때문에 플레이어는 그들의 절망을 여과 없이 목격한다.

이러한 기법은 할리우드 영화나 그와 관련된 상업적인 수법과는 관련이 없는, 혹은 할리우드에 대항하는 영화감독들도 사용해왔다. 비토리오 데 시카Vittorio De Sica나 미켈란젤로 안토니오니Michelangelo Antonioni의 네오레알리스모Neorealismo(2차 대전 후 이탈리아 영화에 나타난 사실주의적 기법-역주) 영화, 터르 벨러Tarr Béla나 아바스 키아로스타미Abbas Kiarostami의 사회비판적 영화, 대만 뉴 시네마의 호우 샤오셴侯孝賢이나 차이밍량蔡明亮의 '슬로우 시네마'에 이르기까지, 다양한 국적의 영화감독이 상업적 미디어의 눈이 핑핑 도는 편집에 대한 대항 수단으로 롱테이크를 사용하며, 인내, 내성, 때로는 프러스트레이션의 공간까지 만들어냈다.

코지마가 제작했던 어드벤처 게임과 스텔스 게임 역시(액션을 지향하는 게임 업계에 있어서) 인내가 보답 받는 설계였으나, 〈데스 스트랜딩〉은 이런 콘셉트를 더욱 밀어붙여 게임의 시각적 구조 그 자체에 내성을 심어 넣었다. 플레이어는 광대한 대지를 돌파해 배달해야 하는데, 이동에만 45분 이상 소요되는 경우도 있고, 그 동안 3인칭 카메라가 바위투성이의 지형과 격류 속을 신중하게 나아가는 샘을 차분하게 따라간다. 이러한 완만한 페이스는 의도적인 것으로, 배달에 걸리는 긴 시간과 연속성은 '슬로우 시네마'의 롱테이크를 떠올리게 한다. 플레이어는 배달에 시간과 집중력이 요구되는 탓에 짜증을 느낄지도 모르지만 이윽고 고요함과 안식의 순간에서 가치를 발견하게 된다. 광대한 경치가 눈에 들어오는 순간 어디선가 편안한 음악이 흘러와 플레이어의 짜증을 완화시킴과 동시에 고요함과 편안함을 느끼게 한다. 루츠 코프닉Lutz Koepnick의 '현대 미디어에서 롱테이크의 최고 가치는 스펙타클이나 몰입감을 만들어내는 것이 아니라 경이로운 가능성을 위한 공간을 재구축하는 것(Koepnick, 2017, 1쪽)' 이라는 말은 이러한 순간에 잘 들어맞는 듯하다. 〈데스 스트랜딩〉의 '슬로우 게임' 그 자체가 롱테이크에 보내는 러브레터이며, 플레이어에게 스스로의 사고와 감정에 귀를 기울이고, 그 과정에서 무언가를 발견하기를 촉구한다.

창발적인 시스템과 복잡한 환경

코지마의 과거 작품들과 마찬가지로, 〈데스 스트랜딩〉의 놀이 시스템과 환경은 이야기의 주제를 강화한다. 이 작품의 서사적 주제는 '자연과 타인이라는 위협에 직면했을 때, 집단으로서 살아남기 위해서는 사람끼리의 연결이 중요해진다.' 라고 할 수 있다. 게임의 시스템은 타인을 믿는 것을 축으로 구축되어 있으며, 게임 내의 집합적인 타인에 대한 공감을 촉구한다. 이 게임의 연결에는 세 가지 측면이 있다.

첫 번째는 플레이어가 NPC와 쌓는 유대감이며, 이것은 게임의 핵심적인 메커닉스로 인해 촉진된다. 〈MGS〉 시리즈의 스텔스라는 게임성의 핵심이 '대기'였던 것에 비해, 〈데스 스트랜딩〉의 핵심이 되는 것은 '걷기'라는 메커닉스다. 걷는다(게임을 진행하면 차량 운전도 가능해지지만)는 행위는 메커닉스로서는 따분하게 보일지도 모른다. 실제로 일부 리뷰어는 〈데스 스트랜딩〉을 '워킹 시뮬레이터(Glennon, 2019)'라 평가하지만, 배달부에게는 가장 잘 어울리는 액션이다. 게임 초반, 샘은 기본적으로 도보로 미국 각지에 있는 노트 시티로 화물을 배달한다. 화물을 여러 개 짊어지거나 험한 바위 투성이인 지형을 걸으면 밸런스가 무너져 버리기 때문에 쉽지만은 않다. 〈MGS〉 시리즈와 마찬가지로 〈데스 스트랜딩〉도 컨트롤러의 각 버튼이 다른 입력에 대응하며, 복수의 조작을 동시에 하는 것이 요구된다. 예를 들어 등에 지고 있는 짐이 너무 많은 경우, 플레이어는 컨트롤러의 L2, R2 버튼을 계속 눌러 샘의 양팔로 짐을 지탱해야만 한다. 플레이어가 이런 피드백을 무시하거나 놓치면 샘은 짐을 떨어트리기도 하고, 최악의 경우는 넘어져 짐을 흩뿌리고 만다. 그렇게 되면 하나하나 다시 주워 모아야만 한다.

그렇기 때문에, 게임 초반에는 가혹한 선택에 쫓기게 된다. 짐을 여러 번에 걸쳐 옮기면 간단해지지만 시간이 너무 걸리며, 많은 짐을 한 번에 옮기려 하면 신중하게 배송해야 하기에 극도의 집중력이 요구된다. 게임 진행을 위한 배달에는 장거리 이동이 필요한데, 걸으면 걸을수록 신발이 헤져서 새로운 신발로 교환해야 하는 등의 이유 때문에 한 번에 옮기는 것 이상의 방법은 없다. 하지만 플레이어가 조금이라도 집중력이 흐트러지면(물이나 BT가 있는 에어리어는 특히)샘이 넘어져 짐이 흩어져 버린다. 따라서 플레이어는 짐의 상태를 신경 쓰면서 패닉 상태로 적을 격퇴해야만 하며, 스트레스가 쌓이는 플레이 체험이 되기 쉽다. 〈데스 스트랜딩〉의 걷는다는 메커닉스는 이러한 스트레스를 유발하지만, 배달부의 육체적 부담과 집중력을 효과적으로 시뮬레이션한다. 코지마는 '플레이어가 샘이 되었으면 하지만, 그건 서서히'라고 말했으며, 샘과 최초로 먼 길을 떠날 때는 '아기가 걷는 방법을 배우는 것처럼 된다(Goldberg, 2019).' 샘의 컨트롤 방법을 습득함으로서 플레이어는 얼핏 보기에는 아무것도 아닌 액션에 대해 한층 더 공감하게 되며, 연결을 느끼고, 걷는다는 것이 실제로는 육체의 세밀한 연계가 필요한 밸런스를 잡는 행위임을 깨닫게 된다.

화물 배달은 스트레스가 많은 작업이지만, 보행 프로세스를 부드럽게 하는 업그레이드를 받으면 플레이가 편해진다. 업그레이드는 프레퍼라 불리는 사람들이 제공하며, 툴과 가젯 덕분에 더 간단하게 배달할 수 있게 된다. 샘이 노트 시티를 연결해 나가면 파워 스켈톤이라는 장비품을 입수할 수 있게 되는데, 이 덕분에 더 많은 짐을 운반할 수 있고, 밸런스에 대한 영향도 적어져 이동이 편해진다. 또, 다양한 차량으로 하나의 지점에서 다른 지점으로 이동할 수 있게 되기도 하며, 플레이어에게 요구되는 육체적인 노력과 집중력도 경감된다. 이러한 가젯은 미션을 완료하면 다른 인간 캐릭터가 제공하기 때문에, '강한 연결을 만든다'는 중심적인 주제를 단순하지만 직접적으로 보강한다. 등장하는 아바타들도 샘 덕분에 그들 자신의 이야기에 관계가 있는 무언가를 받는다. 그것은 피자 배달처럼 단순한 것이기도 하고, 오랫동안 떨어져 있던 가족과의 재회 등 복잡한 것일 때도 있다. 물론 미션을 완료해 보수를 받는 흐름은 〈데스 스트랜딩〉 특유의 것이 아니지만, 강한 유대감을 쌓는다는 이 작품의 테마는 게임 내의 아바타와 플레이어 캐릭터들이 파는 쪽과 사는 쪽 사이에 맺어지는 계약과 동의를 기반으로 상호간에 이익을 가져오는 것에서도 드러난다. 이러한 상호 교환은 서로가 자신의 책임을 다함으로서 서로의 상황을 개선할 수 있다.

연결을 낳는 메커닉스

협력과 생존이라는 테마의 연결은, 부모와 자식이라는 두 번째 '연결' 측면에 의해 더욱 강화된다. 이 유대감은 어른 샘과 아기인 브릿지 베이비(BB) 사이에서 자라나는 관계를 통해 묘사된다. 대부분의 비디오게임의 동료와 마찬가지로, BB는 미션을 완료하는 것을 돕는 존재다. 게임의 진행에 맞춰 동료로서의 BB의 입장이 더욱 복잡해진다. BB와 샘의 관계성은 루딕 라포르Ludic Rapport 모델을 사용해 생각해 볼 수 있다. 이것은 바르레브 나베Barlev Nave가 비디오 게임의 동료에 관한 분석에 쓴 용어로, 동료와의 신뢰 관계는 이야기, 메커닉스, 플레이라는 놀이를 통해 형성된다(Barlev, 2021)는 것이다. BB는 자신의 존재/부재를 '보고, 듣고, 느끼도록' 플레이어에게 강요함으로서 인간성을 발휘하며, 이야기, 메커닉스, 플레이가 BB의 감정을 전달한다.

이야기의 관점에서 보면 BB는 아기처럼 보이지만, 샘의 상사에 해당하는 캐릭터들의 시선에서 보면 BB는 BT의 존재를 감지하기 위한 '도구'다. 최초로 샘이 장비하는 BB는 다른 BB들과 마찬가지로 미션을 완료하기 위한 도구로 취급되며, 여러 캐릭터가 'BB한테 너무 빠지지 마라'라고 샘에게 충고한다. BB는 어디까지나 도구로서의 기능만 가지고 있기 때문이다. 하지만 이야기가 진행됨에 따라 BB의 과거를 '플래시백'으로 체험할 수 있게 된다. 이런 컷 신으로 샘은 BB의 시점에서 아버지가 아기를 돌보고, 말을 걸고, 자장가를 불러주는 것을 목격한다. BB의 과거 생활을 목격함으로서, 샘(과 플레이어)는 서서히 BB를 하나의 인간으로 보게 되며, 최종적으로는 그녀에게 '루'라는 이름을 붙여주고 자신의 딸이나 다름없는 존재로 받아들인다.

메커닉스의 시점에서도, 유머러스한 형태로 플레이어와 접속함으로서 시각을 제공해주는 BB는 꼭 필요한 동료이다. BB의 포드를 측량 센서에 장착하면 BB의 윤곽이 부유령처럼 떠오르며, 다른 방법으로는 눈으로 볼 수 없는 BT를 (〈MGS〉의 스텔스 플레이처럼) 피해서 진행할 수 있게 된다. BB와 접속함으로서 세계의 완전한 모습이 보이며, BB 없이는 통행 불가능한 일대를 나아갈 수 있는 것이다. 하지만 게임을 진행하면 BB는 단순한 장비품 이상의 존재가 되고, 플레이어의 행동에 대해 감정적인 폭발을 보이고 플레이어는 싫어도 그것을 '들어야만' 한다. 예를 들어 깊은 물속을 나아가거나, BT

와 조우하거나, 절벽에서 떨어지거나 하면 BB의 기분이 나빠지며, 손을 쓸 수 없을 정도로 울부짖는다. 무시할 수도 있지만, 오랫동안 계속 울기 때문에 불안과 불쾌감을 낳는다. 〈MGS〉를 '경계' 페이즈 상태로 진행하는 듯한 감각이다. 이렇게 되면 그 자리에서 버튼을 눌러 BB의 포드를 팔에 안고, 컨트롤러를 좌우로 살짝 흔들듯이 달래줘야만 한다. BB의 감정 상태가 더욱 가깝게 느껴지는 것은 그 울음소리가 TV에서가 아니라 더 가까이 있는 것—PS4 컨트롤러의 스피커—에서 들리기 때문이며, 여기에서 게임기를 체험의 일부로 받아들이는 코지마의 디자인 철학이 드러나 있다. 컨트롤러는 플레이어의 배나 무릎 위, 말하자면 샘에게 장착된 BB의 포드와 비슷한 위치에 있는 경우가 많기 때문에, 플레이어는 어떤 의미로는 BB와 육체적으로 조화되어 있으며, 아기가 멀리 화면 속에서 울기만 하는 경우와는 달리 쉽게 무시할 수가 없게 된다. BB의 감정을 만족시켜주고 싶다는 마음을 공유함으로서, 샘과 플레이어 사이에도 연결이 생겨난다.

이 메커닉스는 샘과 BB의 유대감을 강화하는데 공헌하며, 두 사람의 유대는 더욱 큰 구조와 게임의 플레이를 통해 밝혀진다. BB의 울음소리는 플레이어를 불안한 기분으로 만들도록 디자인되었는데, 몇 번이고 듣다 보면 배경의 노이즈 정도로밖에 여겨지지 않게 되기도 한다. 아이러니하게도 이렇게 되면 플레이어는 BB를 무시하게 되며, 어떤 종류의 가상의 아동학대가 되어버리고 만다. 이러한 태만을 방지하기 위해 샘과 BB에게는 '친밀도'와 비슷한 스테이터스가 있으며, BB가 샘의 곁에서 행복하고 쾌적하게 느끼면 느낄

수록 위험한 상황에서도 스트레스가 잘 쌓이지 않게 된다. 적대적인 상황에 직면했을 때, 플레이어는 BB의 스트레스를 증가시키지 않도록 신경 써야만 하며, 스트레스가 너무 많이 쌓이면 BB는 무력해지고 만다. 여기서 중요한 것은 BB가 없으면 플레이가 굉장히 불리해지도록 디자인되어 있다는 점으로, BT가 있는 에어리어를 BB 없이 진행하는 것은 엄청나가 어렵다. 게임의 어느 시점에서 BB가 샘에게서 물리적으로 분리되는 장면이 있으며, BB가 얼마나 배달에 도움이 되었는지를 통감하게 되는데, 동시에 BB가 수행했던 감정적인 역할도 강조된다. 자신의 액션에 반응해주는 BB라는 해소 통로 없이 미국을 횡단하는 행위는 실로 고독한 체험인 것이다.

이렇게 플레이어는 BB와 그 효과의 부재를 '느끼며', 그것이 자기 자신의 스트레스에도 영향을 미친다. 친밀도를 느끼게 하는 시스템으로 인해 플레이어에게는 샘의 건강 상태와 스태미나만이 아니라 동료인 아기도 돌보는 스타일의 플레이가 요구된다. 부모가 된 플레이어와 그에 의존하는 아바타라는 관계성은 정신 분석 학자인 도이 타케오土居健郎가 제창한 '어리광'의 개념과 비슷하다. 어리광이란 '모친(또는 사람)의 선의에 의존하는 것을 전제로 하는 것(Doi, 1956, 180쪽)'으로 여겨진다. 어리광은 연결을 바라는 인간의 기본적인 욕구와 같은 뜻이며, 애교 섞인 목소리, 볼멘 얼굴, 울먹이는 목소리 등 언어가 아닌 호소로 돌봐주기를 바라고, '모친에 대한 유소아의 감정으로 발생한다'(Doi, 1973, 74쪽). BB가 어리광을 부리면 플레이어는 그 욕구를 들어줄 수밖에 없게 된다. 그러기 위해서는 BB의 부정적인 감정 상태를 진정시켜줄 필요가 있으며, 언덕에서 내려갈 때나 적과 싸울 때에 신중해져야 할 뿐만 아니라 BB를 기쁘게 해서 긍정적인 감정을 이끌어 낼 것이 요구된다. 환경은 '즐거움'이 곳곳에 뿌려져 있는 디자인이며, 비탈길을 전속력으로 달려내려가고, 다른 플레이어가 작성한 간판을 접하고, 온천에 들어가고, 샘이 배뇨 액션을 실행하면※4 BB가 웃으며 기뻐한다. 게임을 진행하면 BB와의 사이를 더 깊게 만들어주는 아이템도 입수할 수 있지만, 방금 말한 아이템이나 액션 또한 플레이어에게 지극히 당연하고 원시적인 기쁨(아기 웃음소리)을 가져다준다.

샘, BB, 플레이어 사이에서 키워지는 친밀한 관계는 〈더 라스트 오브 어스〉, 〈바이오쇼크 인피니트BIOSHOCK INFINITE〉, 〈갓 오브 워GOD OF WAR〉 등 동시대의 '아버지화' 게임의 중심에 있는 부자 관계의 한 예지만, 동시에 이것을 뒤집는 것이기도 하다. 이런 게임은 너무나도 남자다운 주인공이 아이의 아바타를 지키고, 보답으로 아이에게 서포트를 받는 것이 특징이다(Stang, 2017). 아이 동료는 서서히 힘을 얻고 인격도 확립되어가지만, 플레이어의 행동 변화나 감정적인 반응의 변화가 반드시 필요한 것은 아니다(Murray, 2019). 또, 아이 아바타의 성장은 적과 싸우거나 적을 쓰러트리는 기능이 숙달되는 것으로 묘사되며, 게임 그 자체의 폭력적인 이야기, 게임성과 일치한다. 한편, BB는 플레이어의 게임 플레이 방식에 영향을 미치며, 특정 장면에서는 게임에서 완전히 배제된다. 플레이어는 아기인 동료의 존재/부재에 따라 자신의 행동을 조정해야만 한다.

이러한 행동은 종래의 게임에 나오는 남자다운 주인공의 폭력적인 어포던스와는 대조적으로, 놀이와 돌봄의 어포던스에 초점이 맞춰져 있다. 어느 쪽이냐고 한다면, 1990년대에 유행했던 디지털 펫 〈다마고치〉(Bandai, 1996)같은 '돌보기 게임'에 가까우며, 그러한 게임의 '핵심적 메커닉스는 정원이나 동물을 돌보는 것(deWinter, 2015, 75쪽)'이다. 하지만 〈다마고치〉의 육성 플레이가 주로 어린 여자아이를 대상으로 했던 것에 비해, 〈데스 스트랜딩〉은 좀 더 다크한 남성적인 장르 요소를 지니고 있다. 솔리드 스네이크가 종래의 액션 히어로의 이미지를 부정했던 것처럼, 샘은 폭력적인 동료가 등장하는 게임에는 으레 따르기 마련인 스테레오 타입의 남자다운 '아버지'상을 부정한다. 연배가 있는 남성 플레이어에게 아기를 돌보는 어머니의 역할을 강요함으로서, 코지마는 샘을 '어머니화'하고 플레이어의 모성적인, 혹은 젠더 아이덴티티에서 논바이너리(젠더 이분법에서 벗어나 자신의 성을 특별히 정의하지 않고, 하나의 사람으로 여기는 개념-역주)한 형식마저 요구하는 것이다※5. 진정한 히어로란 폭력적인 살인자인가, 아니면 아이를 키우고 지키는 부모인가? 〈데스 스트랜딩〉에서 샘과 BB의 관계 묘사는, 우리에게 확실히 이렇게 묻고 있다.

▌비동기 멀티 플레이에 의한 연결

플레이어 캐릭터인 샘이 게임 속의 다양한 아바타와 연결을 쌓아나가는 것은, 코지프로의 수많은 게임에서의 싱글 플레이 체험을 떠올리게 한다. 하지만 이 게임의 세 번째 연결 측면은 가장 참신함과 동시에, 코지프로의 과거 작품과 마찬가지로 가장 메타적이다. 그 측면이란 소셜 멀티 플레이 요소로, 코지마는 '소셜 스트랜드 시스템'이라고 이름을 붙였다. 플레이어는 이 게임을 온라인이나 오프라인으로 플레이할 수 있는데, 양쪽의 체험은 크게 다르다.

어느 쪽이든 게임 속의 환경은 앞으로 나아감에 따라 답파하기 어려워지는데, 사다리, 로프, 차량 등을 이용할 수 있는 것 외에도, 획득한 자재를 이용해 도로, 다리, 셸터 등 구조물을 만들어 길이 쾌적하고 안전해진다. 대부분의 〈MGS〉 작품과 마찬가지로, 오프라인 플레이에서의 샘은 외로운 늑대로서 다양한 NPC에서 얻을 수 있는 리소스만 가지고 미션과 배달을 수행하게 된다. 한편, 온라인 플레이에서는 다른 플레이어의 서버와 접속된다. MMORPG처럼 서로의 모습이 보이거나 교류할 수 있는 것은 아니지만, 다른 플레이어가 남긴 구조물을 이용할 수 있다. 이 '간접적'인 커뮤니케이션이야말로 SNS상에서 '직접' 교류함으로써 생기는 유해한 영향에 대한 코지마의 해결책이었다. 직접적인 교류 없이도 다른 플레이어가 남긴 '스트랜드(유대)'를 이용할 수 있는 이 시스템은 편지를 주고받는 것과 비슷한데, "도착하기까지 시간차가 큰 편지는 서로가 쓰고 있는, 혹은 읽고 있는 상대의 '그때'를 상상하기에 자연스럽게 배려가 생겨난다(Morioka, 2019)." 플레이어는 서로의 게임 세계에 물리적으로 존재하는 것은 아니지만, 그럼에도 타인의 존재가 다양한 형태로 느껴지며, 서로에 대한 공감을 지니고 플레이하게 되기 쉽다.

이렇게 연결된 플레이는 이언 보고스트가 '비동기 멀티 플레이'라 부르는 것으로, 이것은 다른 시간에 플레이하는 멀티 플레이를 가리킨다. 비동기 멀티 플레이는 복수의 플레이어가 (동시가 아니라) 순서대로 플레이하는 것, 플레이어 간의 단절(데드 타임)이 있다는 것 등, 다양한 요소로 식별되지만, 〈데스 스트랜딩〉에서 가장 중요한 것은 '모든 플레이어가 영향을 주고, 그 영향이 모든 플레이어에게 돌아가는 지속적인 상태(Bogost, 2004, 2쪽)'가 존재한다는 것이다. 온라인에서 플레이하는 플레이어의 자재, 차량, 구조물은 플레이어끼리 공유하는 세계에 지속적으로 영향을 미치며, 세계를 형성한다. 이것은 일본의 다른 작품, 예를 들어 고난도로 유명한 〈다크 소울 DARK SOULS〉(2011) 시리즈의 비동기 멀티 플레이와 비슷하며, 〈다크 소울〉 시리즈의 대부분의 속편, 스핀오프 작품에서는 특정 에어리어를 이미 클리어한 플레이어가 남긴 힌트(혹은 장난)에 온라인으로 액세스할 수 있다. 이 '유쾌한 협력'은 플레이어가 타인에게서 '협력 메커닉스, 힌트의 공유, 커뮤니티의 형성(Welsh, 2020)'이라는 형태의 조력을 받는 것으로 성립한다. 〈데스 스트랜딩〉에서도 마찬가지로, 다른 플레이어에게 위험을 경고하는 간판을 남기거나, 시리어스한 장면을 수포로 만드는 간판을 남기거나 할 수 있다.

그렇다고는 해도, 〈데스 스트랜딩〉의 비동기 멀티 플레이는 게임의 기능을 적극적으로 형성하는 것이며, 단순한 코멘트 기능 이상의 복잡한 것이다. 각 플레이어의 공헌은 '스트랜드'로 계속해서 게임 세계에 남으며, 그것을 다른 플레이어가 줍거나, 사용하거나, 개량하거나, 확장하고, 그것을 또 다른 플레이어가 자신의 여행에 유용하게 사용한다. 가장 심플한 면은 자신보다 먼저 진행했던 플레이어가 남긴 아이템과 차량을 이용하면, 어려운 에어리어를 초보자라도 간단히 답파할 수 있다. 가장 고도의 부분은 플레이어가 서로의 자재를 밀어줌으로서, 혼자 할 때보다 훨씬 더 빨리 도로, 다리, 인프라를 건설할 수 있다. 코지마가 말했던 것처럼, 이 보이지 않는 협력적인 타인의 존재는 강력한 감정을 이끌어낸다. "세상에 비슷한 사람들이 있다는 것을 깨달으면 고독감이 옅어진다"(Chen, 2020). 온라인에서 플레이함으로서 〈데스 스트랜딩〉의 체험은 완전히 달라지며, 설령 그 곳에 존재하지 않는다 해도 타인이 자신의 여행을 도와주고 있다는 사실을 끊임없이 생각하게 된다. 이 아이디어에는 혼자서 집에 들어가야 하는 아이였던 코지마가 TV나 영화의 등장인물에 대해 품었던 유사적인 친근감이 반영되어 있는데, 여기서는 다른 플레이어의 행동으로 표현되었다.

우화적인 레벨에서는 소셜 스트랜드 시스템은 집단에 의한 국가건설의 한 가지 형태라 생각할 수 있는데, 정서적인 레벨에서는 게임 속의 행동이 타인에게 직접 긍정적인 영향을 준다는 의미에서, 국가의 '상상의 공동체'라는 개념을 초월한다. 플레이어에게 다리를 건설하라고 재촉하는 것은 국경의 벽이나 장벽을 쌓는 분단 행위에 대한 비판으로 볼 수 있는데, 붕괴한 인프라를 재건하기 위해 집합적인 협력을 요구하는 것은 공공사업 프로젝트의 유효성에 대한 프로그레시브한 주장이라 받아들일 수도 있다. 전원이 협력하면 인프라 액세스와 이용은 훨씬 더 간단하고 안전해지며, 경관도 좋아진다. 플레이어가 집단으로의 행동 능력에 익숙해지면, '형식적인 의미에 의한 문제 해결', 즉 '가공의 세계에서 눈에 보이는 효과를 직접 만들어내는 능력'으로 인해 힘이 주어지는 것처럼 느껴진다(Wolf, 2012, 17쪽). 알렉상드르 파케Alexandre Paquet는 〈데스 스트랜딩〉은 '유토피아에 대해 생각하는' 강력한 가능성을 지녔다고 말했다. '국가 같은 권력 구조의 중심을 우회해 공간에 직접 관여할 수 있기(Paquet, 2021, 85쪽)' 때문이다. 플레이어가 직접적으로 협력하고, 서로 컬래버레이션하며, 게임 그 자체의 공간과 직접적으로 관여하는 소셜 스트랜드 시스템은 유니크한 실험장이 되었으며, 친밀한 공동체나 제도의 중개가 없어도 굳건한 집합체를 형성할 수 있다는 것을 보여준다.

사회관계 자본

이 작품에서 플레이어가 타인에게 받은 조력을 인식하는 방법은 몇 가지 있는데, 기본적으로는 SNS상에서 지원적인 행동을 강화하기 위해 하는 관습을 소셜 스트랜드 시스템에 도입하여 개선한 것이다. 비동기 상태에서의 증여와 공유는 SNS나 모바일 게임에서 자주 볼 수 있는 기능이며, 종종 사회관계적 자본Social Capital을 쌓기 위해 수행된다(Wohn 외, 2011). 이렇게 플랫폼 상에서 타인을 돕거나 무언가를 공유해도 곧바로 보수를 얻을 수 있는 것은 아니나, 사회관계 자본이 증가하는 경우가 있다. 〈데스 스트랜딩〉에서의 사회관계 자본은 플레이어가 게임 세계에서 발견한 장비품과 구조물에 '좋아요'가 가능한 것으로 실현되어 있다. 타인이 작성한 구조물을 게임 내에서 발견하면 플레이어는 소셜 네트워크 안의 멤버에게 보답을 해야 할 의무를 느끼고, 결과적으로 '선순환이 생겨나, 플레이어는 자신을 도와준 타인을 더더욱 도와주고 싶다고 생각하게 되며, 소셜 네트워크 화된 플레이의 호혜적(互惠的)인 성질과 연결된다.'(Boudreau and Consalvo, 2016, 81쪽)

소셜 스트랜드 시스템에 있어서 이런 사회관계 자본 중 하나가 '좋아요' 시스템이다. 플레이어는 도움이 되었거나, 혹은 재밌다고 생각한 장비품이나 간판에 수많은 '좋아요'를 누를 수 있는데, 부정적인 피드백은 남길 수 없다. 이러한 제약이 있는 것은 코지마가 커리어 초기에 열성적인 팬들에게 받은 지지에 감사하면서, 오늘날의 SNS상의 유해한 의논에 대해 언급한 것을 고려하면 놀랄 일은 아니다. "인터넷을 보고 있으면, 모든 것이 연결되어 있고, 모두가 싸우고 있어요. 기술을 좀 더 다른 형태로 썼으면 좋겠네요(Chen, 2020)." 코지마 자신이 SNS, 특히 트위터(현 X)를 열심히 사용하는 이용자로, 주로 자신의 게임 아이디어에 대해 발언하거나, 다른 크리에이터의 영화, 게임, 음악을 칭찬하기 위한 긍정적인 툴로 사용하는 것만 봐도, 이것은 당연하다고 할 수 있을 것이다. 소셜 스트랜드 시스템을 뭉뚱그려 생각해 보면, 코지마가 SNS를 프로그레시브하게, 혹은 최소한 일관적으로 긍정적인 목적을 위해 사용하는 자세를 반영했다고 볼 수 있다. 플레이어는 자신이 공유하거나 공유받은 무언가에 수많은 '좋아요'를 남기거나, 받음으로써 좀 더 빈번하게 사려 깊은 공유와 작성을 하고 커뮤니티에서 상호 승인을 얻기를 재촉받는다. 또, 다른 플레이어는 창조물에 대해 '좋아요'를 하거나 무시할 수밖에 없기 때문에, 남에게 도움이 되는 장비품과 고조물이 플레이어의 공감과 감사를 재촉하는 '선순환'이 발생한다. 코지마가 말한 것처럼, '플레이할 때에 타인을 생각하고, 어떻게 하면 도움이 될 수 있을까를 생각하게 되는(Powell, 2019)' 것이다. 이처럼, 소셜 스트랜드 시스템은 SNS나 온라인 비디오 게임 상의 '독'에 대한 긍정적인 대체 수단이 되어, 게임 세계에서 만들어진 유대감을 강화한다.

소셜 스트랜드 시스템 이외에도 플레이어가 미디어의 메타적 공간과 유머를 즐길 수 있는 장소가 하나 더 존재한다. 그것이 샘의 프라이빗 룸으로, 오랜 여행 후에 체력과 스태미나를 회복할 수 있는 독립된 공간이다. 후에 여기서 주요 캐릭터들의 서사가 전개되지만, 험한 지형과 혹독한 기후를 버티고, 오랫동안 단조로운 배달에 지친 플레이어의 감정 상태를 개선하는 세이프하우스로서의 중요한 역할이 있다. 샘이 침대에 걸터앉으면 플레이어는 카메라를 조작해 샘의 리액션을 이끌어낼 수 있다. 샘은 제스처나 포즈를 취하거나 카메라를 향해 음료를 뿜어버리기까지 한다. 여기는 BB와 교류할 수 있는 유쾌한 공간이며, BB의 포드를 쿡쿡 찌르거나, 눈싸움을 해서 웃게 만들 수도 있다. 또, 1년 동안 게임을 계속한 플레이어에 대한 서프라이즈도 준비되어 있는데, 예를 들어 플레이어의 생일이 되면 수수께끼의 인물에게서 특별한 생일 케이크가 배달된다. 게임 공간과 현실 세계의 더욱 커다란 융합은 소셜 스트랜드 시스템 안에서 일어난다. 비동기적인 게임 세계를 진화시키는 건설 작업을 통해 플레이어끼리 연결되는데, 샘의 프라이빗 룸은 세계를 더욱 좋게 만드려는 끊임없는 작업에서 멀어져 한숨을 돌리는 장소이며, 코지프로 스태프의 메타적인 유쾌함으로 가득한 대사와 게임 세계에 설치해 둔 개그, '팬 서비스'를 즐길 수 있다.

코지마의 프로그레시브한 디자인의 일관성

〈데스 스트랜딩〉이 확실히 보여주는 것처럼, 코나미를 퇴사하고 자신의 이름을 건 스튜디오로 옮긴 후에도 코지마의 프로그레시브한 디자인은 놀라울 정도로 일관적이다. 이 장에서 거론한 작품군에서도 알 수 있듯이, 코지마의 팀은 새로운 트렌드와 기술에 계속해서 대응하고 있다.

코지프로의 휴대기기용 게임과 오픈 월드 게임은 선형적의 서사와 대량의 컷 신에서 벗어나 게임 세계를 어떻게 나아가야 하는가에 대해 폭넓은 선택지가 주어지는 시뮬레이션성을 중시한다. 하지만 플레이어의 주체성에 무게를 두었음에도 사회와 연결되는 이야기, 영화적인 미학, 주제가 있는 플레이 시스템, 유머러스한 메타성 등 코지마의 초기 어드벤처 게임에서 보였던 갖가지 특징들은 그대로 이어졌다. 〈데스 스트랜딩〉의 소셜 메커닉스도 인간의 공동체를 재건한다는 선형적 서사를 축으로 하여, 그 서사에 의해 강화된 것이다.

이 장의 작품군은 플레이어를 게임 환경에서 멀어지게 하고, 그들을 둘러싼 공간과 문맥을 의식시킴으로써, 비디오 게임을 플레이하는 것에 대한 한계와 경계선을 다시 정의하고 싶어 하는 코지프로의 집착을 나타낸다. 〈우리들의 태양〉에서 자연에 대한 관심, 〈피스 워커〉에서의 협력적인 동료 의식의 기쁨, 〈MGSV〉에서의 개인의 임파워먼트Empowerment, 〈데스 스트랜딩〉에서의 유해한 환경을 수복하기 위한 지속적인 협력 관계 또한 마찬가지다.

코지마가 플레이어에게 보내는 신뢰도 약간 진화했다. 〈마인크래프트〉같은 완전한 시뮬레이션까지는 아니지만, 개발자가 고려할 수 없었던 문제에 대해 플레이어가 즐기는 마음으로 해결책을 제시해 주기를 기대하며, 코지프로는 플레이어에게 상당한 자율성을 부여했다. 유저 중에서는 〈데스 스트랜딩〉의 아이디어를 모방해 신형 코로나 바이러스의 세계적인 팬데믹과 싸우려 한 사람도 있었고, 중국의 어떤 부모는 BB의 디자인에 끌려 자신의 어린 아들을 위한 포드를 만들었다. 그야말로 '인생이 예술을 모방(Bullard, 2020)'한 케이스다.

강제적으로 사회적 거리두기를 해야만 하는 상황에서, 플레이어, 리뷰어, 연구자들은 설령 1인용 비디오 게임이라 해도 타인과의 (가상적인) 접점이 격리의 고립감과 우울을 완화하는데 도움이 된다는 것을 보여주었다(Frank-2020, Jarzyna-2020). 게임이 게임 외부의 체험과 플레이어를 연결하고, 오늘의 사회에 존재하는 문제나 대립에 대해 생각하게 하며, 변화를 위한 협력을 재촉한다는 코지마의 주장은 작품에서도 변함없다.

6장
브랜딩과
셀프 프로모션의 혁신성
—코지마 프로덕션의 유산과 미래

　30년 이상에 걸친 상업 게임 개발 커리어를 지나 자신의 독립 스튜디오를 세움으로써 코지마 히데오는 지금까지 이상으로 게임 크리에이터로서 널리 명성을 떨치고 있다. 코나미 퇴사 후, 코지마는 2016년 더 게임 어워즈에서 인더스트리 아이콘 상을, 2017년 브라질 게임 쇼에서는 생애 공로상을 받았다. 〈데스 스트랜딩〉이 발매되자 저명한 아티스트들이 그를 '천재'라 칭송했으며, 수많은 기성 매체들이 그의 반생을 작가주의적 관점에서 조망했다.(Gault-2019, Chen-2020, Okamoto-2020) 이 평가는 게임 업계 밖으로도 퍼져, 2020년에는 영국 영화 TV 예술 아카데미가 영화, 게임, TV에 대한 '비범한, 탁월한 공헌'을 기리며 펠로우십 상을 수여했다. 또, 2022년에는 일본의 문화청에서 제72회 예술선장문부과학대신상을 받았다. 이 상을 받은 것은 게임 크리에이터로서는 두 번째이다(첫 번째는 미야모토 시게루).

　일반에 대한 영향력을 알 수 있는 예로, SF 앤솔로지 TV 방송《블랙 미러Black Mirror》의《베타테스트Playtest》라는 에피소드가 있다. 비평가와 팬들은 이 에피소드에 등장하는 일본인 게임 디자이너 쇼 사이토가 코지마를 본떠 만들어졌다고 생각하며, 사이토는 플레이어의 뇌에 액세스해 그 사람이 품고 있는 공포를 타깃으로 한 게임을 제작한다. 이런 것들에서 코지마가 게임이라는 미디어를 대표하는 것을 넘어 초월할 만큼 널리 알려진 존재가 되었음을 알 수 있다. 코지마와 그 이미지가 널리 인지된 것을 바탕으로, 이 책을 마무리하면서 그의 브랜딩과 셀프 프로모션 재능에 대해 기록해 두고 싶다. 이런 요소도 그의 게임 디자인의 특징이기 때문이다.

코지마는 게임을 디자인할 때, 콘셉트와 서사만이 아니라 굿즈의 감수부터 프로모션에 이르기까지 모든 것을 고려한다고 말했다. 그 일환으로 게임의 프로모션 트레일러 편집에도 직접 참여했으며, '트레일러도 작품의 일부(Kojima, 2019)'라는 그의 말에서는 영화에 대한 흥미와 정열이 엿보인다. 트레일러는 실제 플레이 화면과 컷 신을 조합해 게임을 소개하는 것으로, 업계의 발표 이벤트에서 처음 선보이는 경우가 많다. 〈MGS2〉의 트레일러도 그 한 예로, 2000년의 일렉트로닉 엔터테인먼트 엑스포(E3)에서 공개된 게임 영상이 너무나도 아름다웠던 나머지 프리 렌더링 컷 신으로 착각한 사람도 있을 정도였다(Linneman, 2017). 이 트레일러는 뜨거운 반응을 얻었고, 코나미는 E3 전시와 이 폭발적인 반응만을 수록한 DVD를 제작해 트레일러 영상과 함께 코지마가 그것을 열광적인 관중에게 선보이는 모습을 담았다. 여기에는 트레일러가 당시 사회에 준 임팩트가 기록되어있을 뿐만 아니라, 잘 편집한 파라텍스트를 이용한다면(발매까지 꽤 긴 시간이 남아 있다 하더라도) 플레이어에게 게임의 특징과 콘셉트를 확실하게 전달할 수 있다는 코나미와 코지마의 지론이 드러나 있다.

그 후 〈MGS〉 작품 발매 시에도 마찬가지로 프로모션 활동이 있었는데, 특히 〈MGSV〉의 집중적인 프로모션은 수수께끼 같은 암시와 교묘한 수법이 화제를 모았다. 이 프로모션에서는 가공의 스튜디오와 가공의 CEO 요아킴 모그렌이라는 인물이 등장하는데, 사실 이건 변장한 코지마 히데오 본인이며, 요아킴Joakim은 코지마Kojima의 애너그램이고 모그렌Mogren에는 〈MGSV〉의 개발 중 코드

네임인 '오거Ogre'가 숨겨져 있다(Mallory, 2012). 이런 가공의 스튜디오와 인물을 만들어냈을 뿐만 아니라, 〈MGS〉의 명칭을 숨기고 〈The Phantom Pain〉이라는 썰렁한 타이틀만 덩그러니 발표한 것도 바이럴 프로모션 전략이었다. 팬들은 트레일러에서조차 '놀이'를 찾으려 하는 코지마에게 잘 훈련되어 있었기 때문에, 후에 정식 타이틀이 대대적으로 발표되기 전부터 이미 이 트릭을 간파하고 있었다.

〈MGSV〉 초기 프로모션의 창조성은 유감스럽게도 개발 후기에는 발휘되지 않았는데, 다만 형식을 바꿔 계속되었다. 코나미가 인터뷰나 게임 개발 준비 등 코지마의 단독 행동을 제재하고 코지마 프로덕션을 해산시켰던 듯하다(Hussain, 2015). 2015년에 코나미를 퇴사한 후, 코지마와 그의 팀은 독립된 코지마 프로덕션으로서 스튜디오를 부활시켰다. 이때도 선전에 대한 코지마의 고집이 사람들의 관심을 모았고, 2015년 12월에는 소니 컴퓨터 엔터테인먼트와의 파트너십 체결이 발표되었다(Molina, 2015). 신규 스튜디오 설립 시에는 SNS의 브랜딩 파워도 효과적으로 활용해, 스튜디오가 오피스 스페이스를 확보한 것이나 스태프 모집 중이라는 것 등에 대해 트윗하면서, 새로운 게임 프로젝트를 전진시켰다. 코지마의 스태프는 회사의 YouTube 채널(HideoTube) 용 동영상을 제작했다. 이것은 코지마와 라이터/편집자인 야노 켄지矢野健二가 참가했던 게임 이벤트나 영화에 대해 말하는 내용으로, 얼핏 보기에는 게임 제작과 관계가 없어 보이지만 코지마가 코나미 시절 시작했던 팟캐스트나 YouTube 동영상의 연장선상에 있었다. 영화 애호가로서, 박식한 크리에이터로서, 토크쇼를 중시하는 코지마의 자세는 여기서도 드러났으며, 이후에는 코지마 프로덕션이 단순한 게임 회사가 아니라는 것을 프로모션하는 내용이 이어졌다. 예를 들어, 한 영상에서는 회사의 영상 상영 구역이 등장한다. 이곳은 회사의 셀프 프로모션의 중심 포인트가 되었는데, 코지마 프로덕션의 공식 계정과 코지마 자신의 개인 계정에서 '영화감상실'(팝콘 포함), 즉 클래식 영화를 통해 스태프의 시야와 창조성을 키우는 장소로 소개되었다.

2016년 코지마 프로덕션이 새로운 오피스로 이전하자, 코지마, 야노, 신카와 요지 등은 새로운 '여로'에 대해 미디어와 인터뷰를 했고, 코지마는 자신의 스튜디오를 '우주선'에 비유했다. 이 아이디어는 스튜디오에 들어가면 우선 새하얀 복도와 그 중앙에 우뚝 서 있는 우주비행사(호모 루덴스)가 맞이해주는 비주얼에도 반영되어 있다. 코지마 팀은 스튜디오의 오픈된 디자인이 오픈된 환경을 촉진한다고 말했다. 그 후에 회사의 YouTube 채널에서 공개된 스태프 인터뷰 동영상에서도, 스태프들은 '공동 작업 환경'의 방해가 되는 '커다란 벽이나 장애물'이 없다고 말했다. 이러한 홍보 활동을 한 보람이 있어서, 코지마 프로덕션은 영화에서 영감을 받은 광범위한 체험에 흥미를 갖고, 새로운 게임의 지평을 탐구하고 싶다는 뜻을 지닌 창조적인 사람들을 모으는 게임 스튜디오라는 이미지가 형성되었다. 그런 티를 내지 않는 형태이긴 하지만, 신생 코지프로의 PR에는 코나미 시절 초기의 코지마 팀이 다른 회사나 업계에 잘 녹아들지 못하는 다양한 이단자들의 집단이었다는 인상이 잘 활용되고 있다.

프로모션에서의 혁신성 탐구와 미스 디렉션은 신생 코지마 프로덕션의 첫 작품용으로 제작된 수많은 트레일러에도 드러나 있다. 〈MGS2〉의 경우와는 다르게, 〈데스 스트랜딩〉의 초기 트레일러는 게임의 플레이 영상이 아니라 해변으로 밀려 올라온 해양 생물과 전쟁으로 황폐해진 유럽풍의 도시라는 기묘한 환경을 배경으로 메인 캐릭터를 소개하는 내용이었다. E3, 도쿄 게임쇼 등 대규모 업계 이벤트에서 선보인 트레일러들은 코지마의 신작을 기다리는 팬들의 주목을 받았다. 저명한 배우가 캐스팅되어 게임에 대한 관심이 높아졌을 뿐 아니라 게임의 장르나 내용이 수수께끼 같은 형태로 암시되어 있었다는 점에서 매체들은 호기심으로 가득한 음모론적 논조의 기사들을 쏟아내었다(Hernandez, 2016). 트레일러 중 하나에 카메라가 주인공의 목구멍 안쪽을 향해 줌인되고, 그곳에서 아기가 모습을 보이는가 싶더니 '좋아요' 포즈를 하는 기묘한 장면이 인터넷 밈이 되기도 했다. 코지마는 인터뷰에서 이것은 '전혀 새로운 장르'의 게임이며, 플레이어가 체험한 적 없는 작품이 될 것이라고 말했다(Phillips, 2019). 이처럼, 〈데스 스트랜딩〉의 프로모션 캠페인은 게임에 대한 관심을 높였을 뿐만 아니라, 이제 막 독립한 코지마 프로덕션이 앞으로도 심오하고 예측 불가능한 게임 체험을 계속해서 제공할 것임을 약속한다는 중요한 역할을 수행했다.

그들의 첫 원정이 성공했는지 아닌지는 플레이어의 견해에 달려 있다. 〈데스 스트랜딩〉의 평가는 코지마가 감독한 작품 중에서도 특히 호불호가 갈리기 때문이다. 몇몇 리뷰에서는 '반복이 많은 목표'와 '미화된 심부름 퀘스트(Ogilvie, 2019)'가 비판을 받았다. 좀 더 호의적인 리뷰에서는 '멋진 부분도 있지만, 그와 비슷할 정도로 짜증나는 부분이 있다'라고 했으며, 상호 연결된 시스템이 칭찬을 받는 한편, 스토리에 대해서는 '끝까지 잘 어우러지지 않는다(Hanson, 2019).' 라고 비판했다. 그보다 훨씬 호의적인 리뷰도 있는데 어떤 미디어는 PC판이 2020년에 발매되었을 때 'A와 B라는 떨어진 두 지점을 이동하는 것에 있어서는 지금까지 만들어진 게임 중에서도 최고(「PC Gamer」, 2020)' 라고 열광적으로 평가했다. 코지마의 과거 작품과 저작물에 대해 잘 아는 리뷰어는 〈데스 스트랜딩〉에서는 인류 문화를 놀이로 규정한 요한 하위징아가 인용되며, 샘이야말로 유희의 인간=호모 루덴스라는 것이 시사된다(Fukuyama, 2019).' 라고 말했다. 또, 다른 리뷰어는 이 게임에 결점이 있으면서도, '코지마 히데오가 게임을 만들어줘서 다행이라고 생각한다. 그가 없었다면 이 취미는 굉장히 따분했을 것이다(Patterson, 2019).' 라고 말했다. 하지만 코지마의 열성적인 지지자라 해도, 과거의 코지마 작품에서 시험해 왔던 것처럼 극단적인 플레이로 시스템을 철저하게 시험해도 '심각한 결과'가 수반되지 않는다는 점(부츠가 파괴되어도 큰 영향이 없고, 사람을 죽여도 페널티가 없는 것 등)에 실망했다고 표명하는 사람도 있다(Wolfe, 2019).

이 책을 집필하는 시점에서는 〈데스 스트랜딩〉이 코지마의 최신작이기에, 이 작품의 장점과 단점 양쪽이 코지마의 프로그레시브한 게임 디자인과 강하게 연결되어 있다는 점, 그리고 코지마 프로덕션의 앞으로의 전망이라는 두 가지 관점에서 결론을 짓고 마무리하고자 한다.

첫 번째로, 팬과 안티 팬 양쪽 모두 〈데스 스트랜딩〉은 역시 '코지마다운' 작품이며, 그가 30년 이상에 걸쳐 자신과 자신의 작품을 위해 쌓아 온 독자적인 브랜드 파워가 있다는 것은 인정한다. 이 '코지마다움'은 게임의 서사(SF적인 설정, 공을 들여 만든 세계관, 지정학적인 줄거리가 뒤섞인 이야기)나 미학과 연결되며, 이런 것들은 동시대의 영화, 애니메이션의 기법과 표현에서 영향을 받는다. 코지마 작품은 지금까지도 게임의 서사와 시청각 표현으로 무엇을 달성할 수 있는지 연구하고 진화시켜왔다. 개발 규모가 커져도 코지마가 직접 각본을 집필하고, 아티스트와 성우와 긴밀히 소통하고, 트레일러조차도 자신의 손으로 편집함으로써 이야기와 시청각 표현의 제작에 엄격한 통제 권한을 발휘해 왔다. 하지만 이렇게 한 사람의 스토리텔러가 중심에 있다는 것이 게임의 페이스와 명쾌함을 방해하게 되는 경우도 있었다. 코지마가 감독과 경영을 겸임하고 있는 코지마 프로덕션의 현재 상황을 생각하면 이런 경향은 더욱 두드러지게 될지도 모른다.

코지마가 자신이 감독한 모든 게임에 일관적으로 독자적인 작가성을 보일 수 있었던 것은 셀프 프로모션의 힘만은 아니다. MSX2나 PC엔진용으로 제작한 초기 작품의 파라텍스트에서도 알 수 있듯이, 코지마는 작은 개발 팀의 기획 담당으로 게임 업계에 입문했고, 그때의 경험으로 게임 개발에 관한 여러 부서의 프로세스를 의식하게 되었다. 이런 '인디' 정신에 의해 개발 예산과 규모가 크게 증가한 후에도 자신의 작품을 계속 '감독'했고, 가장 상업적인 게임 시리즈에조차 자신의(그리고 팀의) 유머와 예술적인 취향을 담아왔다. 이러한 중심적인 역할을 계속 해 온 결과 코지마의 팀은 마니아층을 주 타깃으로 하게 되었다. 〈MGS〉 시리즈는 인기가 있음에도 불구하고 사회적인 영향력은 비교적 작다.

한편으로, 닌텐도의 미야모토 시게루가 제작한 게임은 아이부터 어른까지 폭넓은 층을 대상으로 하며, 그의 유명한 브랜드인 〈젤다의 전설〉이나 〈동키콩〉은 상당히 이전부터 다른 게임 디자이너의 손에 맡겨졌다. 코지마는 자신이 한정된 팬층을 대상으로 게임을 만든다는 사실을 의식하고 있으며, 작은 집단에 대해 보다 직접적으로, 정열적으로 말을 걸고 싶다는 생각이 있음을 수많은 장면에서 강조해왔다. 그렇기에 팬은 코지마를 존경하고, 작품의 캐릭터의 코스프레를 하거나, 그를 한 번 보려고 프레스 이벤트 밖에서 캠핑을 하는 등 열광적으로 지지하는(Chan, 2020년) 것이 아닐까. 인간성이 배제되기 일쑤인 이 업계에서 코지마는 막대한 예산이 들어간 대작에서도 항상 어느 정도의 친밀함을 주입했다. 이런 마니아 취향의 특질은 코지프로(와 소니와의 계약)에 있어서 앞으로 문제가 될 가능성이 있다. 코지마의 독자성이 원인이 되어 많은 유저를 획득하지 못할 경우, 〈MGS〉같은 인지도가 높은 시리즈가 탄생하기 전에는 AAA 규모의 예산을 정당화할 수 없게 될지도 모르기 때문이다. 그렇다고는 해도, 제작비는 확실하지 않지만 〈데스 스트랜딩〉은 500만장의 판매량(Dring, 2021)을 달성했고, 속편인 〈데스 스트랜딩2〉도 개발 중(2025년 6월 26일 발매)이기에, 상업적으로는 성공했다고 봐도 좋을 것이다.

두 번째로, 〈데스 스트랜딩〉에는 '혁신적인 게임 시스템'이라는 코지마와 코지프로의 신조가 지금까지 이상으로 확실하게 드러나 있다. 코지마는 실패한 영화감독 지망생으로 게임 업계에 발을 들여놓았지만, 코나미에서의 초기 커리어를 겪으며 그는 게임 디자이너로서 크게 성장했고, 더더욱 복잡해져가는 자신의 서사적 주제를 게임 시스템으로 강화하는 것을 의식하게 되었다. 어드벤처 게임을 제작할 때는 상사의 승인과 동료의 이해를 얻을 필요가 있었고, 덕분에 자신의 영화적인 콘셉트를 플레이 가능한 메커닉스와 돌파 가능한 환경으로 전환하는 방법을 철저히 생각하게 되었다. 뜻을 함께 하는 개발 스태프들이 모이면서 코지마 팀은 과거 작품에 도입했던 시스템을 계승·확장하고 실험을 거듭했다. 코지프로의 작품은 어느 것이든 플레이어의 요구에 응하기 위한 시행착오를 거듭한 시스템이 탑재되고, 좋고 나쁨을 떠나 그의 대명사라고도 할 수 있는 '서비스 정신'으로 가득하며, 그것이 현장의 평가로 이어졌다. 스텔스 게임의 걸작 〈MGSV〉은 하나의 게임 프로젝트의 결과로 탄생한 것이 아니라, 수십 년에 걸쳐 함께 같은 게임 스튜디오에서 성장을 거듭한 무수한 베테랑 디자이너, 프로그래머들로 이루어진 팀이 아이디어를 제공하고, 문제점을 해결해 온 성과였다. 〈데스 스트랜딩〉에 세련되지 못하다고 생각되는 순간이 있다면, 그것은 새로운 스튜디오의 첫 도전으로서 부끄러워 할 것이 아니라, 오히려 대형 게임 스튜디오의 상업 게임 개발 네트워크, 기술, 설비의 혜택을 부각시키는 것이라고도 할 수 있다.

코지프로에 대해 오늘의 우리가 알고 있는 것을 생각한다면, 스튜디오의 후속 작품이 개발된 후에 다시금 〈데스 스트랜딩〉을 평가하는 편이 얻는 것이 더 클지도 모른다. 〈스내처〉, 〈폴리스너츠〉 모두 새로운 플랫폼의 기술을 사용해 몇 번이고 이식되면서 오늘날 알려져 있는 형태로 세련되게 개선되었기 때문이다. 〈데스 스트랜딩〉에는 〈MGS〉 시리즈로부터 차용한 요소도 보이지만, 코지프로는 새로운 게임 체험을 만들기 위해 상호 연결된 복수의 시스템을 만들어내려 했다. MSX2용 초대 〈메탈기어〉가 〈MGS〉와 〈MG2〉에서 엄청나게 세련되게 바뀐 것처럼, 〈데스 스트랜딩〉이 선구자가 되고 후속 작품이 다듬어 줄 가능성도 있다. 혹은 〈피스 워커〉에서 새로운 아이디어를 자유로이 실험할 수 있었던 것이 〈MGSV〉에서 결실을 맺었던 것과 같은 일이 일어날지도 모른다. 코지마는 이미 마이크로소프트의 Xbox 플랫폼 용으로 '완전 신작'(현 시점에서는 〈OD〉라는 타이틀만 판명되었다)을 개발 중이며, Xbox의 '최첨단 클라우드 기술'을 활용하는 작품이 될 것이라 발표했다. 그렇다면, 〈데스 스트랜딩〉의 소셜 스트랜드 시스템이 훨씬 더 야심적인 비동기 멀티 플레이(McWhertor, 2022)로 연결될 가능성도 있다. 끝까지 혁신을 관철하려는 자세가 스튜디오의 상업적 성공에 영향을 미칠지도 모르지만, 이것은 코지마의 신조이기도 하다. "최초의 사람에게는 모든 것이 어렵다. 그럼에도 나는 최초이고 싶다. 계속 최초이고 싶다(Parkin, 2023)."

세 번째로, 그리고 마지막으로, 〈데스 스트랜딩〉에서는 현실과 게임 공간의 경계선을 애매하게 함으로써 코지마가 변함없이 계속해서 사회의 진보와 사회의식을 촉구하고 있다는 것을 알 수 있다.

코지마는 놀이를 매개로 영화적인 경계선을 애매하게 만들고자 하는데, 이는 그가 현실의 배우, 캐릭터, 세계를 다수 인용한다는 점에서도 명백히 드러난다. 복합적인 미디어를 디자인하는 것에 대한 코지프로의 고집은 다른 회사의 수많은 타이틀에도 영향을 미쳤고, 복잡한 이야기와 리얼한 캐릭터 애니메이션을 세일즈 포인트로 내세우는 매력적인 게임 체험을 낳아왔다. 게임과 다른 미디어와의 경계선을 애매하게 하는 것은 앞으로도 계속해서 스튜디오의 우선 사항일 것이다. 현재 코지프로는 영화, 음악, TV에 주력하는 부서를 LA에 설립(Makuch, 2021)했으며, 그 최초의 작품은 〈데스 스트랜딩〉의 영화판(A24와 공동 제작)으로 결정되었다. 또, 코지마는 《Hideo Kojima Presents Brain Structure》라는 팟캐스트를 매주 방송하며 좋아하는 책이나 음악 이야기를 하거나 영화 감독들과 대화를 하기도 한다. 하지만 앞서 말해왔던 것처럼, 코지프로 작품=인터랙티브 시네마라는 시선으로 보는 것은 편견이며, 코지마와 그의 팀은 항상 플레이어가 하는 것은 영화 감상이 아니라 게임 플레이라는 것을 의식하도록 유도해왔다. 코지프로의 게임은 최신 컴퓨팅 기술과 처리 기술을 도입해 더욱 '리얼'한 그래픽과 환경을 재현하려 하지만, 그와 비슷할 정도로 그 리얼리즘을 뒤엎는 경우도 많다. 그들은 매직 서클의 경계선을 다시 그림으로써 플레이어의 컴포트 존까지 침범했으며, 플레이어를 긴장시킴과 동시에 자신의 행동으로 웃게 만들어 왔다.

바꿔 말하자면, 코지마는 대안적인 미디어 형식과 언어를 계속 받아들이고, 게임을 기존 틀 이상의 것으로 진화시키려 하는 것이다.

'코지마는 게임 디자이너로 전직한 영화감독'이라는 주장이 득세하더라도, 그것이야말로 코지마 프로덕션의 프로그레시브한 게임 디자인의 진정한 유산이다.

코지마는 플레이어에게 TV의 음량을 키우게 하거나, 컨트롤러를 뽑게 하거나, 무전으로 제2차 전략 병기 제한 교섭이나 대령 절멸에 대해 설명을 들을 수밖에 없도록 신경 쓰이게 하거나, 경계선을 애매하게 하는 행위로 인해 또 하나의 플레이 시스템을 만들고, 플레이어를 컴포트 존에서 끌고 나와 주위 세계를 의식하게 했다. 그리고 그 과정에서 플레이어의 인식과 의식이 사회의 더욱 커다란 변화를 추진하는 아이디어와 연결되기를 기대한다.

스네이크의 오랜 숙적인 오셀롯이라면 '좋은 센스다.' 라고 말해줄지도 모르겠다.

감사의 말

마치 코지마 히데오의 게임 디자인처럼, 이 책은 무수한 영향이 조합되어 탄생했다. 편집자인 이나바 마사키稻葉將樹와 번역자인 무토 요세이武藤陽生의 진력이 없었다면 영어로 적힌 이 책의 일본 어판이 출판되는 일은 없었을 것이다. 두 사람의 서포트와 최선을 다해서 일해준 것에 진심으로 감사한다. 나의 배움의 초석이 된 캘리포니아 대학교 로스엔젤레스UCLA의 훌륭한 동료들, 교수들에게 감사하고 싶다. 두 사람의 모범적인 인물에게는 특히 더 신세를 졌다. 존 손튼 칼드웰John T. Caldwell은 현명하고, 좋은 스승이며, 끊임없는 영감을 주었다. 스티브 맘베르Steve Mamber의 비디오 게임 이론 세미나는 내가 이 세계에 주목하는 계기가 되었다. 미야모토 시게루의 게임을 분석하는 무모한 시도를 지켜봐줘서 고마워, 스티브. 여러 가지 의미로, 이 책은 너의 수업에서 시작되었어.

이 시리즈의 편집자, 칼리 코추렉Carly Kocurek과 제니퍼 드윈터 Jennifer deWinter는 이 책이 형태를 이루기까지 수년간, 날카로운 피드백을 정력적으로 제공했고, 표현에 대해 열광적인 시선을 주입해 주었다. 당시는 꿈에도 생각하지 못했지만, 시부야의 맥주 바에서 제니퍼에게 커리어에 관한 조언을 받은 것이 이 책을 착안하는 계기가 되었다. 남서부 포퓰러/미국 문화 협회SWPACA의 게임 연구 커뮤니티는 나를 따뜻하게 받아주었고, 항상 친절하고 의의 있는 피드백을 주었을 뿐만 아니라, 훌륭한 게임을 소개해 주었다. 특히 데이비드 오그래디, 짐 플루리, 해리슨 기시, 재드 루길, 켄 마카리스타, 스티븐 콘웨이, 매시 토마스 페인에게 감사한다. 검토하면서 세세한 지적을 해 준 익명의 두 사람 덕분에 이 책의 구성은 대폭 개선되었다. 케이티 가로프를 시작으로 하는 블룸즈버리 Bloomsbury의 팀은 편집 작업에 온 힘을 다해주었다. 이 책의 '체험판'은 메카데미아와 Replaying Japan의 컨퍼런스에서 배포되었는데, 마틴 로스, 레이첼 허친슨, 마크 스타인버그, 스티비 수안이 준 피드백과 신선한 아이디어는 이 '제품판'에 반영되었다.

와세다대학은 조직으로서 나를 서포트해 주었고, 연구상의 자유와 1년치의 윤택한 성과금을 지급해 주었다. 덕분에 게임의 고가 특별판을 구입할 수 있었다. 대학원 국제 커뮤니케이션 연구과의 직원, 설비 담당자, 특히 그레엄 로, 그렉 드보르작, 요시모토 미츠히로의 서포트, 지도, 친교에 감사한다. 이 책에 수록된 아이디어의 대부분은 그러한 훌륭한 학부 세미나, 대학원생들의 의논, 특히 나의 비디오 게임 연구 세미나를 통해 세련된 것이 되었다. 빅토리아 뒤안, 카토 켄타, 진 호이즈, 그리고 훌륭한 재능을 지닌 티칭 어시스턴트, 네이브 바레브에게 감사한다.

와카바야시 고, 사사키 레이코, 세키 히로미는 아무것도 모르는 대학원생이던 내게 미디어 제작에 대해 가르쳐주었다. 조셉 로덴 및 세타가야의 게임 보존 협회는 굉장히 희귀한 MSX 매거진을 열람하고 싶다는 내 요청을 받아주어, 〈메탈기어〉의 옛날 카세트까지 보여주었다. 훌륭한 친구들의 오랜 우정에 진심으로 감사한다.

게임을 같이 플레이하고, 게임 얘기를 같이 해줘서 고마워.

따뜻한 마음을 지닌 가족의 지지가 없었다면 이 책은 빛을 보지 못했을 것이다. 케이코 아주머니와 토쿠마츠 아저씨는 여름 동안 건방진 5학년생이던 나를 맡아 나고야에서 일본어를 가르쳐주셨다. 동생 닉과는 몇십 년에 걸쳐 게임 실력을 경쟁했고, 때로는 협력했다. 할머니 캐시는 내가 5살 때 처음으로 패미컴을 사주셨다. 특히 부모님께 감사한다. 아버지 조엘과 어머니 유리코는 패미컴을 그리 좋게 생각하지 않았지만, 그럼에도 항상 나를 믿고 응원해주셨다. 아버지, 어머니, 이 책은 당신들께 바칩니다. 마지막으로, 루미코에게. 날 웃게 해줘서, 상처를 치료해줘서, 고난한 시기에 곁에 있어줘서, 그보다도 훨씬 더 많은 즐거운 시간을 함께 보내줘서 고마워. 네가 없었다면, 이 책은 완성되지 못했을 거야.

작품 리스트

이 리스트는 코나미에서 PC-8801/MSX용으로 개발된 초기의 작품부터 신생 코지마 프로덕션에서 플레이스테이션5용으로 개발된 최신작에 이르기까지 코지마가 개발에 관여한 게임을 망라했는데, 창조적인 역할을 맡아 크레딧에 올라가 있거나 관여가 기록으로 남아 있는 게임만 포함했다. 코지마는 MSX용으로 개발된 수많은 게임의 제작을 도왔는데, 구체적으로 어떤 역할을 했는지는 분명하지 않으며, 또한 본인도 이후의 인터뷰에서 이런 일에 대해 언급하지 않았기 때문에 리스트에서 제외했다.

코지마는 일본 국외에서 발매되지 않은 코나미 작품도 다수 프로듀스했다. 그것들은 리스트에 게재되어 있으나, 상세한 설명은 코지마가 창조적인 역할(감독/각본/디자인)을 맡은 작품이거나 그의 게임 디자인에 영향을 받은 작품에만 기록했다.

꿈대륙 어드벤처(夢大陸アドベンチャー)

> 일본: 1986년
>
> 북미/유럽: 1987년
>
> 플랫폼: MSX
>
> 개발: 코나미
>
> 역할: 기획

컬러풀한 유사 3D 점프 액션으로, 디렉터는 후쿠이 히로유키福井博幸. 플레이어는 펭귄인 펜타를 조작해 병든 펜코 공주를 구하기 위한 마법의 골든 애플을 가져오기 위해 여행을 떠난다. 〈결국 남극대모험〉의 속편으로, 미니 게임과 장비 업그레이드, 그리고 멀티 엔딩 등 RPG 요소가 추가되었다. 코지마는 게임의 크레딧에 기록되어 있지 않으나, 코나미 입사 직후에 '기획 서포트'를 했다고 본인과 타인이 공언했다. 코지마는 '몇몇 보스전과 기믹 등'에 자신의 아이디어가 채용되었다고 트윗했다.

스내처(SNATCHER)

　　일본: 1988년/1992년/1996년

　　미국/유럽: 1994년

　　플랫폼: PC-8801/MSX2/PC엔진/메가CD/플레이스테이션/세가 새턴

　　개발: 코나미

　　역할: 시나리오/디렉터

〈메탈기어〉가 성공한 후, 코지마는 게임 플레이의 흐름을 세세하게 제어할 수 있는 간소한 스크립트 엔진을 만들도록 프로그래머들에게 의뢰했다. 그 결과 탄생한 것이 〈스내처〉다. 이것은 코지마(와 코나미) 최초의 메뉴 베이스 인터페이스를 지닌 그래피컬 어드벤처 게임으로, PC엔진으로 이식할 때 처음으로 '감독'이라는 직함을 얻었다. 당시 인기 있던 SF영화에 영향을 받은 근미래적인 사이버 펑크 세계를 무대로 하며, 플레이어는 길리언 시드라는 탐정의 역할을 맡아 스내처라 불리는 인간형 바이오로이드를 추적한다.

SD(슈퍼 데포르메) **스내처**

　　1990년

　　플랫폼: MSX2

　　개발: 코나미

　　역할: 시나리오/커맨드 패키지

〈스내처〉의 리메이크로, 오리지널의 플롯을 내려다보는 형태의 RPG 방식으로 재현했다. 코지마는 당초 이 게임의 제작에는 관여하지 않았으나, 개발 스케줄에 지연이 발생해 〈MG2〉 작업 중이던 코지마의 팀 전체가 서포트로 참가했다.

폴리스너츠(POLICENAUTS)

　　1994년/1995년/1996년

　　플랫폼: NEC PC-9821/3DO/소니 플레이스테이션/세가 새턴

　　개발: 코나미

　　역할: 감독/각본

〈스내처〉의 뒤를 잇는 그래피컬 어드벤처 게임으로, 포인트&클릭 인터페이스와 사격 시퀀스가 특징이다. 플레이어는 25년간의 동면에서 깨어난 전직 우주비행사 조나단 잉그램이 되어 우주 콜로니 '비욘드 코스트'에서 마약과 장기 밀매를 조사한다. 〈스내처〉와 마찬가지로 당시 인기 있던 할리우드 영화(이 작품에서는 버디 형사물)의 영

향을 받았다. 복수의 게임기로 이식되었으며, 그때마다 새로운 기능과 애니메이션
이 추가되었다.

두근두근 메모리얼 드라마 시리즈 Vol.1: 무지갯빛 청춘

(ときめきメモリアル ドラマシリーズ Vol.1: 虹色の青春)

　　1997년

　　플랫폼: 소니 플레이스테이션/세가 새턴

　　개발: 코나미

　　역할: 연출 지도/제작 총지휘

인기 연애 시뮬레이션 게임 〈두근두근 메모리얼〉의 스핀오프 시리즈인 그래피컬 어
드벤처 게임 제1탄. 코지마는 주로 프로듀서로서 이 시리즈에 관여했는데, 드라마
시리즈 자체가 〈폴리스너츠〉의 디자인에서 큰 영향을 받았다. 최초의 두 작품은 코
지마 팀의 주력 스태프인 오카무라 노리아키가 디렉터를 맡았으며, 개발은 대부분
이 〈폴리스너츠〉 팀에 의해 이루어졌다.

두근두근 메모리얼 드라마 시리즈 Vol.2: 채색의 러브송

(ときめきメモリアル ドラマシリーズ Vol.2: 彩のラブソング)

　　1998년

　　플랫폼: 소니 플레이스테이션/세가 새턴

　　개발: 코나미

　　역할: 프로듀서

두근두근 메모리얼 드라마 시리즈 Vol.3: 여행의 노래

(ときめきメモリアル ドラマシリーズ Vol.3: 旅立ちの詩)

　　1998년

　　플랫폼: 소니 플레이스테이션/세가 새턴

　　개발: 코나미

　　역할: 슈퍼바이저

비트 매니아BEATMANIA

　1998년~2002년

　플랫폼: 소니 플레이스테이션

　개발: 코나미

　역할: 프로듀서

'비매니'라는 약칭으로 알려진 아케이드 리듬 게임 시리즈. 〈비트매니아〉, 〈비트매니아 II DX〉, 〈기타 프릭스GUITAR FREAKS〉의 복수의 가정용판, 확장판에서 코지마가 프로듀서를 맡았다.

존 오브 디 엔더스 Zone of the Enders

　2001년

　플랫폼: 플레이스테이션2

　개발: 코나미

　역할: 제작 총지휘/프로듀서/오프닝 무비 제작

로봇 애니메이션의 스타일과 전통에 영향을 받은 액션 어드벤처 게임. 22세기의 우주 콜로니를 무대로 〈MGS〉 시리즈와 마찬가지로 전쟁과 탐색이라는 테마를 다루지만, 플레이어가 조작하는 로봇의 전투에 중점을 둔 시스템이다. 코지마는 디렉션은 담당하지 않았지만 상세한 백스토리와 세계관을 구축했고, 그것이 게임 구조의 템플릿이 되는 등 개발 중에 조언과 지도를 했다. 속편인 〈존 오브 디 엔더스 더 세컨드 러너ZONE OF THE ENDERS: The 2nd Runner〉(일본판은 아누비스 존 오브 디 엔더스-역주)에서의 역할은 더욱 '매크로 레벨'이 되어, 직접적인 개발에는 거의 관여하지 않았다고 말했다. 이 시리즈는 영화같은 연출과 이야기 면에서 〈MGS〉 시리즈의 영향을 받았으나, 플레이의 중심이 되는 메커닉스는 전투이며, 창발성은 그리 두드러지지 않다.

존 오브 디 엔더스 더 세컨드 러너ZONE OF THE ENDERS: The 2nd Runner

　2003년

　플랫폼: 플레이스테이션2

　개발: 코나미

　역할: 프로듀서/기획

우리들의 태양(ボクらの太陽)

일본/북미: 2003년

유럽: 2004년

플랫폼: 게임보이 어드밴스

개발: 코나미

역할: 프로듀서/원작, 게임 디자인

플레이스테이션의 대규모 예산 게임에서 벗어나 휴대용 게임기를 밖으로 가져가 플레이하는 것을 전제로 개발되었다. 사람들이 언데드가 된 세기말의 미래를 무대로 플레이어는 뱀파이어 헌터인 장고가 되어 던전을 탐색하고, '이모탈'이라 불리는 강력한 크리처를 쓰러트려나간다. 장고의 무기는 실제로 태양광에서 에너지를 얻는다는 참신한 장치였는데, 게임 카트리지에 태양열 센서가 탑재되어 있다. 그렇기에 게임을 클리어하려면 낮에 밖에서 플레이해야만 한다. 코지마는 시리즈 작품 중 디렉션을 한 작품은 없으나, 스토리 원안과 태양광에 반응하는 게임 카트리지라는 아이디어를 냈다. 이 게임은 복수의 속편이 발매된 미니 시리즈가 되었고, 쇼가쿠칸小學館의 〈코로코로코믹コロコロコミック〉에서 만화화되었다.

속 우리들의 태양: 태양 소년 장고(續·ボクらの太陽: 太陽少年ジャンゴ)

일본/북미: 2004년

유럽: 2005년

플랫폼: 게임보이 어드밴스

개발: 코나미

역할: 프로듀서

신 우리들의 태양: 역습의 사바타(新·ボクらの太陽: 逆襲のサバタ)

2005년

플랫폼: 게임보이 어드밴스

개발: 코나미

역할: 프로듀서

우리들의 태양: Django & Sabata(ボクらの太陽: Django & Sabata)

일본: 2006년
북미/유럽: 2007년
플랫폼: 닌텐도DS
개발: 코나미/코지마 프로덕션
역할: 프로듀서

주식 매매 트레이너 주식트레!(株式賣買トレーナーカブトレ!)
2006년
플랫폼: 닌텐도DS
개발: 코나미/코지마 프로덕션
역할: 프로듀서
주식 매매를 게임화해 어드벤처 게임의 요소를 도입한 주식 거래 시뮬레이터.

주식 매매 트레이너 주식트레! NEXT(株式賣買トレーナーカブトレ!NEXT)
2007년
플랫폼: 닌텐도DS
개발: 코나미/코지마 프로덕션
역할: 프로듀서

주식 매매 트레이너 주식트레! FX(株式賣買トレーナーカブトレ!FX)
2009년
플랫폼: 닌텐도DS
개발: 코나미/코지마 프로덕션
역할: 프로듀서

캐슬바니아 로드 오브 섀도우 Castlevania: Lords of Shadow
2010년
플랫폼: 플레이스테이션3/Xbox360/PC

역할: 프로듀서/일본어판 종합 디렉션

스페인의 게임 개발회사 MercurySystem이 개발하고, 코지마 프로덕션이 크리에이티브 서포트와 로컬라이즈 서포트를 제공했다. 코지마는 게임의 일본어판(일본어판 트레일러 포함)의 디렉션을 맡았으며, 성우 지도를 감독했다. 성우 대부분은 〈MGS〉 시리즈에도 출연했다.

P.T.(Playable Teaser)
2014년
플랫폼: 플레이스테이션4
개발: 코나미/코지마 프로덕션(7780s Studio)
역할: 디렉터/디자이너

서바이벌 호러 〈사일런트 힐〉 시리즈의 티저 데모로 개발되었다. 코지마는 기예르모 델 토로와 콜라보해서 이 멋진 티저를 디자인, 디렉션했다. L자 모양인 어두운 복도 양쪽 끝에 문이 있으며, 이 게임 공간이 루프를 되풀이한다. 플레이어는 무명의 주인공(최후에 노먼 리더스임이 판명된다)을 1인칭 시점으로 조작하며, '걸어가는' 것과 '오브젝트에 줌인'하는 것 이외의 액션은 불가능하다. 루프에서 빠져나가려면 환경의 힌트를 기초로 수수께끼 퍼즐을 풀어야 하며, 퍼즐을 풀 때마다 다음 루프에 변화가 생긴다. 긴장감을 높이기 위해 리사라는 유령이 랜덤으로 등장하며, 플레이어가 살해당하면 루프를 처음부터 다시 해야 한다. 이 티저는 SNS에서 커다란 반향을 불러일으켰으며, 리뷰어, 유저 모두가 이 게임의 플레이 체험에 열광했다. 코지마가 〈사일런트 힐〉 시리즈에 관여하기로 기획되어 있었으나, 코지마의 퇴사와 동시기에 코나미에 의해 취소되고 말았다. 티저는 플레이스테이션 스토어에서도 삭제되었고, 이 특이한 체험이 두 번 다시 불가능하게 되었다는 점에서 전설의 호러 게임이라 불리게 되었다.

데스 스트랜딩DEATH STRANDING
2019년
플랫폼: 플레이스테이션4/PC
개발: 코지마 프로덕션
역할: 감독/각본/디자이너

독립한 코지마 프로덕션의 첫 번째 작품으로, 유럽과 미국 등 여러 국가에서 퍼지던 포퓰리즘의 파도에 영감을 받았다. 데스 스트랜딩이라 불리는 천재지변으로 인해 황폐화 된 미래, 살아남은 인류는 독성 비와 부유하는 BT라는 영체를 피해, 고립된 지하 도시에서 숨어 살아가고 있다. 플레이어가 조작하는 배달부 샘 브리지스는 합중국 대통령에게 전국을 돌며 각 도시를 카이랄 네트워크(인터넷과 비슷한 것)에 접속해 달라는 의뢰를 받는다. 튜브로 연결되어 포드에 들어 있는 BB(브릿지 베이비)가 샘의 여행에 동행하며, BB의 힘을 빌려 BT와 그 외의 적을 탐지할 수 있다. 광대하고 아름다운 풍경 속을 걸으며 짐을 운반하고, BT와 화물 도둑을 극복하고, 타르로 뒤덮인 몬스터, 테러리스트 들과 짧지만 격렬한 전투를 반복하는 것이 플레이의 대부분을 점유한다.

데스 스트랜딩 디렉터스 컷 DEATH STRANDING DIRECTOR'S CUT

2021년
플랫폼: 플레이스테이션5/PC
개발: 코지마 프로덕션
역할: 감독/각본/디자이너

〈메탈기어 METALGEAR〉 시리즈

메탈기어

METAL GEAR

1987년
플랫폼: MSX2
개발: 코나미
역할: 디자이너

코지마가 처음으로 완성시킨 타이틀이며, 〈메탈기어〉 시리즈의 기념비적인 첫 번째 작품. MSX2의 제약상 화면에 동시에 표시할 수 있는 적과 탄의 숫자가 한정적이었기 때문에, 전투를 피하는 것을 목적으로 하는 군사 컴뱃 게임으로 디자인되었다. 플레이어는 특수 부대 폭스 하운드의 대원 솔리드 스네이크로서 용병 국가 아우터 헤븐에 단독 잠입, 핵무기를 탑재한 2족 보행 전차 메탈기어를 파괴한다. 적병과의 교전을 피하고, 발각되지 않도록 하면서 다양한 환경 속을 진행하는 '스텔스' 플레이는 시리즈의 트레이드마크가 되었다.

메탈기어2 솔리드 스네이크

METAL GEAR 2: SOLID SNAKE

1990년

플랫폼: MSX2

개발: 코나미

역할: 디자이너

〈메탈기어〉의 진정한 속편(일본 국외에서만 발매된 〈스네이크스 리벤지〉와는 관계 없다)으로, 전작보다도 광대한 환경, 야심적인 플롯, 대폭 진화한 스텔스 메커닉스를 특징으로 한다. 납치된 생물과학자를 구출해 메탈기어 개량형 D를 파괴하기 위해, 플레이어는 스네이크가 되어 무전을 이용한 팀의 서포트를 받으며 테러리스트의 거점 잔지바 랜드에 잠입한다. 플레이어에 반응하는 오브젝트나 지면 등 인터랙티브한 환경, 반응이 개선되고 행동이 늘어난 적 AI, 복수의 에어리어와 화면에 걸쳐 있는 광대한 플레이 필드가 특징. 필드가 광대해지면서 플레이어는 적의 위치를 알 수 있는 레이더 화면을 사용할 수 있게 되어 잠입 루트를 계획할 수 있게 되었다.

메탈기어 솔리드

METAL GEAR SOLID

일본/북미: 1998년

유럽: 1999년

플랫폼: 플레이스테이션

개발: 코나미

역할: 감독/각본/프로듀서/오리지널 콘셉트, 디자인

코지마 히데오의 이름을 세계에 알린 작품. 게임의 플레이에 관한 콘셉트의 대부분을 〈MG2〉에서 물러 받았으며, 플레이스테이션의 처리 능력, CD-ROM의 저장 용량을 살려 콘셉트를 더욱 확장했다. 솔리드 스네이크의 '형제'인 리퀴드 스네이크가 이끄는 폭스 하운드가 알래스카의 섀도 모세스 섬에 있는 핵 폐기 시설을 점거하고, 비밀 병기 메탈기어 REX를 사용해 화이트 하우스에 대한 핵 공격을 계획한다. 스네이크는 폭스 하운드에서 제대했으나 이 사건 때문에 다시 호출된다. 스네이크는 시설에 잠입해 복수의 인질을 구출해 테러리스트의 핵 공격을 저지해야만 한다. 스토리는 다이나믹한 컷 신과 무전 회화 조합으로 영화처럼 표현되며, 대사는 전부 프로성우가 목소리를 담당했다. 플레이어는 폴리곤 그래픽으로 구성된 3D 환경을 돌아다니게 되는데, 대부분의 장면은 대각선 위에서 내려다보는 형태의 시점으로 고정되어 있다.

메탈기어 솔리드: 인테그랄

METAL GEAR SOLID: INTEGRAL

　　일본: 1999년

　　북미/유럽: 1999년

　　플랫폼: 플레이스테이션

　　개발: 코나미

　　역할: 감독/각본/프로듀서/오리지널 콘셉트, 디자인

〈메탈기어 솔리드〉의 확장판으로, VR 트레이닝 미션만을 수록한 'VR 디스크'가 포함되어 있다. 이 디스크는 북미와 유럽에서는 각각 〈Metal Gear Solid: VR Mission〉과 〈Metal Gear Solid: Special Mission〉으로 발매되었다.

메탈기어 고스트 바벨

METAL GEAR Ghost Babel

　　2000년

　　플랫폼: 게임보이 컬러

　　개발: 코나미

　　역할: 슈퍼바이징·디렉터/프로듀서

게임보이용으로 〈메탈기어 솔리드〉를 만들어 달라는 코나미 유럽의 요청으로 제작되었다. 코지마는 〈고스트 바벨〉의 진두지휘를 맡아 〈메탈기어〉의 본질에 초점을 맞추는 일에 주력했다. 플레이스테이션판 〈메탈기어 솔리드〉의 직접적인 리메이크가 아니라, MSX2판처럼 내려다보는 2D 시점에 〈메탈기어 솔리드〉에서 도입된 신 요소(특히 이동 방향과 무기 종류 증가)가 추가되었다. 매출은 그렇게 좋지 않았지만, 완성도 높은 게임성, 음모와 책략으로 가득한 고품질 스토리가 높은 평가를 받았다. 시나리오를 쓴 후쿠시마 토모카즈의 말에 따르면 이 작품에는 CD-ROM 매체의 〈메탈기어 솔리드〉에 필적하는 양의 무전 대화가 준비되어 있었다. 코지마는 슈퍼바이징·디렉터, 프로듀서로서 크레딧에 올라가 있으며, 디렉션은 코지마 팀의 단 골 멤버인 노지리 신타가 담당했다. 노지리는 그 후에도 휴대용 게임기 용 〈MGS〉 시리즈 작품 여러 개를 디렉션했다.

메탈기어 솔리드2 선즈 오브 리버티

METAL GEAR SOLID 2: SONS OF LIBERTY

　　일본/북미: 2001년

　　유럽: 2002년

플랫폼: 플레이스테이션2

개발: 코나미

역할: 감독/각본/프로듀서/오리지널 콘셉트, 디자인

〈메탈기어 솔리드〉의 직접적인 속편이지만 처음에는 〈메탈기어 솔리드Ⅲ〉라는 제목이었다. 허드슨강에서 신형 메탈기어를 수송하던 탱커에 솔리드 스네이크가 잠입하는 장면으로 시작된다. 하지만 메탈기어는 테러리스트에게 강탈당하고, 탱커는 스네이크를 태운 채로 침몰, 스네이크는 사망한 것으로 여겨졌다. 무대는 그로부터 2년 후, 플레이어는 솔리드 스네이크가 아니라 폭스 하운드의 신참 병사 라이덴을 조작하게 된다(이것은 시리즈 굴지의 미스 디렉션이다). 라이덴은 수수께끼의 '애국자들'이 이끄는 테러리스트의 위협을 무력화하기 위해 해상 플랜트로 보내진다. 스텔스 액션에 새로운 리얼리즘이 도입되어 적이 부대 단위로 연계하며 더욱 똑똑하게 움직이게 되었다. 세세하게 구별된 환경에 다양한 인터랙티브 요소가 있으며, 스네이크/라이덴이 취할 수 있는 행동도 더욱 다채로워졌다. 서사 쪽은 플레이어의 주도권을 끈질기게 빼앗아가며, 짜증과 혼란을 불러일으키게 되어 있는데, 이것은 의도적인 것으로 격변하는 정보 시대에서 사상의 자유를 묻는 플롯이다.

더 다큐먼트 오브 메탈기어 솔리드2

The Document of METAL GEAR SOLID2

2002년

플랫폼: 플레이스테이션2

개발: 코나미

역할: 감독/디자이너/프로듀서

〈MGS2〉의 개발 과정의 비화를 밝히는 것을 목적으로 한 코지마 팀의 훌륭한 메이킹 영상 디스크. 캐릭터 모델, 스케치, 환경, 트레일러, 사운드 트랙, 프로모션 소재, 대본이 수록되어 있으며, 그 중에서도 가장 메인이 되는 것이 게임의 수많은 컷 신과 인터랙티브한 그림 콘티를 열람할 수 있는 콘텐츠다. 게임 개발 과정도 소개되며, 수많은 스태프의 코멘트가 수록되어 있다.

메탈기어 솔리드2: 서브스턴스

METAL GEAR SOLID2: SUBSTANCE

일본/북미: 2002년

유럽: 2003년

플랫폼: 플레이스테이션2/Xbox/Windows

개발: 코나미

역할: 감독/각본/프로듀서/오리지널 콘셉트, 디자인

초대 〈MGS〉의 '인테그랄'과 마찬가지로 오리지널 〈MGS2〉의 확장판이며, 컷 신, 수집 가능한 아이템, 게임 모드, VR 미션이 추가되었다. 북미/유럽판에는 코나미의 최신작 〈에볼루션 스케이트보딩EVOLUTION SKATEBOARDING〉의 프로모션으로 스네이크/라이덴으로 스케이트보드를 타는 미니 게임이 포함되어 있었다.

메탈기어 솔리드: 더 트윈 스네이크

METAL GEAR SOLID: THE TWIN SNAKES

2004년

플랫폼: 게임큐브

개발: 코나미

역할: 각본/프로듀서/오리지널 콘셉트, 디자인

게임큐브용으로 〈메탈기어 솔리드〉를 만들어 달라는 닌텐도의 미야모토 시게루의 의뢰를 받고 제작되었다. 플레이스테이션용 오리지널판의 리메이크로, 코나미와 실리콘나이츠에 의해 공동 개발되었다. 코지마가 감독을 맡지는 않았으나, 오리지널판의 스토리와 게임 내용이 재현되어 있으며, 컷 신은 액션 영화감독인 키타무라 류헤이가 연출을 맡았다.

메탈기어 솔리드3 스네이크 이터

METAL GEAR SOLID 3: SNAKE EATER

2004년

플랫폼: 플레이스테이션2

개발: 코나미

역할: 감독/각본/프로듀서/오리지널 콘셉트, 디자인

〈MGS2〉의 속편이지만 실제로는 '전일담'이며, 1960년대를 무대로 전설의 용병 빅 보스의 젊은 날의 활약이 그려진다. 빅 보스의 유전자는 후에 솔리드(와 리퀴드) 스네이크라는 클론 제작에 사용된다. 이 작품에서는 젊은 그린베레 대원 네이키드 스네이크(훗날의 빅 보스)가 러시아령에 잠입한다. 그의 임무는 로켓 과학자를 구출하고, 초 핵무기를 파괴하고, 소련으로 망명한 우수한 병사이자 옛 스승인 더 보스를 암살하는 것이다. 시리즈의 스텔스 플레이는 새로운 경지로 올라가, 환경, 적, 플레이어의 어포던스에 시리즈 최고 레벨의 시뮬레이션성이 도입되었다. 야외와 과거를 주된 무대로 하고 있기 때문에, 숨겨진 장소나 가젯 모두 적으며, 적은 연계하여 민감하고 끈질기게 행동한다. 플레이어는 환경에 맞는 위장복으로 갈아입고 눈에 잘 띄지 않게 행동해야만 하며, 스네이크의 건강 상태에 신경을 쓰면서 골절, 총상, 공복

도까지 관리해야만 한다(정글에 있는 다양한 야생생물은 적이기도 하지만 식량이기도 하다).
또, 이후 시리즈의 기본이 되는 근접 전투술(CQC)이 도입되어 적의 목숨을 빼앗지
않고 정보를 이끌어내는 선택지가 생겨났다. 스토리와 레벨 디자인이 우수하며, 시
리즈 전작을 통틀어 최고의 작품, 아니 사상 최고의 게임 중 하나라 평가하는 사람
도 많다.

메탈기어 애시드

METAL GEAR ACID

    일본: 2004년

    북미/유럽: 2005년

    플랫폼: 플레이스테이션 포터블

    개발: 코나미

    역할: 이그제티브 프로듀서

지금까지의 〈MGS〉 시리즈와는 크게 동떨어진 턴 베이스 전략 RPG로, 트레이딩 카
드를 사용해 캐릭터의 이동과 액션을 관리한다. 〈고스트 바벨〉처럼 시리즈의 다른
작품의 무기, 아이템, 솔리드 스네이크를 포함한 캐릭터가 등장하지만, 대부분의 스
토리나 등장 캐릭터는 코지마가 감독한 〈MGS〉 작품과는 관계가 없다.

메탈기어 애시드2

METAL GEAR ACID2

    일본: 2005년

    북미/유럽: 2006년

    플랫폼: 플레이스테이션 포터블

    개발: 코나미

    역할: 프로듀서

메탈기어 솔리드3: 서브시스턴스

METAL GEAR SOLID3: SUBSISTENCE

    일본: 2005년

    북미/유럽: 2006년

    플랫폼: 플레이스테이션2

    개발: 코나미

    역할: 감독/각본/프로듀서/오리지널 콘셉트, 디자인

〈인테그랄〉, 〈서브스턴스〉와 마찬가지로, 〈MGS3〉 오리지널의 확장판인데, 과거의 확장판에 비해 대폭 업그레이드되었다. 다수의 디스크로 구성되어 있으며, 추가 아이템과 게임 모드가 수록되었을 뿐 아니라 완전 신규 요소인 TPS 스타일의 관객 시점이 추가되었으며, 광대한 환경에서 이동할 때의 스트레스가 엄청나게 경감했다. 또, 단명으로 끝났던 온라인 모드도 탑재되어, 이후 시리즈의 온라인 요소에 영향을 미쳤다. 게임의 컷 신을 3시간 반으로 정리한 영상도 수록되어 있다.

메탈기어 솔리드 방드 데시네

METAL GEAR SOLID BANDE DESSINEE

> 2006년
>
> 플랫폼: 플레이스테이션 포터블
>
> 개발: 코나미
>
> 역할: 프로듀서

아티스트인 애슐리 우드Ashley Wood가 그린 〈메탈기어 솔리드〉의 코믹을 시청각적으로 강화한 버전으로, 코지마는 음악, 음성, 추가 애니메이션을 디렉션했으며, 확장된 시네마 코믹 형식으로 오리지널 〈MGS1〉을 재현했다. 정신 탐사 모드라 불리는 인터랙션 요소가 있으며, 각 신을 줌 인/아웃해 기억의 파편을 수집하거나, 기억 구축 모드라는 별도의 데이터베이스에서 정보에 액세스할 수 있다. 다른 코지프로의 작품과 마찬가지로, 여기서 실험적으로 채용되었던 그래픽 아트와 인터랙티브한 컷 신은 후에 〈포터블 옵스〉, 〈피스 워커〉 등 정통 속편 타이틀에도 영향을 미쳤다.

메탈기어 솔리드 포터블 옵스

METAL GEAR SOLID: PORTABLE OPS

> 일본/북미: 2006년
>
> 유럽: 2007년
>
> 플랫폼: 플레이스테이션 포터블
>
> 개발: 코나미
>
> 역할: 프로듀서/오리지널 콘셉트, 스토리

〈MGS〉 시리즈로서는 5번째 휴대기기용 게임으로, 〈MGS〉 시리즈의 액션 위주의 게임성으로 회귀한 작품. 〈메탈기어 애시드〉 시리즈와는 다르게 〈MGS〉 시리즈와의 스토리상의 연결이 강하며, 〈스네이크 이터〉의 6년 후의 이야기를 그리고 있다. 플레이어는 다시금 빅 보스를 조작해, 콜롬비아의 폐기된 소련 미사일 기지를 조사한다. 〈스네이크 이터〉의 메커닉스와 동료 시스템 등 신 요소를 도입했으며, 시리즈 전통의 단독 잠입에서 벗어나 최대 4명으로 이루어진 팀을 편성해 분대 베이스로 잠입 미션을 클리어해나간다. 멀티 플레이 모드는 Wi-Fi 대응으로, 1인용 캠페인과 다양한 형태로 연동된다. 컷 신은 〈방드 데시네〉에서 도입된 스타일을 계승했으며, 애슐리 우드가 그린 코믹 형식의 일러스트가 사용되었다.

메탈기어 솔리드 포터블 옵스+

METAL GEAR SOLID: PORTABLE OPS+

    일본/북미: 2007년
    유럽: 2008년
    플랫폼: 플레이스테이션 포터블
    개발: 코나미
    역할: 프로듀서/오리지널 콘셉트, 스토리

메탈기어 솔리드 모바일

METAL GEAR SOLID MOBILE

    2008년
    플랫폼: N-Gage/휴대전화
    개발: 코나미
    역할: 슈퍼바이저

NTT 도코모의 i모드(일본 국내)와 노키아의 N-Gage(일본국외) 용으로 개발된 휴대전화판 〈MGS〉로, 메탈기어 20주년 기념의 일환으로 만들어졌다. 시대는 〈MGS1〉과 〈MGS2〉의 중간으로 설정되어 있으며, 메커닉스는 〈MGS2〉와 〈MGS3〉의 요소를 도입했다. 당시의 휴대전화의 성능을 고려하면 야심적인 작품이지만, 시리즈의 다른 작품과의 연결점은 없다.

메탈기어 솔리드4: 건즈 오브 더 패트리어트

METAL GEAR SOLID 4: GUNS OF THE PATRIOTS

    2008년
    플랫폼: 플레이스테이션3
    개발: 코나미
    역할: 감독/각본/프로듀서/오리지널 콘셉트, 디자인

〈MGS2〉로부터 5년 후를 그린 솔리드 스네이크 이야기의 최종장. 원래는 〈MGS〉 시리즈의 베테랑 라이터인 무라타 슈요가 맡을 예정이었으나, 팬들의 격렬한 반발로 코지마가 감독을 맡게 되었다. '전쟁 경제'로 피폐해진 세계가 묘사되며, 플레이어는 다시금 솔리드 스네이크를 조작해(리볼버 오셀롯의 육체를 빼앗은) 리퀴드 스네이크 말살 임무에 도전한다. 팬들에게 사랑받은 클론 용병이 급속도로 노화한 '올드 스네이크'가 되어 등장한 점이 놀라움을 불러일으켰다. 시리즈 중 최고로 잘 다듬어진 조작성과 환경에 녹아드는 옥토카모 위장 덕분에 스네이크는 지금까지 이상으로 자유로이 움직일 수 있지만, 장시간 달리거나 앉아 있으면 호흡을 가다듬고, 등을 스트레칭하는 동작이 삽입된다. 또, 격렬한 전투를 하거나 누군가가 늙은 외모를 비웃으면 기력이 저하해, 퍼포먼스에 악영향이 나오기도 한다. 시리즈 중에서도 가장 긴 컷 신을 자주 볼 수 있다. 이 작품은 솔리드 스네이크 사가의 마무리이며, 현대의 전쟁, 인공지능, 비디오 게임의 속편과 시리즈 작품 특유의 반복성에 대한 훌륭한 테제가 되었다.

메탈기어 온라인

METAL GEAR ONLINE(〈MGS4〉 베이스)

    2008년
    플랫폼: 플레이스테이션3
    개발: 코나미
    역할: 감독/프로듀서/오리지널 콘셉트, 디자인

일본의 코지프로와 미국의 스튜디오에 의해 개발된 온라인 멀티 플레이 대전 게임. 가능성을 숨긴 작품으로 소수의 열광적인 팬을 획득했으나, 개발상의 문제로 고심하다 2012년에 서비스가 종료되었다. 코어 게임 부분은 2010년에 〈메탈기어 아케이드〉로 재구축되어, 헤드 컨트롤러와 입체시를 특징으로 하는 아케이드판이 되었다.

메탈기어 솔리드 터치

METAL GEAR SOLID TOUCH

    2009년
    플랫폼: iphone/ipod touch
    개발: 코나미
    역할: 프로듀서/오리지널 콘셉트, 스토리

〈MGS4〉를 베이스로 한 iOS용 3인칭 시점 슈터. 코지프로의 베테랑이자 〈우리들의 태양〉의 디렉터를 맡았던 나카무라 이쿠야中村如哉가 디자인했다.

메탈기어 솔리드: 피스 워커

METAL GEAR SOLID: PEACE WALKER

2010년

플랫폼: 플레이스테이션 포터블

개발: 코나미

역할: 감독/각본/프로듀서/오리지널 콘셉트, 디자인

솔리드 스네이크의 이야기는 〈MGS4〉로 완결되었으나, 그러는 한편으로 빅 보스의 이야기는 대부분이 다루어지지 않았다. 〈MGS3〉로부터 10년 후를 그린 이 작품에서는 남미에서 '국경 없는 군대'를 이끌던 빅 보스가 핵무기를 지닌 무장 집단을 막기 위해 코스타리카로 향한다. 휴대기기용 〈MGS〉 작품으로서는 최고 걸작이며, 시리즈 중에서도 완성도가 높다. 코지마와 무라타가 쓴 각본은 냉전시대의 정치, 미국에 의한 남미에 대한 개입 실패의 역사를 농밀하게 그렸다. 협력 플레이, 미션 위주의 진행, 수집 가능한 미니 스토리, 기지 선설 등 혁신적인 게임 요소가 도입되어, 이후 〈MGS〉 시리즈의 방향성에 크게 영향을 미쳤다. 코지마 자신의 디자인 경향도 선형적 서사에서 오픈 엔드이며 커스터마이즈 가능한 플레이를 중시하는 방향으로 이행되었다.

메탈기어 라이징 리벤전스

METAL GEAR RISING REVENGEANCE

2013년

플랫폼: 플레이스테이션3/Xbox360

개발: 플래티넘 게임즈

역할: 프로듀서/오리지널 콘셉트, 스토리

〈MGS4〉의 4년 후가 무대. 플레이어는 사이버네틱스로 강화된 라이덴을 조작해 민간 군사 경비 회사의 지령을 수행한다. 코지마 프로덕션에서의 제작이 난항을 겪어, 플래티넘 게임즈가 주로 개발을 담당했다. 스텔스 요소도 있지만 시리즈 중에서 가장 액션성이 높으며, 베고 베고 마구 베어버리는 전투는 플래티넘 게임즈의 액션 시리즈 〈베요네타Bayonetta〉를 방불케 한다.

메탈기어 솔리드 V : 그라운드 제로즈

METAL GEAR SOLID V : GROUND ZEROES

2014년

플랫폼: 플레이스테이션3, 4

개발: 코나미

역할: 감독/각본/프로듀서/오리지널 콘셉트, 디자인

〈피스 워커〉로부터 몇 달 후를 그린 이 작품에서 플레이어는 빅 보스를 조작해 쿠바

남부의 미국군 초 엄중 경비 시설에 붙잡혀 있는 두 아이를 구출하러 가게 된다. 이 군사 시설은 확실하게 관타나모만 수용소 같은 미국의 비밀 군사 시설을 모델로 하고 있으며, 냉전 설정에 동시대의 지정학과 대 테러 전쟁 요소가 섞여 있다. 〈팬텀 페인〉의 프롤로그로 디자인된 이 작품은 통상 〈MGS〉에 비해 짧지만, 이때까지 중에서 가장 복잡한 환경인 캠프 오메가가 등장한다. 이것은 거대한 다면적 군사 기지로, 무수한 진입·잠입 경로가 존재한다. 플레이어는 오픈 월드 속에서 일련의 목표를 달성해야만 하지만 그 순서는 자유로이 선택할 수 있다.

메탈기어 솔리드 V : 팬텀 페인

METAL GEAR SOLID V : PHANTOM PAIN

> 2015년
> 플랫폼: 플레이스테이션3, 4
> 개발: 코나미
> 역할: 감독/각본/프로듀서/오리지널 콘셉트, 디자인

〈그라운드 제로즈〉로부터 몇 년 후의 이야기로, 빅 보스는 혼수상태에 빠져 있다. 플레이어는 베놈 스네이크라는 캐릭터를 조작해 보복한다. 아프가니스탄의 사막과 자이르의 정글이라는 두 곳의 장소가 무대로, 시리즈 중에서, 혹은 관점에 따라서는 지금까지 만들어진 스텔스 게임 중에서도 가장 야심적이고 복잡한 스텔스 플레이가 특징이다. 맵은 광대한 오픈 월드로, 양 지역에 복수의 대규모 환경이 곳곳에 존재한다. 과거 작품처럼 컷 신이 연속되는 구성이라기보다는 TV 방송 같은 형식으로, 플레이어는 '에피소드'를 선택해 개별적으로 플레이할 수 있다. 각 에피소드는 더 큰 전체 이야기와 연결되지만, 이야기는 신경 쓰지 않고 맵의 다양한 에어리어를 탐색하는 것도 가능하다. 〈피스 워커〉에도 있었던 기지 건설 요소는 대폭으로 진화했으며, 무기, 차량, 인원을 '풀턴 회수'로 기지로 보내 마더 베이스를 강화할 수 있다(마더 베이스 안을 걸으며 탐색하는 것도 가능). 코지마에게 있어서 〈MGS〉 시리즈의 감독으로서의 집대성 격인 작품이나, 이 작품 발매 직후에 코나미를 떠나게 되었다.

주석

2장

1. 일본의 혼슈 서부에 위치하는 지역으로, 일본의 7지방 구분에 의하면 오사카부, 교토부, 효고현, 나라현, 와카야마현, 미에현, 시가현이 포함된다.

2. 〈제비우스〉의 세계관에 주목한 것은 코지마만이 아니었다. 인류학자인 나카자와 신이치中澤新一는 1980년대 아케이드의 열광적인 플레이어들과 이 게임의 심오함에 대해 심도 깊이 논했다(Nakazawa, 2015).

3. 이것은 코지마가 자크 타티Jacques Tati의 영화, 특히 《플레이타임Playtime》(1967)을 칭찬할 때 언급하는 수법.

4. 별로 알려지지 않았으나 초기의 스네이크는 영국인과 일본인의 혼혈이라는 설정이었다.

3장

1. 시에라 엔터테인먼트는 같은 방정식을 사용해 서양 판타지, SF, 나아가서는 성인용 콘텐츠에서 영향을 받은 주인공과 세계로 플레이어를 이끌었다. 예로는 〈스페이스 퀘스트SPACE QUEST〉(1986~95), 〈폴리스 퀘스트POLICE QUEST〉(1987~98), 〈레저 슈트 래리Leisure Suit Larry〉(1987~) 등이 있다.

2. 아나스타샤 샬터는 호러를 테마로 한 제인 젠슨의 〈가브리엘 나이트〉 시리즈는 실사 영상 사용과 할리우드의 성우를 기용해 영화 같은 퀄리티를 추구했고, 어드벤처 게임의 장르에 크게 공헌했다고 말했다(Salter, 2018, 52~55쪽 참조).

3. MSX 매거진의 편집자가 입에 발린 말을 하는 걸로는 보이지 않는다. 코나미의 어시스턴트 매니저인 사사키 요시노리도 '(〈스내처〉를)플레이한 사람은 이 게임을 잊을 수 없게 되고, 가정용으로 이식되기를 바랐다(EGM, 1995, 186)'라고 말했다.

4. 표준적인 컴파일러 생성 컴파일러(파서 생성기)가 생성한 코드는 그 후 파서에 의

해 실행된다. 파서는 서브 프로그램으로, 플레이어의 입력을 해석하고 게임 속의 다양한 기술과 대사 등의 데이터베이스에 액세스한다.

5. 〈폴리스너츠〉를 위해 개발된 스크립트 언어는 〈두근두근 메모리얼〉의 스핀오프 인 〈두근두근 메모리얼 드라마 시리즈〉(Konami, 1997~99)에서도 완전히 적용되 었다.

6. 예를 들어 「MSX 팬」의 몇몇 호 마지막 페이지 부근에는 명백하게 여성을 성적 으로 묘사한 독자 투고 화면 사진이 게재되어 있다. 당시의 소년용 만화잡지와 마찬가지로 게임잡지도 단순히 게임만 다루는 것이 아니라 영화, 도박, 핀업 모 델 등 광범위한 남성향 기사를 다뤘으며, 성적으로 묘사된 여성을 소비하는 것 은 '청년이 되는'것의 일환으로 여겨졌다. 비디오 게임 문화 여명기의 미디어와 업계는 남성을 중심적인 타깃으로 잡았던 것이다. 미국에서도 비슷한 경향이 보 이며, 미국의 아케이드 문화에 관한 칼리 코추렉의 저작물에도 기록되어 있다 (Kocurek, 2015).

7. 1980년대의 만화, 애니메이션은 관능과 노골적인 섹슈얼리티로 가득했다. 저명 한 장르 만화 작가인 시로 마사무네土郎正宗(《공각기동대》), 히라노 코우타平野耕太 (『헬싱HELLSING』, 아즈마 키요히코あずまきよひこ(『요츠바랑!よつばと!』 등은 데뷔 당시나 데뷔 후에도 포르노 요소가 있는 작품을 그렸다. 미디어에는 아동용, 청 소년용, 성인용이라는 구분이 있지만, 프로는 어떤 연령층이 대상이라 해도 자유 자재로 구분해 그릴 수 있는 것이 아닐까.

8. 스태프의 이름이 이런 장소에 게재되어 있는 것은 무대 뒤에서 그들의 친분을 나 타내는 것이며, 소규모 팀이 장기간에 걸쳐 긴밀하게 작업했다는 것을 알 수 있 다. 스태프는 개발 때문에 인간관계에 문제가 발생한다고 농담 섞어 말한다. 요 시오카는 여자친구와 헤어졌고, 어시스턴트 디렉터인 이노우에 신야井上愼也(네 오 고베 피자를 만든 적이 있다)는 처가에서 아내를 데리고 돌아가려고 왔다고 한다 (Konami, 1992, 7~8쪽). 몸이 약해진 개발 스태프도 있으며, 리포비탄 D(일본의 자양 강장제-역주)가 요긴하게 쓰였다.

4장

1. 플레이와 서사의 해리(解離)는 '놀이와 서사의 불협화음' 이라고 불리며, 게임 세 계에서 플레이어의 행동과 서사가 일치하지 않는 경우에 발생한다(Hocking, 2007 참조). 최근의 예로, 호화로운 비주얼과 복잡한 이야기를 지닌 너티 독의 〈더 라 스트 오브 어스 파트 II 〉(Hocking, 2020)는 복수와 폭력의 한계를 그린 작품인데,

플레이어에게 교묘하지만 그로테스크하게 느껴질 정도로 폭력적인 수단으로 인간을 여러 명 살해할 것이 요구된다. 플레이어가 모든 적을 죽였는지 전혀 죽이지 않았는지 게임 쪽에서는 인식하지 않으며, 또한 폭력에 빠진 플레이 스타일과 폭력을 막으려는 서사 사이에 괴리가 발생하지만, 그것도 인식하지 않는다.

2. 코지마 팀은 보통, 영어판 녹음과 로컬라이즈 공정에 직접적으로 관여하지 않았기 때문에, 이 책의 내용에는 포함하지 않았다. 〈MGS〉를 로컬라이즈할 때 단어 선택이 얼마나 복잡했는지에 대한 내용은 (Blaustein, 2019)를 참조.

3. 〈MGS4〉에 대한 이러한 비판은 이외에도 있지만, 이 작품의 컷 신은 어떤 의미로는 시리즈 중 가장 인터랙티브하며, 플레이어는 컷 신과 긴 대사를 '보고 있을' 때 버튼을 눌러 시점을 전환하거나 플래시백을 볼 수 있다.

4. 케이타 무어Keita Moore는 반론을 제기했으며, 게임의 메커닉스가 폭력과 적극적인 교전의 회피를 촉구하는 것과는 반대로, 서사 쪽은 스네이크만이 아니라 〈MGS〉 시리즈의 적들까지 미화하고 있다고 말했다. (Moore, 2017) 몇몇 작품에서는 그들이 희생자로 묘사되며, 또다른 작품에서는 전장에서의 용기와 희생이 영웅적으로 묘사된다. 무어는 이런 동정적인 묘사는 일본의 국수주의자들이 태평양전쟁에서의 일본의 행위를 정당화하기 위해 사용해온 방법과 같다고 주장한다. 스네이크는 모든 시리즈에서 공통적으로 병사에 대한 공감을 나타내며, 프로그레시브한 반전주의와는 모순되는 것처럼 보인다. 이런 견해로 보면, 스네이크는 이 시리즈에서 전쟁의 취급에 대해 애매한 입장에 있다고 할 수 있다.

5. 이 결정은 특히 팬을 화나게 했으며, 그들은 '《스타워즈》팬이 자자 빙크스에 대해 보여준 것과 큰 차이가 없는' 반응을 보였다(Newman, 2008, 40쪽).

6. 일본어판에서는 〈폴리스너츠〉, 〈두근두근 메모리얼〉 등 코지마 히데오가 디렉션 혹은 프로듀스를 담당한 코나미 타이틀의 세이브 데이터가 있으면, '항상 응원해줘서 고맙다……'라는 감독 본인의 육성을 들을 수 있다.

5장

1. 〈MGS4〉의 컷 신은 8시간 이상이며, 에필로그 무비는 합계 약 70분에 달한다.

2. 〈두근두근 메모리얼 드라마 시리즈〉는 특히 주목을 받았고, 〈폴리스너츠〉의 엔진을 사용함으로서 일본의 고등학교를 무대로 한 연애 시뮬레이션 게임 〈두근두근 메모리얼〉의 정감 넘치는 스토리텔링과 시각적인 복잡함을 대폭으로 향상시켰다. 드라마 시리즈 첫 번째 작품인 〈무지갯빛 청춘〉에서는 〈폴리스너츠〉의 총

격전이 축구부의 PK전으로 전환되었으며, 이 어려운 미니 게임의 성공 여부가 이야기의 감정적인 방향성을 크게 좌우한다.

3. 유감스럽게도, 이 훌륭한 게임의 놀라운 콘셉트와 세부까지 공을 들인 완성도에 대해 자세히 의논하기에는 지면이 부족하다. 〈P.T.〉의 디자인 분석에 대해서는 이 책의 작품 리스트(Eisenmann, 2014)을 참조해주기 바란다.

4. 〈데스 스트랜딩〉에서 샘의 액션이 풍부한 것도 이 작품이 시뮬레이션의 방향으로 기울어져 있음을 나타낸다. 예를 들어 에너지 드링크를 마시면 스태미나가 상승하는데, 샘이 소변을 보고 싶게 되기도 한다. 소변이 쌓이면 소변기에서 배출하는 것 외에도, 무기 탄약이 다 떨어질 것 같은 상황에서 BT에게 소변을 뿌려 격퇴할 수 있다.

5. 이렇게 보면 〈데스 스트랜딩〉을 '워킹 시뮬레이터'로 설명하는 것은 남성적이고 군사 지향적인 FPS라는 '오소독스Orthodox'한 게임의 패러다임을 뒤집고, 여성이나 퀴어 플레이어라는 아이덴티티를 중심에 두게 되기도 한다. 딘 보우먼Dean Bowman은 워킹 시뮬레이터가 지닌 이 힘을 '친근한 것으로 만드는Domesticate' 능력이라 불렀다(Bowman, 2019).

색인

[ㅇ]

336

참고 문헌

※ 웹사이트는 원서 간행 시의 정보를 기초로 하고 있으며, 내용이 변경되었을 가능성이 있습니다.

Aarseth, Espen. 1997. Cybertext: Perspectives on Ergodic Literature. Baltimore: The Johns Hopkins University Press.

Aarseth, Espen. 2001. "Allegories of Space: The Question of Spatiality in Computer Games." In Cybertext Yearbook, edited by Markku Eskelinen and Raine Koskimaa, 152-71. University of Jyväskyla: Research Centre for Contemporary Culture.

Anderson, Benedict. 1983. Imagined Communities: Reflections on the Origins and Spread of Nationalism. New York: Verso.

Anno, Hideaki. 1988-89. Gunbuster. Tokyo: Gainax.

Another World. 1991. Delphine Software. Video Game.

A Plague Tale: Innocence. 2019. Asobo Studio. Video Game.

Ash, James. 2015. The Interface Envelope: Gaming, Technology, Power. New York: Bloomsbury.

Ashcraft, Brian. 2015. "Konami's Official Word on Hideo Kojima." Kotaku, March 26. https://kotaku.com/konamis-official-word-on-hideo-kojima-1693789490.

Assassin's Creed. 2007. Ubisoft. Video Game.

Barlev, Nave. 2021. "Don't Leave Me Alone Here: Introducing the 'LudoRapport Model for Player-Companion Interaction' in Video Games." Transcommunication 8.1: 1-25.

Barnett, Brian. 2020. "Geoff Keighley Talks About His Friendship With Hideo Kojima-IGN Unfiltered." IGN, August 27. https://www.ign.com/articles/geoff-keighley-talks-about-his-friendship-with-hideo-kojima-ign-unfiltered.

Bateman, John A. and Karl-Heinrich Schmidt. 2012. Multimodal Film Analysis: How Films Mean. New York: Routledge.

Bell, Elizabeth. 2008. Theories of Performance. Thousand Oaks, CA: Sage Publishing.

Blaustein, Jeremy. 2019. "The Bizarre, True Story of Metal Gear Solid's English Translation." Polygon, July 18. https://www.polygon.com/2019/7/18/20696081/metal-gear-solid-translation-japanese-english-jeremy-blaustein.

Bogost, Ian. 2004. "Asynchronous Multiplay: Futures for Casual Multiplayer Experience." Paper presented at Other Players, Copenhagen, Denmark, December 6-8. http://bogost. com/downloads/i.%20bogost%20%2Oasynchronous%20multiplay. pdf.

Bogost, Ian. 2007. Persuasive Games: The Expressive Power of Videogames. Cambridge, MA: MIT Press.

Boktai: The Sun is in Your Hand. 2003. Konami. Video Game.

Bolter, Jay David and Richard Grusin. 1999. Remediation: Understanding New Media. Cambridge, MA: MIT Press.

Boluk, Stephanie and Patrick LeMieux. 2017. Metagaming: Playing, Competing, Spectating, Cheating, Trading, Making, and Breaking Videogames. Minneapolis: University of Minnesota Press.

Boudreau, Kelly and Mia Consalvo. 2016. "The Sociality of Asynchronous Gameplay: Sor Network Games, Dead-Time, and Family Bonding." In Social, Casual, and Mobile Game, New York: Bloomsbury. The Changing Gaming Landscape, edited by Michele Willson and Tama Leaver, 77-88

Bowman, Dean. 2019. "Domesticating the First-Person Shooter: The Emergent Challenge of Gone Home's Homely Chronotope." Press Start 5.2: 150-75.

Bramwell, Tom. 2004. "Hideo Kojima Discusses the Development of Metal Gear Solid 3: Eurogamer, April 14. https://www.eurogamer.net/articles/news140404mgs3.

Brooker, Peter. 1994. "Key Words in Bertolt Brecht's Theory and Practice of Theatre." In The Cambridge Companion to Bretcht, edited by Peter Thomson and Glendyr Sacks 185-200. Cambridge: Cambridge University Press.

Brooker Will. 2009. "Camera-Eve, CG-Eye: Videogames and the 'Cinematic'." Cinema Journal 48, Spring: 122-8.

Brusseaux, Denis, Nicolas Courier, and Mehdi El Kanafi. 2018. Metal Gear Solid: Hideo Kojima's Magnum Opus. Toulouse: Third Editions.

Bullard, Benjamin. 2020. "This Awesome Dad Made A Real-Life Death Stranding 'Baby Jar Pod And Suit For Quarantine Life." SyFyWire, March 27. https://www.syfy.com/syfywire/death-stranding-inspired-baby-jar-pod.

Burch, Ashly and Anthony Burch. 2015. Metal Gear Solid. Los Angeles: Boss Fight Books.

Cameron, James. 1984. The Terminator. Los Angeles, CA: Orion Pictures.

Campbell, Colin. 2006. "Japan Votes on All Time Top 100." Next Generation, March 3. Accessed via Internet Archive. https://web.archive.org/web/20120223200621/http://www.edge-online.com/features/japan-votes-all-time-top-100.

Carpenter, John. 1981. Escape from New York. Film. Los Angeles, CA: Avco Embassy Pictures.

Carter, Marcus, Martin Gibbs, and Mitchell Harrop. 2012. "Metagames, Paragames and Orthogames: A New Vocabulary." In FDG'12: Proceedings of the International Conference on the Foundations of Digital Games, edited by Magy Seif El-Nasr, Mia Consalvo, Steven Feiner. Raleigh, NC, May.

Chami, Tarak. 2016. A Hideo Kojima Book: From Mother Base with Love. Self-published Chan, Khee Hoon. 2020. "The Cult of Hideo Kojima." Eurogamer, February 26. https://www.eurogamer.net/articles/2019-12-09-hideo-kojima-on-tour.

Chaplin, Charlie. 1936. Modern Times. Los Angeles, CA: United Artists.

Chen, Adrian. 2020. "Hideo Kojima's Strange, Unforgettable Worlds." The New York Times, March 3. https://www.nytimes.com/2020/03/03/magazine/hideo-kojima-death-stranding-video-game.html.

Clements, Jonathan. 2013. Anime: A History. London: BFI Press.

Cohen, David. 2008. Screenplays. New York: Harper Collins.

Comolli, Jean-Louis and Jean Narboni. 1990. "Cinema/Ideology/Criticism (October 1969)." In Cahiers du Cinema, 1969-1972: The Politics of Representation, edited by Nick Browne, 58-67. London: Routledge.

Condry, Ian. 2009. "Anime Creativity: Characters and Premises in the Quest for Cool Japan." Theory Culture Society 26: 139-63.

Consalvo, Mia. 2009. "There is No Magic Circle." Games and Culture 4.4: 408-17.

Conway, Steven. 2010. "A Circular Wall? Reformulating the Fourth Wall for Videogames." Journal of Gaming and Virtual Worlds 2.2: 145-55.

Csikszentmihalyi, Mihaly. 1990. Flow: The Psychology of Optimal Experience. New York: Harper Colins.

Daliot-Bul, Michal. 2014. License to Play: The Ludic in Japanese Culture. Honolulu, HI:University of Hawaii Press.

Dark Souls. 2011, From Software. Video Game.

Death Stranding. 2019. Kojima Productions Video Game. deWinter, Jennifer. 2015. Shigeru Miyamoto. New York: Bloomsbury. deWinter, Jennifer. 2019. "Authorship." In How to Play Video Games, edited by Matthew Thomas Payne and Nina B. Huntemann, 177-84. New York: NYU Press.

Domsch, Sebastian. 2013. Storyplaying: Agency and Narrative in Video Games. Berlin: de Gruyter.

Doi, Takeo. 1962. "Amae: A Key Concept for Understanding Japanese Personality Structure." Psychologia 5: 1-7.

Doi, Takeo. 1973. The Anatomy of Dependence. New York: Kodansha International.

Donkey Kong. 1981. Nintendo. Video Game.』

Dorimaga. 2003. "Hiroi Oji x Kojima Hideo: Totteoki no Hatsutaidan" [Hiroi Oji x Kojima Hideo: The first meeting you have been waiting for]. Dorimaga 12, June 27: 33-8.

Dring, Christopher. 2021. "Death Stranding has Sold 5 Million Copies on PS4 and PC." gamesindustry.biz, July 26. https://www.gamesindustry.biz/articles/2021-07-23-death-stranding-has-sold-five-million-copies-on-ps4-and-pc.

Dulin, Ron. 1995. "Sega CD: Snatcher." VideoGames, January: 69.

Duncan, Margaret. 1988. "Play Discourse and the Rhetorical Turn: A Semiological Analysis of Homo Ludens." Play and Culture 1: 28-42.

Dyer-Witheford, Nick and Greig de Peter. 2009. Games of Empire: Global Capitalism and Video Games. Minneapolis: University of Minnesota Press.

Edge. 2004. "Kojima Versus the Big Robots." EDGE Magazine 136, April: 68-74.

Edge Staff. 2015. "The Codec is Metal Gear Solid's Most Important Item." Games Radar, July 27. Accessed August 23, 2020. https://www.gamesradar.com/codec-metal-gear-solids-most-important-item/.

EGM Staff. 1995. "Special Feature: Snatcher." Electronic Gaming Monthly, January: 174-6.

EGM Staff. 2003. "Electronic Gaming Monthly's 100 Best Games of All Time." Electronic Gaming Monthly, June 11. Accessed via Internet Archive. https://web.archive.org/web/20030611191341/http://gamers.com/feature/egmtop100/index.jsp.

Eisenmann, Viktor. 2014. "P.T. (Silent Hills Teaser) Game Analysis." Game Developer, September 18. https://www.gamedeveloper.com/design/p-t-silent-hills-teaser-game-analysis.

Fagerholt, Erik and Magnus Lorentzon. 2009. "Beyond the HUD: User Interfaces for Increased Player Immersion in FPS Games." MA Thesis. Goteborg, Sweden: Chalmers University of Technology. https://publications.lib.chalmers.se/records/fultext/111921.pdf.

Famitsu Staff. 1999. "Metal Gear: Ghost Babel." Weekly Famitsu Magazine 572, December:226-9.

Famitsu Staff. 2014. "PS4 Creator Interview: 'Gêmu no mirai wa tanoshii' to kanjite hoshii! Metal Gear Solid V: Ground Zeroes/Phantom Pain (KONAMI) Kojima Hideo intaabya" [PS4 Creator Interview: I want people to feel: "The Future of Games is Fun!" Metal Gear Solid V: Ground Zeroes/ Phantom Pain (KONAMI) Kojima Hideo Interview], February 13.https://www.famitsu.com/news/201402/13047011.html.

Fernández-Vara, Clara. 2008. "Shaping Player Experience in Adventure Games: History of the Adventure Game Interface." In Extending Experience: Structure, Analysis, and Design of Computer Game Experience, edited by Olli Leino, Hanna Wirman, and Amyris Fernandez, 210-27. Rovaniemi, Finland: Lapland University Press.

Finney, Jack. 1956. The Body Snatchers. New York: Dell Books.

Flanagan, Mary. 2009. Critical Play: Radical Game Design. Cambridge, MA: MIT Press.

Fontaine, Andie Sophia. 2019. "Hideo Kojima's Death Stranding Is Totally Set In Iceland." The Reykjavik Grapevine, November 19. https://grapevine.is/news/2019/11/19/hideo-kojimas-death-stranding-is-totally-set-in-iceland/.

Frank, Adam. 2020. "Playing 'Death Stranding,' Even in Isolation, You're Not Alone." NPR, May 14. https://www.npr.org/2020/05/14/855475333/playing-death-stranding-even-in-isolation-youre-not-alone.

Frasca, Gonzalo. 2003. "Simulation Versus Narrative: Introduction to Ludology." In The Video Game Theory Reader, edited by Mark J. P. Wolf and Bernard Perron, 221-37.

London: Routledge.

Freybe, Konstantin, Florian Ramisch, and Tracy Hoffman. 2019. "With Small Steps to the Big Picture: A Method and Tool Negotiation Workflow." 4th Digital Humanities in the Nordic Countries Conference. University of Copenhagen, March.

Fukasaku, Kinji. 1973. Jingi Naki Tatakai [Battles Without Honor or Humanity]. Tokyo: Toei Studios.

Fukuyama, Koji. 2019. "Death Stranding Review." IGN, November 1. https://jp.ign.com/death-stranding/39469/review/death-stranding.

Fuqua, Antoine. 1998. The Replacement Killers, Film. Culver City, CA: Sony Pictures.

Galloway, Alexander. 2004. "Social Realism in Gaming." Game Studies 4.1. http://www.gamestudies.org/0401/galloway/.

Galloway, Alexander. 2006. Gaming: Essays on Algorithmic Culture. Minneapolis:University of Minnesota Press.

GameFan. 1996. "Viewpoint." GameFan, April: 12-13.

Gamefest. 2012. "A Conversation with Video Game Designer Hideo Kojima." Smithsonian American Art Museum, March 17. Accessed February 12, 2019. https://

americanart. si.edu/videos/gamefest-conversation-video-game-designer-hideo-kojima-154170.

Game Hihy. 1996. "Dezain suru geemu tachi" [The Games that Design]. Game Hihyô [Game Criticism], October:54-84.

GameSpy. 2003. "25 Most Overrated Games of All Time." GameSpy, September 3. Accessed via Internet Archive. https://web.archive.org/ web/20040818131303/http:// archive. gamespy.com/articles/september03/25overrated/index25.shtml.

Garfield, Richard. 2000. "Metagames." Gamasutra, May 11. Accessed via Internet Archive. https://web.archive.org/web/200802227154137/https://www.gamasutra.com/ features/ gdcarchive/2000/garfield.doc.

Garatt, Patrick. 2007. "MGS4 is for the Fans, Says Kojima." VG247, June 4, https://www. vg247.com/mgs4-is-for-the-fans-says-kojima.

Gates, James. 2018. "An Introduction to Hideo Kojima," Culture Trip, June 30. https:// theculturetrip.com/asia/japan/articles/an-introduction-to-hideo-kojima/.

Gault, Matthew. 2019. "We're Not Thinking About Others! What Hideo Kojima Wants You to Learn From Death Stranding." Time, November 8. https://time.com/5722226/ hideo-kojima-death-stranding/.

Gee, James Paul. 2009. "Playing Metal Gear Solid 4 Well: Being a Good Snake," In Well Played 1.0: Video Games, Value, and Meaning, edited by Drew Davidson, 117-23. Pittsburgh, PA: ETC Press.

Gekkan PC Engine. 1993. "K-Kiss Returns: 3rd Stage." Gekkan PC Engine, May: 124-5.

Genette, Gerard. 1997. Paratexts: Thresholds of Interpretation, trans. Jane E. Lewin.

Cambridge: Cambridge University Press.

Gerow, Aaron. 2007. Kitano Takeshi. London: British Film Institute.

Giappone, Krista Bonello Rutter. 2015. "Self-Reflexivity and Humor in Adventure Games." Game Studies 15.1. http://gamestudies.org/1501/articles/bonellok.

Gifford, Kevin. 2009. "Kojima Reflects on Snatcher, Adventure Games." lup .com, November 4. Accessed via Internet Archive. https://web.archive.org/web/ 20121022181649/http://www.lup.com/news/kojima-reflects-snatcher-adventure-games.

Glennon, Jen. 2019. "Death Stranding' is the Anti-Uncharted, for Better or Worse." Inverse, November 9. https://www.inverse.com/article/60782-death-stranding-review-uncharted-walking-simulator.

Glennon, Jen. 2020. "Death Stranding' is the Anti-Uncharted, for Better and Worse." Inverse, November 9. https://www.inverse.com/article/60782-death-stranding-review-uncharted-walking-simulator.

Goldberg, Harold. 2019. "A Video Game Auteur's Quest for Connection." Vulture, November 27. https://www.vulture.com/2019/11/hideo-kojima-death-stranding.html.

Golden Joystick. 2015. A Hideo Kojima Book: The Ultimate Guide to Metal Gear Solid. Bath: Future Publishing Ltd.

Gray, Jonathan. 2010. Show Sold Separately: Promos, Spoilers, and Other Media Paratexts. Cambridge, MA: MIT Press.

Greely, Henry. 1993. The Code of Codes: Scientific and Social Issues in the Human

Genome Project. Cambridge, MA: Harvard University Press.

Green, Amy. 2017. Posttraumatic Stress Disorder, Trauma, and History in Metal Gear Solid V. New York: Palgrave Macmillan.

Greenbaum, Aaron. 2021. "Why The Breakup Between Konami and Kojima Was Worse Than You Thought." Looper, January 28. https://www.looper.com/322205/why-the-breakup-between-konami-and-kojima-was-worse-than-you-thought/.

Hades. 2020. Supergiant Games. Video Game.

Hanson, Kyle. 2019. "Death Stranding Review." Attack of the Fanboy, November 1. https:// attackofthefanboy.com/reviews/death-stranding-review/

Harris, John. 2007. "Game Design Essentials: 20 Open World Games." Gamasutra, September 26. https://www.gamasutra.com/view/feature/1902/gamedesign essentials20open.php.

Hartzheim, Bryan Hikari. 2016. "The Auteur Theory." The Routledge Encyclopedia of Modernism. September 6. https://www.rem.routledge.com/ articles/auteur-theory-the.

Hartzheim. Brvan Hikari. 2017 «Solid Snake." In 100 Greatest Video Game Characters, edited by Jaime Banks, Robert Mejia, and Aubrie Adams. New York: Rowman and Littlefield, 180-2.

Hawkins. Matthew. 2011. "Kojima Loves to Joke Around, but Deadly Serious about Disdain for NES Metal Gear» GameSetWatch. June 13. http://www.gamesetwatch. com/2011/06/ kojima loves to joke aroundbut deadlyserious about disdain for nes metal gear. php#more.

Hernandez, Patricia 2016. "Kolima's New Game. Death Stranding, Already Has Conspiracy Theories." Kotaku, June 14. https://kotaku.com/people-are-trying-to-decipher-the-trailer-for-hideo-koj-1781954066.

Higgin, Tanner. 2010. 'Turn the Game Console off Right Now!: War, Subjectivity, and Control in Metal Gear Solid 2." In Joystick Soldiers: The Politics of Play in Military Video Games, edited by Nina B. Huntemann and Matt Thomas Payne, 252-71. New York: Routledge.

Hitman. 2000. IO Interactive. Video Game.

Hocking, Clint. 2007. "Ludonarrative Dissonance in Bioshock: The Problem of What the Game is About." Click Nothing, October 7. https://clicknothing.typepad.com/click nothing/2007/10/ludonarrative-d.html.

Hodgson, David S. J. 1998. Metal Gear Solid: Official Mission Handbook. Tampa, FL: Millennium Publications.

Huizinga, Johan. 1949. Homo Ludens: A Study of the Play Element in Culture. London: Routledge.

Hussain, Tamoor. 2015. "Kojima Productions Has Disbanded, Says Metal Gear Solid Voice Actor." Gamespot, July 12. https://www.gamespot.com/articles/kojima-productions-has-disbanded-says-metal-gear-s/1100-6428811/.

Hutchinson, Rachael. 2019. Japanese Culture Through Videogames. London: Routledge.

Hutchinson, Rachael. 2019. "Fukasaku Kinji and Kojima Hideo Replay Hiroshima: Atomic Imagery and Cross-Media Memory." Japanese Studies 39.2: 169-89.

IGN Staff. 2022. "The Top 100 Games of All Time." IGN, January 1. https://www.ign.com/

articles/the-best-100-video-games-of-all-time.

Isbister, Karen. 2017. How Games Move Us: Emotion by Design. Cambridge, MA: MII Press.

Ishimaru, Keiji and Keita Nekoyanagi. 2004. "The Picture of Hideo Kojima." In Metal Gear Solid Naked, supervised by Hideo Kojima, edited by Kenji Yano, et al., 56-69. Tokyo:

Kadokawa Shoten.

Iti, Kay. 2001. "Hideo Kojima," Newsweek, December 30. https://www.newsweek.com/hideo-kojima-148239.

Itoh, Project. 2008. "MGS shiriizu he to uketsugareru Policenauts" [Policenauts, the Bridge to the MGS Series]. Policenauts SOne Books Re-Release Official Website. Accessed March 23, 2019. https://www.konami.com/mg/archive/other/psonebooks/policenauts/column01.html.

Iwamoto, Yoshiyuki. 2006. Japan on the Upswing: Why the Bubble Burst and Japan's Economic Renewal. New York: Algora.

Jarzyna, Carol Laurent. 2020. "Parasocial Interaction, the COVID-19 Quarantine, and Digital Age Media." Human Arenas 4. https://doi.org/10.1007/s42087-020-00156-0.

Jenkins, Henry. 2007. "Transmedia Storytelling 101." Aca-Fan, March 21. http://henryjenkins.org/blog/2007/03/transmediastorytelling101.html.

Johnson, Kenneth. 1976. The Bionic Woman, Television show. Universal City, CA: MCA TV.

Juul, Jesper. 2002. "The Open and the Closed: Games of Emergence and Games of Progression." In Computer Games and Digital Cultures Conference Proceedings, edited by FransMäyrä, 323-9. Tampere: Tampere University Press.

Juul, Jesper. 2011. "The Whereabouts of Play, or How the Magic Circle Helps Create Social Identities in Virtual Worlds." In Online Gaming in Contexts: The Social and Cultural Significance of Online Games, edited by Garry Crawford, Victoria Gosling, and Ben Light, 130-40. London: Routledge.

Kalata, Kurt. 2011. "Snatcher." Hardcore Gaming, May 8. http://www.hardcoregaming101. net/snatcher/.

Kato, Aniki. 2014a. "'Imasugu, MSX no dengen wo kire!' Konami no MSX gèmu densetsu 4" ['Turn Off Your MSX Now!" The Legend of Konami's MSX Games 4]. March 13. https://weekly.ascii.jp/elem/000/000/206/206388/.

Kato, Aniki. 2014b. "Snatcher no teki wa Metal Gear?!' Konami no MSX gêmu densetsu 5" ["Snatcher's Enemy is Metal Gear?!" The Legend of Konami's MSX Games 5). April 17.https://weekly.ascil.jp/elem/000/000/214/214490/.

Katsumata, Tomoharu. 1972. Mazinger Z, Television show. Nerima: Toei Animation.

Kent, Steven. 2005. "Hideo Kojima: Game Guru, Movie Maniac." Originally published by Gamespy, November 3. Archived by Metal Gear Solid net. Accessed December 12, 2018. http://www.metalgearsolid.net/features/hideo-kojima-game-guru-movie-maniac.

Kikuchi, Nepone. 2016. "How Should we Interpret the Story of MGSV? The Expert Speaks!" Famitsu, February 26. https://www.famitsu. com/news/201602/26099526.html.

Kikuchi, Nepone and Katsuhiko Hayashi. 2019. "Long-Distance Empathy: An Interview with Hideo Kojima About Death Stranding." Famitsu, November 2. https://www. famitsu.com/ news/201911/02185866.html.

King, Geoff and Tanya Krzywinska. 2006. Tomb Raiders and Space Invaders: Videogame Forms and Contexts. London: I.B. Tauris.

King's Quest. 1984. Sierra. Video Game.

Klinger, Barbara. 2003. "Cinema/Ideology/Criticism' Revisited: The Progressive Genre." In Film Genre Reader III, edited by Barry Keith Grant, 75-91. Austin: University of Texas Press.

Kocurek, Carly. 2015. Coin-Operated Americans: Rebooting Boyhood at the Video Game Arcade. Minneapolis: University of Minnesota Press.

Koepnick, Lutz. 2017. The Long Take:Art Cinema and the Wondrous. Minneapolis:

Kohler, Chris. 2005. Power-Up: How Japanese Video Games Gave the World an Extra Life, University of Minnesota Press. New York: Brady Games.

Kohler, Chris. 2008. "Metal Gear Solid 4: The Spoiler-Free Review." Wired, July 7. https:// www.wired.com/2008/07/mgs4-review/.

Kohler, Chris. 2016. "The Legendary Creator of Metal Gear Solid on His Weird New Game." Wired, June 22. https://www.wired.com/2016/06/hideo-kojima-death-stranding-

Kojima, Hideo. 1987. Metal Gear Design Doc. Unpublished. Archived by Metal Gear MSX. Accessed January 22, 2019, via. http://www.ne.jp/asahi/hzk/kommander/mglarc. html.

Kojima, Hideo. 1990. Metal Gear 2: Solid Snake Design Doc. Unpublished. Archived by Metal Gear MSX. Accessed January 25, 2019. http://www.ne.jp/asahi/hzk/kommander/ mg2arc.html.

Kojima, Hideo. 1993a. "Ima akasareru MSX hiwa 2: Waga seishun no MSX [MSX saigo no kishu]" [Inside Stories of the MSX Now Revealed 2: The MSX of My Youth Beep! Mega Drive, April: 69.

Kojima, Hideo. 1993b. "Ima akasareru MSX hiwa 3: Waga seishun no MSX [MSX saigo no kishu]" [Inside Stories of the MSX Now Revealed 3: The MSX of My Youth. Beep! Mega Drive, May: 81.

Kojima, Hideo. 1998a. World of the Metal Gear Solid. Tokyo: Konami Corporation/Sony Magazines Deluxe.

Kojima, Hideo. 1998b. Metal Gear Solid 2 Grand Game Plan Translation. Junker HQ. Accessed August 28, 2020. http://junkerhq.net/MGS2gameplan.pdf.

Kojima, Hideo. 2002. Tokyo: Konami Corporation/Sony Magazines Inc.

Kojima, Hideo. 2004. "Study of Video Game Modern Sciences at the Turn of the Century, Development Department 2 (from a 1989 Internal Memo 'Konami Paradigm')." In Metal Gear Solid Naked, supervised by Hideo Kojima, edited by Kenji Yano, et al., 64. Tokyo:

Kadokawa Shoten.

Kojima, Hideo. 2008. My Body is Composed of 70% Movies: The Films that Created Kojima

Hideo. Tokyo: Sony Magazines.

Kojima, Hideo. 2009. "Solid Game Design: Making the Impossible Possible." Keynote at Game Developers Conference (GDC) 2009 presented at San Francisco, CA, March.

Kojima, Hideo. 2017. "Hideo Kojima on War, Video Games and 'Death Stranding'." Glixel, August 23. http://www.rollingstone.com/glixel/features/kojima-death-stranding-aims-t0-be-a-new-sort-of-game-of-war-w499148.

Kojima, Hideo. 2019. "What I'm Editing now is the Launch Trailer. I'll be the Last One Until the Release. Normally Such Launch Trailer is Handled by Outsourcing CGI Studio Using the Movie Director to Make it Gorgeous with Full CGI or Live Action. I do by Myself as the Trailer is a Part of the Title." Twitter, October 3. https://twitter.com/HIDEOKOJIMA EN/status/179415576743161859.

Kojima, Hideo. 2020. "Bokura no taiyo.' Keitai geemuki desae okunai de asobu jidai. Touji wa sumaho mo GPS mo nakatta. Geemu wa subete puroguramu no ryousan copii nanode, yuuzaa wa onaji naiyou wo asobu. Soko ni yuuzaa tokuyuu no youso wo iretakatta. Sumukuni, chiiki, kisetsu, asobubasho, jikantai, shisetsu. Sore ni yotte, nichijou seikatsu ni micchakku shita asobi ga umareru" ["Boktai." An era where cell phone games are olayed indoors. At the time, there were no smartphones or GPS devices. Games were all mass-produced copies, so all players played the same content. It was here that I wanted to insert components unique to the player. Where they lived, their regions, seasons, play spaces, time zones, facilities. Based on this, a play would emerge that adheres to their daily lives]. Twitter, July 17. https://twitter.com/KojimaHideo/status/1283903424661053440.

"Kojima Hideo." 2000. In Game Maestro Vol. 2: Producers/Directors, edited by Shida Hidekuni, 56-79. Tokyo: Mainichi Communications.

Kolata, Gina. 2013. "Human Genome, Then and Now." The New York Times, April 15. https://www.nytimes.com/2013/04/16/science/the-human-genome-project-then-and-now.html.

Kollar, Phil. 2010. "Metal Gear Solid: Peace Walker Inspired by Pokémon, SimCity." GameInformer, June 3. https://www.gameinformer.com/b/news/archive/2010/06/03/metal-gear-solid-peace-walker-inspired-by-pokemon-simcity.aspx.

Konami. 1989. Liner Notes for Snatcher (Radio Play), by Konami KuKeiHa Club. King Records 276A-7713. Archived at Junker HQ. Accessed March 22, 2019. http://junkerhq.net/Snatcher/SRP/linernotes.html.

Konami. 1991. Liner Notes for Metal Gear 2: Solid Snake Original Soundtrack, by Konami KuKeiHa Club. King Records KICA-7501.

Konami. 1992. Liner Notes for The Syber Punk Adventure Snatcher: Zoom Tracks, by Konami KuKeiHa Club. King Records KICA-7610. Archived at Junker HQ. Accessed March 22, 2019. http://junkerhq.net/Snatcher/SZT/linernotes.html.

Konami. 1998. Metal Gear Solid CLASSIFIED. Tokyo: Konami Media Entertainment.

Konami. 2000. Metal Gear: Ghost Babel Konami Perfect Guide. Tokyo: Konami Media Entertainment.

Konami. 2005a. Metal Gear Solid 3 Snake Eater: SHEDDING. Tokyo: Konami Media Entertainment.

Konami. 2005b. Metal Gear Solid 3 Tokyo: Konami Media Entertainment.

Konami. 2008. "Policenauts, the Place Where Many Staff Met." Policenauts PSOne Books

Re-Release Official Website. Accessed March 28, 2019. https://www.konami.com/mg/archive/other/psonebooks/policenauts/interviewol.html.

Konami CP Department, ed. 1996a. Policenauts Sega Saturn Konami Official Guide. Tokyo: NIT Publishing.

Konami CP Department, ed. 1996b. Policenauts Sega Saturn Konami Official Pertect Guide, Tokyo: NTT Publishing.

Konami Look. 2000. Autumn. Tokyo: Konami Media Entertainment.

Konami Europe. 2003. The Making of Metal Gear Solid 2: Sons of Liberty, France: Fun TV.

Kondo, Naoji. 2001. Hikikomori kêsu no kazoku enjo [Family support for hikikomori]. Tokyo:Kongou Shuppan

Kress, Gunther. 2010. Multimodality: A Social Semiotic Approach to Contemporary Communication. Abingdon: Routledge.

Krichane, Selim. 2020. "Hideo Kojima as 'Author' in the West: Towards a Historical and Discursive Analysis of Video Game Authorship." Replaying Japan 2020 Conference, August 11.

Lebline, P. David, Marc S. Blank, and Timothy A. Anderson. 1979. "Zork: A Computerized Fantasy Simulation Game." Computer 12.4: 51-9.

Liebe, Michael. 2008. "There is No Magic Circle. On the Difference Between Computer Games and Traditional Games." In Conference Proceedings of the Philosophy of Computer Games 2008, edited by Stephan Gunzel, Michael Liebe, and Dieter Mersch, 56-67. University of Potsdam, May.

Linneman, John. 2017. "Metal Gear Solid 2 was the Game That Changed Everything for PS2." Eurogamer, April 23. https://www.eurogamer.net/articles/digitalfoundry-2017-metal-gear-solid-2-df-retro.

Lynch, David. 1984. Dune, Film. Universal City, CA: Universal Pictures.

Makuch, Eddie. 2021. "Kojima Productions Opens a Film and TV Business." Gamespot, November 22. https://www.gamespot.com/articles/kojima-productions-opens-a-film-and-tv-business/1100-6498243/.

Mallory, Jordan. 2012. "The Phantom Pain Speculation Round-Up: Metal Gear?!" Engadget, December 9. https://www.engadget.com/2012-12-08-the-phantom-pain-speculation-round-up-metal-gear.html.

Maniac Mansion. 1987. LucasFilm Games. Video Game.

Martin, Craig. 2014. "Reinterpreting Article Nine Endangers Japan's Rule of Law." Japan Times, June 27. https://www.japantimes.co.jp/opinion/2014/06/27/commentary/ japan-commentary/reinterpreting-article-9-endangers-japans-rule-of-law/ Mashita, Akira. 1992. "Inside Snatcher." In Snatcher Official Guidebook (Gekkan PC Engine Special Edition), 100-11. Tokyo: Shogakukan.

McCarthy, Dave. 2008. "Metal Gear Solid 4: Guns of the Patriots UK Review." IGN, May 30. https://www.ign.com/articles/2008/05/30/metal-gear-solid-4-guns-of-the-patriots-uk-review.

McTiernan, John. 1988. Die Hard. Film. Century City, CA: 20th Century Fox.

McWhertor, Michael. 2022. "Hideo Kojima is Working on a New Xbox Game." Polygon, June 12. https://www.polygon.com/23164776/hideo-kojima-productions-xbox-game.

Mendoza, Kelly. 2009. "Surveying Parental Mediation: Connections, Challenges, and Questions for Media Literacy." Journal of Media Literacy Education 1: 28-41.

Metal Gear. 1987. Konami. Video Game.

Metal Gear 2: Solid Snake. 1990. Konami. Video Game. Metal Gear: Ghost Babel. 2000. Konami. Video Game.

Metal Gear Solid. 1998. Konami. Video Game.

Metal Gear Solid 2: Sons of Liberty. 2001. Konami. Video Game. Metal Gear Solid 3: Snake Eater, 2004. Konami. Video Game.

Metal Gear Solid: Portable Ops. 2006. Konami. Video Game.

Metal Gear Solid 4: Guns of the Patriots. 2008. Konami. Video Game.

Metal Gear Solid: Peace Walker. 2010. Konami. Video Game.

Metal Gear Solid V: Ground Zeroes. 2014.Konami. Video Game.

Metal Gear Solid V: The Phantom Pain. 2015. Konami. Video Game.

Military Wiki. 2014. "Close Quarters Combat." Wiki Article, November. Accessed December 5, 2020. https://military.wikia.org/wiki/Closequarterscombat.

Molina, Brett. 2015. "Ex-Konami Designer Kojima Signs with Sony." USA Today, December 16. https://www.usatoday.com/story/tech/gaming/2015/12/16/ex-konami-designer-kojima-signs-deal-sony/77422464/.

Monster Hunter. 2004. Capcom. Video Game.

Montfort, Nick and Ian Bogost. 2009. Racing the Beam: The Atari Video Computer System. Cambridge, MA: MIT Press.

Moore, Keita. 2017. "The Game's the Thing: A Cultural Studies Approach to War Memory, Gender, and Politics in Japanese Videogames." University of Hawaii, Manoa, MA thesis.

Morioka, Daichi. 2019. "Kojima Hideo-shi ga idomu shingata gêmu 'Death Stranding' no shousan" The chance of success for Hideo Kojima's new game challenge, "Death Stranding"]. Nikkei XTrend, October 17. https://xtrend.nikkei.com/atcl/contents/18/00205/00004/3P=2.

Morton, Drew. 2016. Panel to the Screen: Style, American Film, and Comic Books During the Blockbuster Era. Jackson: University Press of Mississippi.

Ms. Pac-Man. 1981. Midway. Video Game.

MSX Fan. 1990. "Fan Attack: Solid Snake." MSX Fan, September: 10-19.

MSX Fan. 1995. "The Messages of Farewell: Bokutachi no MSX" (Our MSX). MSX Fan, August: 4-9.

MSX Magazine. 1987. "MSX Soft Top 20." MSX Magazine, October: 83.

MSX Magazine. 1989. "Snatcher: Cybâpankku no sekai nano desu" (Snatcher: It's a Cyberpunk World). MSX Magazine, March: 26-7.

MSX Magazine. 1990. "Interview: Konami's Development Division." MSX Magazine, August: 44-7.

MSX Magazine. 2003. "Kojima Hideo Interview." In MSX Magazine Eikydhozonban 3 [MSX Magazine Permanent Preservation Edition 31, 152-5. Tokyo: ASCI. 1998. Gekkan Famitsu Bros. October 1998: Metal Gear Solid. Tokyo: ASCII.

Murray, Soraya. 2018. "Landscapes of Empire in Metal Gear Solid V: The Phantom Pain." Critical Inquiry 45.1: 168-98.

Murray, Soraya. 2019. "The Last of Us: Masculinity." In How to Play Video Games, edited by Matthew Thomas Payne and Nina Huntemann, 101-9. New York: NYU Press.

Nakamura, Takumi. 2020. "Death Stranding' wa shingata koronaka no sekai wo yogen shiteita? Ima koso 'Desusuto' wo purei subeki riyû " [Did "Death Stranding" prediet the world under coronavirus? The reason why you should play "DS" now]. Real Sound, April 18. https://realsound.jp/tech/2020/04/post-540637.html.

Nakazawa, Shinichi. 2015. "The Game Freaks Who Play with Bugs-In Praise of the Game Xevious." Translated by Jérémie Pelletier-Gagnon and Tsugumi Okabe. Kinephanos 5.1:175-201.

Newman, James. 2004. Videogames. London: Routledge.

Newman, James. 2008. Playing with Videogames. London: Routledge.

Niizumi, Henry, 2009. "Kojima Talks Peace Walker." Gamespot, September 25. http://tgs.gamespot.com/story/6230488/kojima-talks-peace-walker.

Nikkan SPA! 2013. "'Metal Gear' no AI wa Geinin wo mezashiteiru (Geemu kurieitâ Korekado Yuji)" ["Metal Gear" AI is aiming for comedy (Game creator Yuji Korekado)]. Nikkan SPA!, May 19.https://nikkan-spa.jp/412710.

Noon, Derek and Nick Dyer-Witheford. 2010. "Sneaking Mission: Late Imperial America and Metal Gear Solid." In Utopic Dreams and Apocalyptic Fantasies: Critical Approaches to Researching Video Game Play, edited by J. Talmadge Wright, David G. Embrick, and András Lukács, 73-95. Lanham, MD and Plymouth: Lexington Books.

O'Donnell, Casey. 2014. Developer's Dilemma: The Secret World of Video Game Creators. Cambridge, MA: MIT Press.

Ogilvie, Tristan. 2019. "Death Stranding Review." IGN, November 1. https://www.ign.com/ articles/2019/11/01/death-stranding-review.

Okamoto, Daisuke. 2020. "Nihon ni homono no kurieitaa wa irunoka? Kojima Hideo kantoku ga 'sakkasei' ni kodawaru riyu" [Is there a true creator in Japan? The reason why director Kojima Hideo is insistent over "authorship"]. Livedoor, May 29. https://news. livedoor.com/article/detail/183329361.

Onoue, Koji. 2016. "Kojima Hideo to sanman-ji taidan: Ima dakara kataritsukusu, boku to hon" [A 3000-word Talk with Kojima Hideo: Books and Me, What I Can Talk About Now] Shimirubon,November 30.https://shimirubon.jp/columns/1675611.

Otsuka, Eiji. 2010. "World and Variation: The Reproduction and Consumption of Narrative" Translated by Marc Steinberg. Mechademia Fanthropologies 5: 99-116.

Paquet, Alexandre. 2021. "Delivering Packages in Apocalyptic Times: Utopia and Collectives in Death Stranding." Replaying Japan 3: 77-86.

Parish, Jeremy. 2013. "Making Bad Hardware Design Fun: Remembering Boktai." USGamer, August 15. https://www.usgamer.net/articles/making-bad-hardware-design-fun-remembering-boktai.

Parkin, Simon. 2012. "Hideo Kojima: Video Game Drop-Out Interview."The Guardian, May 23. https://www.theguardian.com/technology/gamesblog/2012/may/23/hideo-kojima-interview-part-1.

Parkin, Simon. 2015. "Hideo Kojima's Mission Unlocked." The New Yorker, December

17. https://www.newyorker.com/tech/annals-of-technology/hideo-kojimas-mission-unlocked.

Parkin, Simon. 2022. ''I Want to Keep Being the First': Hideo Kojima on Seven Years as an Independent Game Developer." The Guardian, October 26. https://www.theguardian. com/games/2022/oct/26/i-want-to-keep-being-the-frst-hideo-kojima-on-seven-years-as-an-independent-game-developer.

Patterson, Mollie L. 2019. "Death Stranding Review." EGM, November 1. https://egmnow. com/death-stranding-review/

PCGamer Staff. 2020. "Game of the Year 2020: Death Stranding." PCGamer, December 31. https://www.pcgamer.com/game-of-the-year-2020-death-stranding/

Penguin Adventure. 1986. Konami. Video game.

Phelps, Andrew. 2020. "Gaming Fosters Social Connection at a Time of Physical Distance." The Conversation, April 14. https://theconversation.com/gaming-fosters-social-connection-at-a-time-of-physical-distance-135809.

Phillips, Tom. 2019. "Kojima Mulls Death Stranding Genre, Says it's Something "Totally Brand New'." Eurogamer, June 5. https://www.eurogamer.net/articles/2019-06-05-kojima-mulls-death-stranding-genre-says-its-something-totally-new.

Phoenix Wright: Ace Attorney. 2001. Capcom. Video Game.

Policenauts. 1987. Konami. Video game.

Portopia Renzoku Satsujin Jiken [The Portopia Serial Murder Case]. 1981. Enix/Chunsoft. Video Game.

Powell, Steffan. 2019. "Death Stranding: Hideo Kojima Explains his New Game." BBC, November 4. https://www.bbc.com/news/newsbeat-50172917.

Professor Layton and the Curious Village. 2007. Level-5. Video Game.

Rasmussen, Eric E. 2014. "Proactive vs. Reactive Media Mediation: Effects of Mediation's Timing on Children's Reactions to Popular Cartoon Violence." Human Communication Research 40: 396-413.

Roberts, David. 2016. "Quiet Embodies Metal Gear's Complex Relationship with Women." Gamesradar, October 12. https://www.gamesradar.com/quiet-embodies-metal-gears-complex-relationship-women/.

Roth, Martin. 2017. Thought-Provoking Play: Political Philosophies in Science Fictional Videogame Spaces from Japan. Pittsburgh, PA: ETC Press.

Rouse, Richard. 2005. Game Design: Theory and Practice, 2nd edn. Plano, TX: Wordware.

Rox, Nick. 1994. "Snatcher: Review." GameFan, December: 46-7.

Ruh, Brian. 2013. Stray Dog of Anime: The Films of Mamoru Oshii. New York: Palgrave Macmillan.

Saito, Mutsushi, ed. 1996. Policenauts Official Visual Data Book. Tokyo: Tokyo: Kodansha.

Sakurai, Masahiro. 2004. "Metal Gear as a Game." In Metal Gear Solid Naked, supervised by Hideo Kojima, edited by Kenji Yano, et al., 106-9. Tokyo: Kadokawa Shoten.

Salen, Katie and Eric Zimmerman. 2003. Rules of Play: Game Design Fundamentals. Cambridge, MA: MIT Press. Salter, Anastasia. 2018. What is Your Quest? From

Adventure Games to Interactive Novels. Iowa City: University of Iowa Press.

Salter, Anastasia. 2018. Jane Jensen. New York: Bloomsbury.

Scharre, Paul. 2023. Four Battlegrounds: Power in the Age of Artificial Intelligence. New York: W. W. Norton & Co.

Schiesel, Seth. 2008. "Making a Game That Acts Like a Film." New York Times, July 5. https://www.nytimes.com/2008/07/05/arts/05meta.html.

Schnabel, Keith. 2020. "Every Way Death Stranding Predicted The Future, Explained." Screenrant, November 10. https://screenrant.com/death-stranding-pandemic-future-predictions-2020-virus-kojima/.

Schreier, Jason. 2015. "Metal Gear Solid V: The Phantom Pain: The Kotaku Review." Kotaku, September 4. https://kotaku.com/metal-gear-solid-v-the-phantom-pain-the-kotaku-review-1728728287.

Scott, Ridley. 1982. Blade Runner, Film. Burbank, CA: Warner Bros. Pictures.

Screenrobot. 2019. "Hideo Kojima-Video Gaming's First Auteur." Screenrobot, July 9. https://screenrobot.com/hideo-kojima-video-gamings-first-auteur/.

SD Snatcher. 1990. Konami. Video Game.

Sega Saturn Magazine. 1996. "The Saturn Version Became the Cutest After All." Sega

Saturn Magazine, September: 200-1.

Semenenko, Aleksei. 2004. "Quentin Tarantino's Milk Shake: On the Problem of Intertext and Genre." In Intertextuality and Intersemiosis, edited by Marina Grishakova, Markku Lehtimäki, 134-50. Tartu: Tartu University Press.

Sheridan, Connor. 2020. "Metal Gear Solid 5 Players on PS3 Finally Disarm All Their Nukes and Kojima Seems Pleased." Gamesradar, July 29. https://www.gamesradar. com/ metal-gear-solid-5-players-on-ps3-finally-disarm-all-their-nukes-and-kojima-seems-pleased/.

Shmuplations. "Ace Attorney: Justice For All—2002 Developer Interview." [from the GSLA]. http://shmuplations.com/justiceforall/.

Shmuplations. "Boktai - 2003 Developer Interview" originally featured in the April 2003 issue of Nintendo Dream]. Simulations. https://shmuplations.com/boktai/.

Shmuplations. "Zone of Enders: The 2nd Runner-2003 Developer Interview" Ifrom the Visual Works of Anubis. Shmuplations. http://shmuplations.com/zoneofenders/.

Sim City. 1989. Maxis. Video Game.

Simmons, Rachel. 2016. "How Social Media is a Toxic Mirror." Time, August 19. https:// time.com/4459153/social-media-body-image/.

Snake's Revenge. 1990.Konami. Video Game.

Snatcher. 1988. Konami. Video Game.

Snyder, Daniel. 2012. "How Hideo Kojima Became a Legendary Video Game Designer." The Atlantic, March 21. https://www.theatlantic.com/entertainment/archive/2012/03/how-hideo-kojima-became-a-legendary-video-game-designer/254831/.

Stamenkovic, Dusan, Milan Jasevic, and Janina Wildfeuer. 2017. "The Persuasive Aims of Metal Gear Solid: A Discourse Theoretical Approach to the Study of Argumentation in Video Games." Discourse, Context, and Media 15: 11-23.

Stang, Sarah. 2017. "Big Daddies and Broken Men: Father-Daughter Relationships in Video Games." Loading. The Journal of the Canadian Game Studies Association 10.16: 162-74.

Stanton, Rich. 2015a. "Metal Gear Solid: The First Modern Video Game." Eurogamer, August 12. https://www.eurogamer.net/articles/2015-08-12-metal-gear-solid-the-first-modern-video-game.

Stanton, Rich. 2015b. "Metal Gear Solid 3: From Russia with Love." Eurogamer, August 30. https://www.eurogamer.net/articles/2015-08-30-metal-gear-solid-3-from-russia-with-love.

Stanton, Rich. 2015c. "Metal Gear Solid 4: Rinse, Repeat, Resolve?" Eurogamer, November 15. https://www.eurogamer.net/articles/2015-11-15-metal-gear-solid-4-rinse-repeat-resolve.

Stanton, Rich. 2015d. "Metal Gear Solid V-How Kojima Productions is Blowing Apart the Open-World Video Game." The Guardian, June 11. https://www.theguardian.com/technology/2015/jun/11/metal-gear-solid-v-phantom-pain-kojima-preview.

Steinberg, Marc. 2015. "8-Bit Manga: Kadokawa's Madara, or, The Gameic Media Mix." Kinephanos 5.1: 40-52.

Stemmler, Claudius. 2019. "A Hideo Kojima Game': A Brief Overview of Stylistic Traits." In Media Res, August 5. http://mediacommons.org/imr/content/hideo-kojima-game-brief-overview-stylistic-traits;

Sturges, John. 1963. The Great Escape, Film. Beverley Hills, CA: United Artists.

Suellentrop, Chris. 2010. "Bioshock 2: The Rare Video-Game Sequel that Builds on the Original (And Not Just by Adding Better Guns)." Slate, February 23. https://slate.com/ technology/2010/02/bioshock-2-the-rare-video-game-sequel-that-builds-on-the-original-and-not-just-by-adding-better-guns.html.

Super Mario Bros. 1985. Nintendo. Video Game.

Svelch, Jaroslav. 2018. Gaming the Iron Curtain: How Teenagers and Amateurs in Communist Czechoslovakia Claimed the Medium of Computer Games. Cambridge, MA: MIT Press.

Taitai. 2013. "Ishii Jiro and Other Successful Creators Talk About Adventure Games." 4Gamer.net, November 9. https://www.4gamer.net/games/074/G007427/20131108107/

Taiyoung, Ryu. 2012. "Kojima, Hideo (1963-)." In Encyclopedia of Video Games: The Culture, Technology, and Art of Gaming, edited by Mark J. P. Wolf, 348-50. Santa Barbara, CA: Greenwood.

Takahashi, Dean. 2015. "How Pokémon Go Will Benefit from Niantic's Lessons from Ingress on Location-Based Game Design." GamesBeat, December 16. https://venturebeat. com/2015/12/16/how-niantic-will-marry-animated-characters-with-mobile-location-data-in-pokemon-go/.

Takei, Yohei. 2008. "All About Hideo Kojima: Director of the Hit Software Metal Gear Solid." Yomiuri Shimbun, June 11:8.

Tamagotchi. 1996. Bandai. Video Game.

Tamburro, Paul. 2016. "Let's Talk About THAT Quiet Scene in Metal Gear Solid." Crave, July 27. http://www.craveonline.com/culture/900837-lets-talk-quiet-scene-metal-gear solid-v.

Tati, Jacques. 1967. Playtime, Film. Paris: Specta Films.

Thearkhound. 2019. "Famitsu #403: Hideo Kojima Interview (Metal Gear Solid)." The Ark Hound, December 13. https://thearkhound.tumblr.com/post/189640385948/the-following-is-translation-of-an-interview-with.

The Games Machine. 1987. "Metal Gear." The Games Machine, December/ January 1987-88: 61.

The Last of Us. 2013. Naughty Dog. Video Game.

The Last of Us Part 11. 2020. Naughty Dog. Video Game.

The PlayStation. 1996. "Notes of Policenauts: Kojima Hideo Policenauts wo kataru" (Notes of Policenauts: Hideo Kojima talks about Policenauts). The PlayStation 21, February 9: 152-5.

Therrien, Carl. 2019. The Media Snatcher: PC/CORE/TURBO/GRAPHX/16/C DROM2 / SUPER/DUO/ARCADE/RX. Cambridge, MA: MIT Press.

Thompson, J. Lee. 1961. The Guns of Navarone, Film. Culver City, CA: Columbia Pictures.

Thorsten, Marie. 2012. Superhuman Japan: Knowledge, Nation, and Culture in US-Japan Relations. London: Routledge.

Tieryas, Peter. 2017. "Snatcher is Cyberpunk Noir at its Best." Kotaku, June 16. http://kotaku.com/snatcher-is-cyberpunk-noir-at-its-best-1795989020.

Tokimeki Memorial. 1994. Konami. Video Game.

Tom Clancy's Splinter Cel, 2002. Ubisoft. Video Game.

Tomino, Yoshiyuki. 1979. Mobile Suit Gundam, Television show. Tokyo: Sunrise.

Totilo, Stephen. 2009. "Hideo Kojima Talks Metal Gear Solid: Peace Walker And How You Can Help Him." Kotaku, September 25. https://kotaku.com/hideo-kojima-talks-metal-gear-solid-peace-walker-and-h-5367724.

Tschang, F. Ted, ed. 2007. "Balancing the Tensions Between Rationalization and Creativity in the Video Games Industry." Organization Science 18.6: 989-1005.

Vo, Alex. 2019. "Death Stranding Director Hideo Kojima's Five Favorite Films." Rotten Tomatoes, December 20. https://editorial.rottentomatoes.com/article/death-stranding director-hideo-kojimas-five-favorite-films.

Wardrip-Fruin, Noah. 2020. How Pac-Man Eats. Cambridge, MA: MIT Press.

Watts, Jonathan. 2002. "Public Health Experts Concerned about 'Hikikomori." Lancet 359.9312: 1131.

Weise, Matthew. 2009. "The Rules of Horror: Procedural Adaptation in Clock Tower, Resident Evil, and Dead Rising." In Horror Video Games. Essays on the Fusion of Fear and Play, edited by Bernard Perron, 238-66. Jefferson, NC: McFarland.

Welsh, Ori. 2008. "Metal Gear Solid 4: Guns of the Patriots Review." Eurogamer, May 30. https://www.eurogamer.net/articles/metal-gear-solid-4-guns-of-the-patriots-review.

Welsh, Timothy. 2020. "(Re)Mastering Dark Souls." Game Studies 20.4. http://gamestudies. org/2004/articles/welsh.

Westbrook, Logan. 2011. "Hideo Kojima Cleans Out Closet, Finds Metal Gear Treasures."The Escapist, January 21. http://www.escapistmagazine.com/news/

view/107149-Hideo-Kojima-Cleans-Out-Closet-Finds-Metal- Gear-Treasures#&gid-gallery 99&pid=7.

Willett, John. 1964. Brecht on Theatre: The Development of an Aesthetic. London: Methuen.

Wilson, Greg. 2006. "Of With Their HUDs!: Rethinking the Heads-Up Display in Console Game Design." Gamasutra, February 6. https://www.gamasutra.com/view/feature/130948/offwiththeirhudsrethinking.php.

Wilson, Jeffrey. 2012. "The 10 Most Influential Video Games of All Time: 7. Metal Gear Solid." PC Magazine, April 11. Accessed via Internet Archive. https://web.archive.org/ web/20120411203024/http://www.pcmag.com/slideshowviewer/0%2C3253%2C1%3D251652 %26a%3D251651%26po %3D4%2COO. asp?p=n.

Wohn, Donghee Yvette, Clif Lampe, Rick Wash, Nicole Ellison, and Jessica Vitak. 2011. "The 'S' in Social Network Games: Initiating, Maintaining, and Enhancing Relationships." In System Sciences (HICSS), 2011 44th Hawaii International Conference on, 1-10, IEEE.

Wolf, Mark J.P. 2012. Building Imaginary Worlds: The Theory and History of Subcreation. New York: Routledge.

Wolfe, Terry. 2018. The Kojima Code: 1987-2003. Victoria, CA: Tellwell.

Wolfe, Terry. 2019. "Going Astray in Death Stranding." Mr. Wolfe's Meta Gear, December 3. https://metagearsolid.org/2019/12/going-astray-in-death-stranding/#more-7185.

Xevious. 1982. Namco. Video Game.

Yamashita, Akira. 1988. Micon BASIC Magazine Super Soft Magazine Deluxe Vol. 10: Challenge! A.V.G & R.P.G. Tokyo: ASCII.

Yamashita, Akira. 1994. "Policenauts." Micon BASIC Magazine, August: 160-2.

Yarwood, Jack. 2021. "Creating the Iconic Soundtrack for Metal Gear Solid 2: Sons of Liberty." Game Developer, September 21. https://www.gamedeveloper.com/audio/creating-the-iconic-soundtrack-for-metal-gear-solid-2-sons-of-liberty.

Yokoi, Gumpei and Take Makino. 1997. Yokoi Gumpei Game-kan. Tokyo: ASCII.

코지마 히데오의 게임론
-〈메탈기어〉부터 〈데스 스트랜딩〉까지,
게임의 혁신성으로 세계를 열광시킨 크리에이터-

초판 1쇄 인쇄 2026년 4월 10일
초판 1쇄 발행 2026년 4월 15일

저자 : 브라이언 히카리 하츠하임
번역 : 문성호

펴낸이 : 이동섭
편집 : 송정환, 이민규
디자인 : 조세연
영업 · 마케팅 : 조정훈
e-BOOK : 홍인표, 김은혜, 정희철, 김미연, 황진영
라이츠 : 서찬웅
관리 : 이윤미

㈜에이케이커뮤니케이션즈
등록 1996년 7월 9일(제302-1996-00026호)
주소 : 08513 서울특별시 금천구 디지털로 178, B동 1805호
TEL : 02-702-7963~5 FAX : 0303-3440-2024
http://www.amusementkorea.co.kr

ISBN 979-11-274-2699-6 03690

Hideo Kojima: Progressive Game Design from Metal Gear to Death Stranding
Bryan Hikari Hartzheim
© Bryan Hikari Hartzheim, 2023.
This translation of Hideo Kojima: Progressive Game Design from Metal Gear to Death Stranding
is published by Bloomsbury Publishing Inc.

과학실험 이과 대사전

야쿠리 교시쓰 지음 │ 김효진 옮김
다양한 분야를 아우르는 궁극의 지식탐험!

과학실험 공작 사전

야쿠리 교시쓰 지음 │ 김효진 옮김
공작이 지닌 궁극의 가능성과 재미!

크툴루 님이 엄청 대충 가르쳐주시는 크툴루 신화 용어사전

우미노 나마코 지음 │ 김정규 옮김
크툴루 신화 신들의 귀여운 일러스트가 한가득

고대 로마 군단의 장비와 전술

오사다 류타 지음 │ 김진희 옮김
로마를 세계의 수도로 끌어올린 원동력

제2차 세계대전 군장 도감

우에다 신 지음 │ 오광웅 옮김
각 병종에 따른 군장들을 상세하게 소개

음양사 해부도감

가와이 쇼코 지음 │ 강영준 옮김
과학자이자 주술사였던 음양사의 진정한 모습

미즈키 시게루의 라바울 전기

미즈키 시게루 지음 │ 김효진 옮김
미즈키 시게루의 귀중한 라바울 전투 체험담

산괴 1~3

다나카 야스히로 지음 │ 김수희 옮김
산에 얽힌 불가사의하고 근원적인 두려움

초 슈퍼 패미컴

타네 키요시 외 2명 지음 │ 문성호 옮김
역사에 남는 게임들의 발자취와 추억